国际公共产品供求体系
新变化
与中国的选择

刘昌明　孙云飞　孙　通

著

社会科学文献出版社

SOCIAL SCIENCES ACADEMIC PRESS (CHINA)

目　录

绪 论

国际公共产品的有效供给是全球治理的基础性保障。然而，进入 21 世纪后，特别是 2008 年世界金融危机以来，国际公共产品的供求体系发生了深刻的结构性调整，供求失衡特征鲜明，供给主体和供给模式亦呈现新的发展趋向。国际力量格局在一定程度上决定着国际公共产品的供给结构。新兴国家的群体性崛起及世界金融危机等因素，推动着国际格局的重大调整。虽然美国仍维持着世界霸主地位，但其综合国家实力已随着新兴经济体的快速崛起而相对下降。特朗普政府的"美国优先"执政理念及"退群外交"进一步印证了美国在国际公共产品供给方面不仅能力式微，而且意愿也逐渐消退。然而，中国等新兴国家基于综合国力的提升和战略规划，提供国际公共产品的能力和意愿开始大幅增强，在国际公共产品供给体系中的作用和影响越来越突出。从国际利益格局演变以及国际公共产品供给体系发展走向看，新兴国家和西方国家在国际公共产品供给能力和意愿上形成的鲜明对比表明，二战后由西方国家主导的国际公共产品供给结构已无法适应国际利益格局的变迁，现行的供给机制也无法有效应对如新冠肺炎疫情等全球性公共问题的挑战，这加剧了全球治理的困境。在当前国际社会普遍担心世界陷入"金德尔伯格陷阱"之际，全球治理体系改革已经站在新的历史拐点上，国际公共产品供给模式亟待创新，全球治理急需新动力。

随着中国日益走近世界舞台的中央，国家主席习近平在多个重大外交场合都提到"中国要向世界提供国际公共产品"。2013 年提出的"一带一路"倡议是中国向世界提供的最全面、最具有中国特色的国际公共产品，无论是供给理念还是供给机制都突破了传统上由霸权国主导的供给方式，全面开创了以多边合作机制为核心的供给新模式，成为中国有效参与国际公共产品供给的重要典范。作为负责任的大国，中国积极参与国际公共产品供给已成为大势所趋，中国需要在总结"一带一路"等国际公共产品供给经验和模式的基础上，进一步完善国际公共产品供给的"中国方案"。在这一时代背景下，研判国际公共产品供求体系的新变化及发展趋向，并制定我国的国际公共产品供给策略已成为当务之急。本部分旨在对本书研究的背景及意义、国内外研究现状和本书研究的问题与内容等进行梳理和阐释，以此为本书的绪论。

一　国际公共产品问题研究的背景

国际公共产品是一个或多个国家供给国际社会共同使用的资源、制度、物品和设施等，是成本和获益超越单一国家边界、跨越不同世代、超越不同人群界限的共享产品，理论上亦可理解为国际社会广泛使用和普遍受益的一切物品，具有消费的非竞争性和受益的非排他性。国际公共产品具体表现为多种形式，如良好的国际宏观经济政策、自由开放的贸易体系、稳定高效的国际金融和货币体系、防止冲突与战争的安全体系及公海航行自由等。国际公共产品具有很强的跨国正外部性、公用性、合作性、持久性等基本特征，因而成为维护世界和平与发展、维持国际体系运转和国际秩序稳定的基本条件和重要保障。特别是近年来，全球气候变暖、金融危机、恐怖主义、重大突发性传染性疾病等全球性公共安全问题频发，有效的国际公共产品供给成为解决全球性公共安全问题的必然选择。

二战结束后，美国运用其经济霸权、政治霸权、军事霸权、文化霸权实现了对全球资源的控制和配置，成为世界贸易、金融、安全、生态等领域国际公共产品的主要提供者。以布雷顿森林体系为核心的国际金融体系、以关贸总协定为核心的国际贸易体系、以联合国和北大西洋公约组织为核心的世界和地区安全体系等构成了这一时期国际公共产品供给的核心制度架构。从性质看，这一时期美国提供的一些公共产品旨在增加某一特定利益集团或同盟的利益，属于带有对抗性的"俱乐部产品"，如北大西洋公约组织；但有些公共产品旨在推进区域一体化，促进共同发展，这些公共产品为维护世界经济秩序稳定发挥了重要作用，如国际货币基金组织、世界银行、关贸总协定等。总的来看，通过向国际社会提供这些带有"偏向性""非纯公益性"的国际公共产品，美国不仅在国际政治、安全、经济、意识形态、世界领导权等领域获得了丰富、可持续的全球收益，而且以此进行美国的战略化布局，形成机制优势，确立了其在世界范围内的"制度霸权"。正如罗伯特·吉尔平（Robert Gilpin）所言，"霸权国家会通过提供稳定的金融机制、开放的贸易机制、可信赖的安全机制和有成效的援助机制等国际公共产品，以此获得其他国家对霸权国所建立的国际体系的肯定，在认同中逐步提升体系内的稳定和繁荣"[①]。

20 世纪 90 年代，随着苏联解体和冷战结束，全球化进程的深化和全球性公共安全问题的凸显呼唤更多行之有效的国际公共产品供给。这一时期，全球经济风险、气候变化、环境污染、恐怖主义和网络安全危机等全球性公共安全问题大量产生，日益威胁到国际社会的发展与稳定。但从公共产品的供给方面看，国际格局从两极转向一超多强的新变化再次把美国推到国际公共产品供给体系中的主导地位，使美国继续担当这一时期国际公共产品的主要供给者。但在单极霸权的背景和条件下，美国之所以继续向世界提供国际公共产品并容忍其他国家"搭便车"，是因为美国据此可以使其他国家认同其世界霸权地位，增进霸权利益。因此，自我利益最大化原则依然决定着美国供给国际公共产品的偏好，而其较少关注供给是否充足以及是否契合国际社会的需要。这一供给模式导致的结果是，由于缺乏国际机制的有效制约，美国供给的国际公共产品愈加"私物化"和"利益化"，国际公共产品的质量和数量难以满足国际社会的需求，供需矛盾逐渐显现。

进入 21 世纪后，由于新兴国家的崛起及世界金融危机的发生，国际实力格局发生重大调整，国际公共产品供求体系特别是供给者的供给能力与意愿也随之变化。在这一时期，以美国为首的西方发达国家虽然在国际体系中仍占据主导地位，但随着中国等新兴经济体的快速发展，其综合实力

---

① 〔美〕罗伯特·吉尔平：《国际关系政治经济学》，杨宇光等译，上海人民出版社，2006，第 105 页。

已相对下降，特别是欧盟内部一体化进程受挫，整体经济振兴乏力。根据联合国贸发会议的统计数据，从 1990 年到 2015 年，发达国家占全球 GDP 的比重从 78.7% 降至 56.8%，而新兴国家占全球 GDP 的比重则由 19.0% 上升至 39.2%。[①] 实力的此消彼长使得美国等西方国家不可能再像过去一样主导国际事务，其对国际公共产品的供给也逐渐显得力不从心。从国际公共产品供给意愿看，根据经济学边际成本收益规律，美国在维持霸权和自身主导的国际体系稳定的过程中提供的国际公共产品越来越多，单位公共产品的边际成本递增且边际收益递减，[②] 其提供国际公共产品的意愿随之降低。从整体来看，随着金融危机后西方孤立主义情绪与反全球化思潮高涨，西方发达国家普遍感到自身从国际秩序中获得的收益减少，甚至不足以抵消其付出的成本，加之本国利益与全球利益之间的张力，其提供国际公共产品的意愿在不断下降。以贸易问题为例，英国经济政策研究中心的报告显示，金融危机以来，西方国家的贸易保护主义行为明显多于新兴国家。如美国从 2008 年到 2016 年对其他国家采取了 600 多项歧视性贸易措施，仅 2015 年就采取了 90 项之多，成为实行贸易保护主义最多的大国。另外，特朗普政府奉行"美国优先""美国第一"的执政理念，在自由贸易、气候变化等问题上与世界各国分道扬镳，退出《跨太平洋伙伴关系协定》（TPP）、《巴黎气候协定》，减少国际责任分担等也都反映出美国提供国际公共产品的意愿正在衰减。从产品的供给范围看，为最大限度地减少"搭便车"行为，相较于过去的全球公共产品，美国这一时期更重视提供区域性国际公共产品，如奥巴马政府时期在亚太地区参与构建 TPP，力求通过主导区域性国际公共产品供应进而将其多边化来维持美国的霸权地位。总之，自 2008 年世界金融危机以来，西方发达国家在国际公共产品的供给中未能维持此前的主导能力和意愿，其供给国际公共产品更多由全球层面转向区域层面。

与欧美各国自顾不暇并逐渐减少国际公共产品供给形成对比的是，中国等新兴国家在进入 21 世纪后群体性崛起，提供国际公共产品的能力和意愿开始大幅度上升。这一时期，新兴国家积极搭建平台、发出倡议，以自

---

① 高飞：《中国不断发挥负责任大国作用》，《人民日报》2018 年 1 月 7 日，第 5 版。
② 樊勇明、钱亚平、饶芸燕：《区域国际公共产品与东亚合作》，上海人民出版社，2014，第 81 页。

己的思维、方式和原则在国际公共产品的供给中发挥越来越重要的作用，推动国际公共产品供给体系悄然发生变化。作为具有全球影响的新兴大国，中国也从自身国家利益与实际能力出发，积极参与国际公共产品的供给，共同应对全球挑战。2014 年 8 月，中国国家主席习近平出访蒙古时明确表示，"独行快，众行远"，"欢迎大家搭乘中国发展的列车，搭快车也好，搭便车也好，我们都欢迎"。在随后举办的 APEC 北京峰会上，习近平多次阐明，中国"愿意通过互联互通为亚洲邻国提供更多公共产品，欢迎大家搭乘中国发展的列车"。习近平于 2013 年 9 月和 10 月又先后提出建设"丝绸之路经济带"和"21 世纪海上丝绸之路"的重大倡议，并积极推进实施。"一带一路"建设是区域经济合作、国际自由贸易、基础设施互联互通、国际安全互信等国际公共产品的集中体现，它不仅已成为中国向国际社会提供的最大公共产品，而且创新出一种由参与国家联合提供、集体决策、成本合理分摊、利益共同分享的公共产品供给模式。以中国为代表的新兴国家积极参与国际公共产品的供给，既反映了国际公共产品供给多元化的发展趋势，也折射出当前国际社会对公共产品需求的延展。

总的来看，进入 21 世纪以来，新兴国家经济的持续发展与西方国家经济的复苏疲软、新兴国家国际地位的快速上升与西方国家世界地位的相对下降、新兴国家供给国际公共产品的意愿的上升与西方国家对分担国际公共产品成本意愿的下降都形成了鲜明对比。当今世界正在发生的这些深刻变化，表明二战后由西方国家主导的国际公共产品供给体系已无法适应国际利益格局的变迁，传统的供给机制越来越难以调节国家之间的利益冲突，也难以有效应对当前如新冠肺炎疫情等重大突发公共卫生事件带来的全球性挑战。在国际社会普遍担心因"金德尔伯格陷阱"而使世界加剧动荡、面临新的威胁和不确定性之际，全球治理体系改革已经站在新的历史拐点上，全面改革与完善国际公共产品供给体系是大势所趋。全球发展和全球治理急需新的国际公共产品供给模式，为全球化进程注入新动力，为世界可持续增长提供新引擎。中国作为新兴发展中大国，如何定位国际公共产品供给者角色、如何制定策略进一步完善国际公共产品供给体系已成为中国外交战略的核心问题。

二 本书的理论价值和现实意义

本书运用国际政治学、国际经济学、外交学等学科理论和研究方法探讨 21 世纪以来国际公共产品供求体系的新变化，研判其发展趋向，以期从国际公共产品的视角探讨中国的选择。同时本书基于"一带一路"国际公共产品的案例分析，尝试为新兴国家参与国际公共产品供给的相关研究提供一个新的理论解释框架，进一步完善国际合作和全球治理的理论建构。具体而言，本书研究具有三个方面的意义。

（一） 超越西方理论的研究模式，以"一带一路"倡议为案例，构建新兴国家提供国际公共产品的理论解释框架，推动国际公共产品理论的创新和发展

"一带一路"国际公共产品的供给模式无法从西方公共产品理论体系中找到合理的解释，这一理论与现实之间的鸿沟急需理论创新来弥合。在国际公共产品供给理论中，既有文献主要从经济学视角在供给、制度和三个经典模型（公地悲剧、囚徒困境和集体行动困境）这三个维度对国际公共产品问题展开研究，而且这些研究基本都基于二战后西方发达资本主义国家的经验，以特定议题研究为主，研究结论普遍认为几乎不存在一个国际行为体愿意支付国际公共产品的供给成本。但从现实考察，当前中国在国际公共产品供给上欢迎各国"搭便车"的实践表明中国恰恰就是在承担着这个传统理论无法解释的"几乎不存在"的角色。"一带一路"倡议是中国迄今向世界提供的最重要、最成功的新型国际公共产品，实现了国际公共产品供给理念、形式、项目等方面的创新和突破，既具有国际公共产品的非竞争性、非排他性等共性特征，又具有鲜明的中国特色。另外，"一带一路"的实践对"国际公共产品"的定义也进行了全新的诠释，并在一定程度上证明"搭便车"行为并非集体合作和有效沟通的主要障碍，这反映出进一步深化和拓展该领域理论研究的必要性。鉴于此，本书尝试提炼出新兴大国供给国际公共产品模式的理论解释框架，力求推动国际公共产品理论的创新和发展。

（二）从理论上深入研究中国近年来国际公共产品供给实践及其成效，有力回击和驳斥国际社会所谓的"金德尔伯格陷阱论"和"中国搭便车论"

在全球治理领域，谁来供给公共产品以应对全球性挑战一直是一个重大的理论和现实难题。近年来，随着中国的不断发展和国际影响力的提升，西方国家在国际公共产品的供给问题上，揣测中国的国际动向，"金德尔伯格陷阱论"和"中国搭便车论"悄然登场。前一种观点认为，国际秩序转型的关键在于新兴国家与霸权国家的全球责任交接，新兴崛起国家的全球责任缺位会引发"金德尔伯格陷阱"。在该观点看来，中国发展以后的国际动向可能不是示强，而是示弱，即不愿承担目前美国无力继续担负的重要国际公共产品供给的责任，从而使世界陷入领导力量缺失、危机四伏的险境，掉进所谓的"金德尔伯格陷阱"。后一种观点认为，中国在过去几十年里，充分利用现行国际秩序、国际环境中的有利因素，埋头于自身发展，实现了经济发展，却不愿承担相应的国际责任，是国际公共产品的"搭便车者"。无论是在国际公共产品供给问题上的"金德尔伯格陷阱论"还是"中国搭便车论"，都涉及了中国的国际责任和领导力问题，需要深入研究。本书通过对中国提供国际公共产品的历史演进、内外动力、模式创新等方面的系统研究，从理论和实践两个层次驳斥了西方国家将当前全球治理困境归因于新兴大国责任缺位的"金德尔伯格陷阱论"和"中国搭便车论"，突出强调新兴大国提供国际公共产品的能力和意愿不断提升的事实。

（三）通过对国际公共产品供求体系新变化及发展态势的分析，探索中国在国际公共产品供给结构中的角色定位及供给范式，有助于回答一个发展中的大国如何在维护好自身发展和国家利益的基础上发挥负责任大国作用，如何以更加积极的姿态参与国际事务和与他国共同应对全球性挑战等问题

伴随着综合国力的增强和国际影响力的提升，中国参与全球治理的深度和广度显著拓展。根据发展国内国际两个大局的需要，中国供给国际公共产品的意愿与行动日益积极，其角色正在从参与者向倡导者转变。能否为国际社会提供更多更好的公共产品，事关中国的国家形象、国际影响力、国家利益和话语权。如何在国家日益发展的过程中在国际公共产品提供方面有所作为，已成为我国外交工作的重要议题。然而，中国提供国际公共产品仍面临诸多困难与挑战。例如，如何确定自身在供给结构中的角色定位，以便处理好提供国际公共产品与保证自身战略收益之间的关系；如何处理自身与既有供给模式之间的关系，以便发掘互补性供给、妥善处理竞争性供给、积极但谨慎地填补供给空白；如何基于新兴大国的现实，构建有中国特色的国际公共产品供给模式；等等。当前，作为中国向世界提供的最大国际公共产品，"一带一路"倡议在供给理念和模式上，不仅融合了中国外交理念与传统的个性化特征，而且还紧密契合时代特征，回应国际关系现实，体现出很强的普适性、创新性与合作性，但在如何对这一公共产品进行深度"经营"与扩大投入、如何基于"义利兼顾、有予有取"原则实现自身的战略收益等方面，中国仍面临诸多挑战。在这一背景下，本书将针对中国国际公共产品供给的战略重点、优势方向和路径选择提供策略建议，以实现中国提供国际公共产品的目标原则。

三 国内外研究现状与本书的创新

作为经济学领域的重要概念，公共产品在 20 世纪 60、70 年代被奥尔森、金德尔伯格等人引入国际关系领域，逐渐成为国际关系研究的重要分析工具。因此，有学者认为国际公共产品是经济学公共产品理论在国际关系领域的延伸和应用，是公共产品理论与国际关系研究相结合的产物。[①] 当今金融动荡、气候变化、突发公共卫生危机、核扩散和地缘政治冲突等一系列全球性危机，加剧了世界政治的多元性和复杂性，也对全球治理的有效性提出了新的挑战。在国际公共产品研究领域的著名学者英吉·考尔（Inge Kaul）看来，"全球化和国际公共产品具有天然的内在联系，事实上，全球化是国际公共产品的驱动力和最终结果……从贸易投资制度到人权规范，以前以特定于国家的方式提供的公共产品都经历了全球化进程"[②]。一

[①] 吴志成、李金潼：《国际公共产品供给的中国视角与实践》，《政治学研究》2014 年第 5 期，第 111 页。

[②] Inge Kaul，"Global Public Goods：Explaining Their Underprovision," *Journal of International Economic Law*，Vol. 15，No. 3，2012，pp. 729–750.

方面，随着全球化的深入发展，国家边界的开放程度不断提高，国家间公共领域的联系也在不断加深，这导致当代国际公共产品的外延不断扩展，如各国通过合作维护和平秩序，开展区域或全球经济合作，协作解决生态环境问题，联合应对恐怖主义与跨国犯罪等传统安全与非传统安全威胁，这些越来越体现国际公共属性，在本质上都属于"公共产品"范畴。另一方面，进入 21 世纪以来，特别是 2008 年世界金融危机后，随着美国等西方国家供给国际公共产品的意愿和能力不断下降，全球治理赤字愈发严重，越来越多的全球性问题亟待公共产品的提供。在全球治理陷入困境的背景下，如何推动国际公共产品的新供给成为学界关注的特定议题和研究领域。

（一）国际公共产品的概念演进及类型划分

"国际公共产品"（international public goods）的概念源于经济学领域中的"公共产品"（public goods）。"公共产品"和"私人产品"（private goods）的划分可以追溯到 19 世纪末叶，亚当·斯密（Adam Smith）认为有一类产品"能为社会带来最大化的利益，但这类产品的性质决定了其所产生的利润无法回报该产品提供者所付出的成本，因而个人或少数人组成的群体都不能作为该产品的提供者，只有主权国家或联邦政府能够建立和维系这些公共机构或工程"[①]。1954 年，保罗·萨缪尔森（Paul Samuelson）在其发表的《公共支出的纯理论》一文中正式提出了公共产品的概念，即"任何人对产品的消费都不会减少任意其他人对这种产品的消费"，并且认为公共产品消费的非竞争性和受益的非排他性是其两大基本特征。[②] 公共产品旨在满足社会公共消费的需求，为了避免"搭便车"和市场失灵现象，公共产品只能由政府或其他公共部门来提供。

曼瑟尔·奥尔森（Mancur Olson）最先将"公共产品"引入国际问题的研究，最早使用了"国际公共产品"的概念。他在 1971 年发表的《增进国际合作的激励》一文中，从国际公共产品的角度分析了增进国际合作的激

---

① Adam Smith, *An Inquiry into the Nature and Causes of the Wealth of Nations*, Chicago: University of Chicago Press, 1977, p. 962.

② Paul Samuelson, "The Pure Theory of Public Expenditure," *The Review of Economics and Statistics*, Vol. 36, No. 4, 1954, pp. 387-389.

励问题。① 托德·桑德勒（Todd Sandler）于 1980 年在其主编的《国际政治经济学的理论与结构》一书中也使用了"国际公共产品"的概念讨论相关的国际政治经济学问题。② 在传统意义上，公共产品是在民族国家的框架内被讨论的，将这一概念扩展到全球范围，表明各种公共产品在很大程度上已被认为受到全球活动的影响。国际公共产品是相对于国家公共产品而言的概念，两者根据作用范围的不同做出区分，国际公共产品是公共产品在国际社会中的扩展和延伸。1999 年英吉·考尔等人在其主编的《全球公共产品：21 世纪的国际合作》一书中对"国际公共产品"的内涵进行了界定，认为"国际公共产品"是指收益扩展到所有国家、人民和世代的产品，能使多国人民受益而不只使某一人口群体或某一代人受益的产品，并且是在现在和将来都不会以损害后代人的利益为代价来满足当代人需要的产品。③ 随后，考尔等人在其主编的《全球化之道——全球公共产品的提供与管理》一书中，系统性地探讨了如何构建全球性公共领域，主要从公共（public）、全球（global）和产品（goods）三个层次分析了"国际公共产品"："公共"指公众（包括广泛的人口群体、市民社会组织、企业），其中全球性公众也包括国家和政府，相应地，公共产品也被视为公众的产品；"全球"是指超越了边界、区域以及群体等界限的一种社会建构，全球性也相应地包括地方、国家、地区和国际层面；"产品"指"东西"（thing）（如法律框架）或"条件"（condition）（如环境稳定）。④

关于国际公共产品的类型划分，考尔等人将之划分为全球自然共有物（natural global commons）、全球人造共有物（human-made global commons）和全球政策成果（global policy outcomes）三种类型。⑤ 桑德勒等人认为，国

① Mancur Olson, "Increasing the Incentives for International Cooperation," *International Organization*, Vol. 25, No. 4, 1971, pp. 866-874.

② Todd Sandler, ed., *The Theory and Structures of International Political Economy*, Colorado: Westview Press, 1980.

③ Inge Kaul, Isabelle Grunberg and Marc Stern, eds., *Global Public Goods: International Cooperation in the 21st Century*, New York: Oxford University Press, 1999, p. 16.

④ Inge Kaul et al., eds., *Providing Global Public Goods: Managing Globalization*, Oxford: Oxford University Press, 2003, pp. 7-15.

⑤ Inge Kaul, Isabelle Gnunberg and Marc Stern, eds., *Global Public Goods: International Cooperation in the 21st Century*, New York: Oxford University Press, 1999, p. 216.

际公共产品可以进一步划分为六个层次和四种类型，即全球、大区域、小区域、区域间、主权国家和地区这六个层次，以及纯公共产品（pure public goods）、准公共产品（impure public goods）、俱乐部公共产品（club public goods）和联产品（joint products）四种类型。① 罗伯特·吉尔平认为，国际公共产品的内容主要包括自由开放的贸易制度、稳定的国际货币、国际安全的提供等方面。② 综上所述，按照国际公共产品的特征，可分为纯公共产品（兼具非竞争性和非排他性）、俱乐部公共产品（非竞争性和排他性）和自然资源（竞争性和非排他性）；按照国际公共产品的领域，主要分为安全类国际公共产品、经贸类国际公共产品、文化类国际公共产品等；按照国际公共产品的作用范围，主要分为全球性国际公共产品和区域性国际公共产品。全球性国际公共产品是指全球范围内供给与消费的公共产品，其传统的主要提供者是霸权国。区域性国际公共产品的概念是区域主义（地区主义）与公共产品的结合，是指在特定的区域范围内供给和消费的公共产品。

（二）国外关于国际公共产品问题的研究

国际公共产品问题的研究一直受到国外学者的关注，如前文所言，从国际公共产品的概念溯源看，国际公共产品是在 20 世纪 60、70 年代首先由西方学者应用于国际关系领域的，相关研究起步早，成果多聚焦于一般性的理论问题和基础性问题。到 21 世纪初，国际公共产品的概念及理论在国际关系研究中的作用更加凸显。联合国开发计划署（the United Nations Development Programme）分别在 1999 年、2003 年和 2006 年出版了《全球公共产品：21 世纪的国际合作》③、《全球化之道——全球公共产

---

① Daniel G. Arce M., Todd Sandler, *Regional Public Goods: Typologies, Provision, Financing, and Development Assistance*, Stockholm: Almqvist & Wiksell International, 2002, p. 17.

② 〔美〕罗伯特·吉尔平：《国际关系政治经济学》，杨宇光等译，上海人民出版社，2011，第 71 页。

③ Inge Kaul, Isabelle Grunberg and Marc Stern, eds., *Global Public Goods: International Cooperation in the 21st Century*, New York: Oxford University Press, 1999.

品的提供与管理》① 以及《新公共财政：应对全球挑战》②，这些成果为国际公共产品理论研究奠定了重要基础。与此同时，在法国和瑞典的倡导下，成立了全球公共产品国际工作组（International Task Force on Global Public Goods），由曾出任过墨西哥总统的埃内斯托·塞迪略（Ernesto Zedillo）担任联合主席，并于 2006 年发表了题为《应对全球挑战：为国家利益开展国际合作》的工作报告③。通过一系列的专题研究，国际公共产品概念在国际关系研究领域的地位日益突出。甚至评论家毛里齐奥·卡本（Maurizio Carbone）将其称为 21 世纪的"流行语"，就像 20 世纪 70 年代的"新国际经济秩序"、90 年代的"善治"和"可持续发展"一样。④ 综上所述，本书将国外对国际公共产品问题的研究主要归结为三方面内容，即国际公共产品的供给困境、霸权稳定论（Hegemonic Stability Theory）与国际公共产品供给、国际合作与国际公共产品供给的研究。

1. 国外关于国际公共产品供给困境的研究

随着全球化的深入发展，全球性公共问题大量出现，在此背景下关于国际公共产品供给问题的研究也更具必要性和紧迫性，全球性公共问题的不断涌现为传统的国家间合作提供了充分条件的同时也提出了新的挑战。英吉·考尔认为，国际公共产品可能会遭受"经济"和"政治"上的双重失灵。⑤ 一方面，国际公共产品不同于以市场为主要提供方式的私人产品，世界市场不能有效提供国际公共产品，也就是说，国际公共产品的供给存在"市场失灵"现象；另一方面，不同于国家内部通过政府的行动进行协调与合作来提供国家公共产品，由于国际体系的无政府状态，国际社会不存在一个世界政府来提供国际公共产品，国际公共产品的供给存在"政府

---

① Inge Kaul et al., eds., *Providing Global Public Goods: Managing Globalization*, Oxford：Oxford University Press，2003，pp. 7-15.

② Inge Kaul and Pedro Conceição, *The New Public Finance: Responding to Global Challenges*, Oxford：Oxford University Press，2006.

③ Ernesto Zedillo et al., *Meeting global challenges: International Cooperation in the National Interest*, Stockholm：International Task Force on Global Public Goods，2006.

④ Maurizio Carbone, "Supporting or Resisting Global Public Goods? The Policy Dimension of a Contested Concept," *Global Governance*, Vol. 13, No. 2, 2007, pp. 179-198.

⑤ Inge Kaul, "Global Public Goods：Explaining Their Underprovision," *Journal of International Economic Law*, Vol. 15, No. 3, 2012, pp. 729-750.

失灵"现象。

　　具体而言，一方面，国际公共产品供给的"市场失灵"现象体现在公共产品的外部性方面。阿维纳什·迪克西特（Avinash Dixit）和奥尔森对这种外部性做出了详细的论述，他们认为，由于公共产品外部性的存在，其无法像私人产品那样明确其产权，使消费者付出成本以获取产品并独自享受该产品带来的利益。① 也就是说，国际公共产品无法进行外部成本内在化，因而国际公共产品的私有化通常很难实现或成本太高。同时，在丹尼尔·博丹斯基（Daniel Bodansky）看来，公共产品的最佳供给水平是产品的边际收益（按享受该行为的所有参与者计算）等于其边际成本（包括生产公共产品的机会成本），然而，国际公共产品涉及大量外部因素，引发了很多与外部因素相关的常见问题。因此，国际公共产品的供给水平很难衡量。② 另一方面，国际公共产品供给的"政府失灵"现象是由国际体系的无政府状态造成的，国家行为体供给国际公共产品很容易产生奥尔森提出的所谓的"集体行动困境"，具体来说，"集体行动困境"是指所有人都受益于集体行动的成果，即使其中一些人没有参加也是如此，而这种困境源于个人如何在参与其中的成本与利益的不确定性之间取得平衡。③ 在国际社会中，由于不存在世界政府统一协调和调配资源，一些国家也可以通过"搭便车"的方式来享有国际公共产品所带来的利益。因此，国际公共产品在维持充分供应或生产方面存在很大的难题。在国内，这些问题通常是通过政府的强制性加以解决的，然而，在全球政治分散的背景下，与国际公共产品有关的集体行动问题进一步恶化："由于不能将任何国家排除在国际公共产品的受益范围之外，无论它们是否为国际公共产品做出贡献，它们都可以在他人的努力下'搭便车'，相反，在某种程度上，如果国际公共产品是有害的，它会产生负的外溢效应，那么它往往会被过度提供。"④

①　Avinash Dixit and Mancur Olson, "Does Voluntary Participation Undermine the Coase Theorem?" *Journal of Public Economics*, Vol. 76, No. 3, 2000, pp. 309-335.

②　Daniel Bodansky, "What's in a Concept? Global Public Goods, International Law, and Legitimacy," *The European Journal of International Law*, Vol. 23, No. 3, 2012, pp. 651-668.

③　详见 Mancur Olson, *The Logic of Collective Action: Public Goods and the Theory of Groups*, Cambridge: Harvard University Press, 1965。

④　Daniel Bodansky, "What's in a Concept? Global Public Goods, International Law, and Legitimacy," *The European Journal of International Law*, Vol. 23, No. 3, 2012, pp. 651-668.

关于国际公共产品的供给困境及解决路径，丹尼尔·博丹斯基对其进行了探索，他认为国际公共产品的供给大致存在三种模式，即"共同努力"（Aggregate Effort）模式、"补短板"（Weakest Link）模式和"单一最大努力"（Single Best Effort）模式。[①]

"共同努力"模式假设国际公共产品的总供给取决于所有相关国家行为体的共同努力，例如，在全球气候治理问题上，尽管个别国家可以为限制气候变化的目标做出贡献，但问题的解决程度取决于国际社会的总体努力。尽管国际公共产品产生的全球收益可能高于其全球生产成本，但是从单个国家行为体的角度看，它可能无法从提供国际公共产品中获得足够的个体收益来证明其付出的成本是合理的。因此，"共同努力"模式引发的"集体行动问题"是很难解决的。在这种情况下，需要国际社会中的所有相关国家行为体的角色参与和遵守。

"补短板"模式是指国际公共产品的供给依赖于"最薄弱环节"的行动。这里的"最薄弱环节"可能是指国际公共产品供给的"薄弱"国家或者"薄弱"领域。一国成为国际公共产品供给的"最薄弱环节"大概有两方面原因，即供给意愿低和供给能力弱，一个国家可能因缺乏提供国际公共产品的能力或者不希望为国际公共产品的生产做出贡献而成为"最薄弱环节"。博丹斯基认为，与"没有能力"（unable）的"最薄弱"国家相比，"不愿意"（unwilling）的"最薄弱"国家会带来更大的治理挑战。[②]

"单一最大努力"模式是指国际公共产品的供给依赖于单个行为体或一组行为体的最大努力，与"补短板"模式一样，"单一最大努力"模式不依赖于群体的总努力。"单一最大努力"模式似乎对全球治理体系的完善和国际合作提出了较少的要求，因为国际公共产品可以由单一的国家行为体或小部分行为体提供。"单一最大努力"模式既不涉及"共同努力"模式引发的集体行动问题，也不涉及"补短板"模式带来的胁迫问题，但却容易带来另一种后果，即"单边主义"。

---

① Daniel Bodansky, "What's in a Concept? Global Public Goods, International Law, and Legitimacy," *The European Journal of International Law*, Vol. 23, No. 3, 2012, pp. 651–668.

② Daniel Bodansky, "What's in a Concept? Global Public Goods, International Law, and Legitimacy," *The European Journal of International Law*, Vol. 23, No. 3, 2012, pp. 651–668.

博丹斯基较为全面地总结了国际公共产品供给的可能模式，对于这三种供给困境的解决路径，他寄希望于"国际法"方面的努力，因为国际法不仅可以作为国家间共存的工具，而且可以作为确保国际公共产品供给的工具。然而，不同类型的国际公共产品给国际法带来了不同的治理挑战和合法性问题，同时，由于国际公共产品具有巨大的外部性，这为各国"搭便车"提供了可能性。从某种意义上讲，国际公共产品的供给依赖于全球治理体系的形成与完善。

2. 国外关于霸权稳定论与国际公共产品供给的研究

国际公共产品的性质决定了其供给困境的存在，西方学者探讨解决这一困境的方案主要包括两种思路：一是主张由霸权国提供国际公共产品的霸权稳定论；二是主张通过国际合作提供国际公共产品。

国际公共产品理论是霸权稳定论的重要内容，在国际关系新现实主义流派的文献中被广泛运用。霸权稳定论主要解释的是国际公共产品在其原有公共性不变的条件下，不通过国际合作而被提供的情况。[①] 霸权稳定论是国际政治经济学中新现实主义理论的核心内容，其学术起源是美国国际政治经济学家查尔斯·金德尔伯格（Charles Kindleberger）在 1973 年出版的《世界大萧条 1929—1939》一书，他提出了世界经济秩序需要一个强有力的领导国家，国际公共产品也主要由有能力和意愿的国家提供。[②] 在此书中，金德尔伯格引入了政治领导者（leadership）和国际公共产品的概念，以此为 1929~1939 年世界经济大萧条的原因提供了一种新的解释。他认为，此次经济大萧条是因为原有的领导者英国没有能力继续为世界提供秩序，而有能力的新兴强国美国却奉行孤立主义，缺乏意愿为国际社会提供国际公共产品，造成世界政治经济失序。但是，金德尔伯格并未直接使用"霸权"（hegemony）这一术语。

在此之后，哈佛大学博士斯蒂芬·克拉斯纳（Stephen Krasner）于 1976 年在《世界政治》杂志发表了《国家实力与国际贸易结构》一文，他认为

---

① 庞珣：《国际公共产品中集体行动困境的克服》，《世界经济与政治》2012 年第 7 期，第 30 页。

② Charles Kindleberger, *The World in Depression 1929-1939*, London: Allen Lane, 1973.

霸权国家提供国际公共产品是其国家利益的需要和表现形式。[①] 罗伯特·吉尔平对霸权稳定论也进行了发展，在他看来，霸权国是国际体系稳定的重要因素，其作用不可或缺。[②] 因此，霸权稳定论的核心观点是，霸权国通过提供国际公共产品维护其霸权地位及由此产生的霸权秩序，在某种程度上，这种霸权秩序也是霸权国提供的国际公共产品的内容之一。后来，哈佛大学教授约瑟夫·奈（Joseph Nye）在霸权稳定论的基础上又引申出"金德尔伯格陷阱"（Kindleberger's Trap），意指原有的霸权国美国为了维护国际体系稳定提供国际公共产品，而在权力转移和中国崛起的过程中，霸权国因能力和意愿的下降而无法提供公共产品，崛起国中国可能也缺乏国际公共产品的供给意愿，从而给世界带来秩序混乱甚至战争。[③]

然而，霸权稳定论的批评者认为，霸权国家的存在可以与国际政治经济体系的稳定性正相关，也可以负相关，这意味着两者之间的相关性不明确，很难确定霸权国家是否真正有效地提供了国际公共产品。[④] 事实上，国内有学者认为，"金德尔伯格陷阱"与传统的"霸权稳定论"一样，实际都是在中国影响力空前凸显的历史条件下，西方知识界主观炮制出来的试图影响和限制中国发展的又一具有代表性的意识形态产物，它们在一定程度上恰恰反映了西方知识界在中国日渐发展背景下理论创新的乏力。[⑤]

3. 国外关于国际合作与国际公共产品供给的研究

理论上无法确定霸权国能否真正有效地为国际体系提供国际公共产品，同时，霸权国美国将国际公共产品"私物化"又导致了国际公共产品供给不足的现状。基于上述理论与现实的困境，另一些西方学者寄希望于通过国际合作来解决国际公共产品的供给困境。正如英吉·考尔所言，国际公共产品往往涉及国家之间政策的相互依存关系，因为在大多数情况下，无

① Stephen D. Krasner, "State Power and the Structure of International Trade," *World Politics*, Vol. 28, No. 3, 1976, pp. 317-347.

② Robert Gilpin, *War and Change in World Politics*, New York: Cambridge University Press, 1981.

③ 〔美〕约瑟夫·奈：《警惕中美关系中的两大陷阱》，《中国经济报告》2017 年第 3 期，第 109 页。

④ 庞珣：《国际公共产品中集体行动困境的克服》，《世界经济与政治》2012 年第 7 期，第 30 页。

⑤ 杨增崟、杜成敏：《"金德尔伯格陷阱"的实质评析》，《思想教育研究》2018 年第 7 期，第 75 页。

论哪个国家，无论其多么强大，都无法自给自足，国际公共产品的供给要求在公平与强权政治相结合的基础上进行国际谈判与合作。①

关于通过国家间合作提供国际公共产品的问题，国际关系理论的新自由制度主义流派对其做出过详细的阐释。约瑟夫·奈和罗伯特·基欧汉（Robert O. Keohane）认为，国际制度降低了国际政治经济中的交易成本，是解释国家间合作的重要原因。② 新自由制度主义从国际体系结构和行为体出发来解释国际合作的可能性。在接受了现实主义关于国际体系结构无政府状态基本假设的前提下，新自由制度主义者基欧汉对霸权稳定论做出了批判和修订，提出了一套相对完整的国际机制理论来论述霸权之后国际合作的可能性。基欧汉在其代表作《霸权之后——世界政治经济中的合作与纷争》一书中认为，霸权国家的主要任务是承担并领导国际机制的建设，而国际机制的作用在于克服国际社会的"政府失灵"，汇集各国政府的行为预期，提供信息沟通的渠道，提高信息的质量和减少信息的不对称性，降低交易成本，赋予行动和政策以合法性，改变行为者的利益偏好，协调和调整各国政府的政策行为，减少不确定性因素，并且国际机制具有相对的持久性和独立性，在霸权国衰落后仍能在世界经济与政治的合作中发挥作用。③ 因此，霸权国衰落之后，国际机制的建设和维护是促成国际合作的关键性因素，而这种制度化建设在确保国际合作的同时，也是国际公共产品供给的重要保障。

（三）国内关于国际公共产品研究的主要进展

国内学术界对国际公共产品的研究成果较为丰富，④ 但由于相关研究始于21世纪初，起步较晚。在研究初期，国际公共产品的相关研究成果主要

---

① Inge Kaul, "Global Public Goods: Explaining Their Underprovision," *Journal of International Economic Law*, Vol. 15, No. 3, 2012, pp. 729-750.
② Joseph S. Nye and Robert O. Keohane, "Transnational Relations and World Politics: An Introduction," *International Organization*, Vol. 25, No. 3, 1971, pp. 329-349.
③ 〔美〕罗伯特·基欧汉：《霸权之后——世界政治经济中的合作与纷争》，苏长和等译，上海人民出版社，2001，第8、105~118页。
④ 以知网数据库为例，检索到主题为"国际公共产品"的中文文献有811项，其中包括257项CSSCI和核心期刊论文。

集中在经济学领域,① 国际问题学者对其的研究相对较少。国内学者翻译和引进了西方国际公共产品理论,研究内容主要集中在两方面:一是对国际公共产品的定义、特征和分类等基础性理论问题进行梳理和界定;二是从宏观上分析国际公共产品供给模式及其困境,探寻困境产生的原因与解决路径。研究成果主要包括《全球公共产品:定义、分类及其供给》②、《全球公共产品筹资方式研究》③、《全球公共产品及其供应模式分析》④、《论国际公共产品的供给困境》⑤ 以及《多层公共产品有效供给的方式和原则》⑥ 等。

自 2008 年世界金融危机以来,国内学界对中国提供国际公共产品的讨论越来越多,国际公共产品的研究进入了快速发展期。尤其是进入中国特色社会主义新时代以来,中国日益走近世界舞台的中央,国家利益也在全球范围内拓展,中国有能力和意愿提供国际公共产品,这也是中国承担大国责任的表现。这一时期国际公共产品的研究成果显著增多,相关研究成果也更具体系性和系统性。2009 年,《复旦国际关系评论》以"国际公共产品与地区合作"为主题,收录了 16 篇论文,主要从国际公共产品视角出发,从理论和实证两个方面分析了国际公共产品特别是地区公共产品⑦在地区一体化和地区多边治理中的作用、价值及其在理论分析中的应用前景。⑧2014 年 11 月,《国际政治研究》期刊主办了以"国际公共产品:变革中的中国与世界"为主题的第七届"全国国际关系、国际政治专业博士生学术论坛",深入探讨了国际公共产品的相关研究议题。该会议的优秀论文经由

① 相关成果可参见陈涛《国际税收竞争与公共产品提供》,《税务与经济》2003 年第 1 期;黄河《金融发展对国际公共产品供给的影响》,《当代经济研究》2005 年第 4 期;傅志华、许航敏《全球公共产品与国际财政合作》,《经济研究参考》2005 年第 36 期。

② 李增刚:《全球公共产品:定义、分类及其供给》,《经济评论》2006 年第 1 期。

③ 沈本秋:《全球公共产品筹资方式研究》,《太平洋学报》2006 年第 4 期。

④ 徐增辉:《全球公共产品及其供应模式分析》,《经济学家》2009 年第 10 期。

⑤ 吴晓萍:《论国际公共产品的供给困境》,《中南民族大学学报》(人文社会科学版)2011 年第 3 期。

⑥ 查晓刚、周铮:《多层公共产品有效供给的方式和原则》,《国际展望》2014 年第 5 期。

⑦ 如无特殊说明,在本书中,"区域性国际公共产品""地区公共产品""区域公共产品""区域性公共产品"四者均指的是超出主权国家国界范围的、存在于国际体系内的"地区公共产品",隶属于"国际公共产品",而非国内公共产品。

⑧ 张建新主编《国际公共产品与地区合作》,上海人民出版社,2009。

王逸舟教授主编，出版为《国际公共产品：变革中的中国与世界》① 一书。

综上所述，近年来，中国国际关系领域的学者多方面、多层次地对国际公共产品问题进行了研究，研究对象包括全球性国际公共产品和区域性国际公共产品，区域范围涉及东亚、东北亚、东南亚、拉丁美洲和非洲等，研究的问题也涉及区域安全与合作、全球海洋治理和气候治理等。其中，复旦大学国际关系与公共事务学院逐渐形成了研究区域性国际公共产品的学者群体，主要成员包括樊勇明教授、张建新教授和黄河教授等。本书将2008年以来国内国际公共产品研究成果划分为以下三个方面的内容，即国际公共产品与区域主义、国际公共产品与安全问题以及国际公共产品供给的中国方案。

1. 国内关于国际公共产品与区域主义的研究

全球公共产品的有效供给是存在困境的，对此国内学界尝试将国际公共产品与区域主义结合起来进行研究。张建新指出，全球公共产品的有效供给是成问题的，全球一体化只是人类的愿景，关于建立一个权威的世界政府或世界帝国的梦想在相当长的时期内仍然不现实，而且全球一体化并不是理想的合作性博弈模式，因为参加博弈的行为体数目越多，合作性博弈的复杂性和困难就越大，困扰合作的囚徒困境、公地悲剧、搭便车等问题也越难解决。② 所以，国内学界在研究通过国际合作提供国际公共产品时，更多的是聚焦区域主义和区域一体化，寄希望于通过区域主义和区域合作提供公共产品这条通往国际公共产品供给的"中间道路"，改变国际公共产品供给不足的现状。国内学界普遍认为，区域主义与区域合作无疑是一种对公共产品供给模式的可行的探索。但是，不同区域的公共产品的研究是缺乏一个统合性的理论来支撑的，而且国内学者也很少对不同区域的公共产品进行比较，因此，无法发展出一个相对成熟的理论来指导国际公共产品在区域层次的实践。同时，囿于研究对象的分散和前期研究的惯性，这部分研究更多的只是运用区域主义和区域性公共产品的视角来分析既往的地区问题。

---

① 王逸舟主编《国际公共产品：变革中的中国与世界》，北京大学出版社，2015。

② 张建新：《国际公共产品理论：地区一体化的新视角》，《复旦国际关系评论》2009年第1期，第31～49页。

具体而言，国内学界主要对欧盟、美洲、东亚等区域及其公共产品的供给问题进行了研究。欧盟是区域一体化中的典型，从欧洲煤钢联营到欧洲经济、政治共同体，欧盟的一体化在半个世纪中取得了重要的进展。曹德军在《嵌入式治理：欧盟气候公共产品供给的跨层次分析》一文中关注到了欧盟气候公共产品的供给，他认为欧盟公共产品的供给逻辑超越了传统的主权国家模式，呈现出复杂的"多层治理"特性，欧盟气候治理网络构成了一个有机整体，是超国家、国家与次国家三层治理的有机整合，一度成为全球气候治理的领导者，其中社会资本就是凝聚各方合力的关键变量。[①]

在美洲区域与公共产品供给问题上，国内学界主要对北美地区和拉丁美洲地区给予了关注和研究。北美地区的公共产品的供给因霸权国家的存在而相对充足，李巍认为，北美自由贸易区是新一波地区主义浪潮中的一个成功案例，在霸权模式下北美地区一体化在十多年里取得了重大成就。他在《区域霸权与地区公共产品——对北美地区主义的一种解释》一文中提出，北美地区公共产品供给相对充足的原因在于区域行为体较少，以及霸权国美国有能力和意愿推动该地区公共产品的建设，但在北美自由贸易区向整个美洲扩张的过程中，由于"区域霸权效应"逐渐减弱，"无政府状态效应"不断加强，美洲自由贸易区建设发展缓慢。[②] 吴澄秋在《地区公共产品的供需与区域经济一体化：拉丁美洲的经验》一文中提出了四个假说，以解释美洲区域经济一体化进展缓慢而欧洲却取得巨大成功的原因，在他看来，国内政治、社会、安全方面的危机和区域性大国提供地区公共产品的意愿低是重要的影响因素，同时，拉丁美洲的经验表明，当区域内国家之间的经济联系不及区域内国家与区域外国家之间的经济联系来得密切时，区域经济一体化显得非常脆弱。[③]

由于受地缘政治的影响，东亚地区长期以来受到国内学者的密切关

---

① 曹德军：《嵌入式治理：欧盟气候公共产品供给的跨层次分析》，《国际政治研究》2015年第3期，第62~77页。

② 李巍：《区域霸权与地区公共产品——对北美地区主义的一种解释》，《复旦国际关系评论》2009年第1期，第148~168页。

③ 吴澄秋：《地区公共产品的供需与区域经济一体化：拉丁美洲的经验》，《复旦国际关系评论》2009年第1期，第184~199页。

注。杨鲁慧认为，出于东亚现实考量，要建立起与中国新兴大国地位相适应的共同价值观和政治中心的制度规范，构建东亚命运共同体，在国与国之间建立更为广泛的合作共赢新型伙伴关系。① 在构建东亚命运共同体的过程中，公共产品的有效供给无疑是区域一体化的重要动力。正如黄河所言，区域性公共产品可为东亚区域合作提供新的动力源，同时，东亚区域性公共产品的有效供给与其区域合作的进程是密切关联的，区域合作的不断加强可以使区域性公共产品供给的效率得到提高。② 日本在东亚区域性公共产品的供给中扮演着重要角色，在贺平看来，日本通过在不同阶段提供各具形态的公共产品来促进东亚经济一体化和实现自身的大国外交战略，在日本国内，功能性合作被普遍视为构建东亚共同体的基本路径和关键内容，区域性公共产品的供给则是开展功能性合作的重要方式。因此，中国应积极借鉴日本的成功经验，扮演区域性公共产品提供者的角色。③

2. 国内关于国际公共产品与安全问题的研究

在国际体系的无政府状态下，国际安全无疑是国际公共产品供给中的重要领域，主要涉及在安全领域中的国际公共产品的供给问题。国内学界主要集中对"安全公共产品"进行研究。国内有学者将"国际安全公共产品"定义为能够在全球范围内或区域层面上提供的一种和平稳定状态或国家间安全状态的产品，这种产品可以以机制、条约、协议等各种形式呈现，应具有非排他性、非竞争性、公共性等特征。④ 关于区域层面的安全公共产品，孙云飞和刘昌明认为，地区安全公共产品不仅是指能够满足地区内国家客观安全的产品，也包括可以满足主观安全需求的产品。具体来说，地区安全公共产品可以给地区内国家提供安全保障和/或稳定国家安全预期，其中安全保障是指"安全的供给方与被供给方之间存在着保护与被

---

① 杨鲁慧：《东亚命运共同体是合作共赢发展之盟》，《社会主义研究》2017 年第 4 期，第 140～148 页。

② 黄河：《区域性公共产品：东亚区域合作的新动力》《南京师大学报》（社会科学版）2010 年第 3 期，第 62～68 页。

③ 贺平：《区域性公共产品与东亚的功能性合作——日本的实践及其启示》，《世界经济与政治》2012 年第 1 期，第 34～48 页。

④ 程铭、刘雪莲：《共生安全：国际安全公共产品供给的新理念》，《东北亚论坛》2020 年第 2 期，第 71～83 页。

保护的关系"，而安全预期则"并不需要安全互动中的双方存在这种关系"。① "由于大多数威胁在近距离传播比在远距离传播更容易"，国家往往更关注近距离的威胁，更易关心离其领土更近的安全事态，② 故而国内学界重点关注的区域是中国周边地区，如东北亚和东南亚等。

关于东亚地区安全公共产品的研究，刘昌明和孙云飞在《安全公共产品供求矛盾与东亚安全困境》一文中认为，二战后，美国通过建立双边同盟体系的方式向东亚地区提供安全公共产品，并以此构建了美国主导的东亚地区安全体系，但随着美国实力的相对衰落和中国的发展，这种方式很难满足地区的安全需求并在一定程度上加剧了东亚地区的安全困境。③ 同样，李国选在《东北亚安全合作：以区域公共产品供给为视角》一文中提出，东北亚安全合作面临历史恩怨、领土争端、民族主义、信任缺失等四大障碍，同时，中美两国竞争性的供给模式导致区域性公共产品相对不足，也影响了东北亚安全合作的持续深入进行。他认为，应从优化供给结构、提升区域性公共产品供给制度水平和发挥中国的大国作用等三个方面来改善东北亚区域性公共产品的供给状况。④

关于东盟地区安全公共产品问题的研究，黄昌朝和胡令远在《东盟区域安全公共产品研究》一文中提出，东盟地区安全公共产品的形成过程主要包括冲突形态、安全机制和安全共同体三个阶段，东盟安全机制从无到有是东盟摆脱霸权国家供给安全公共产品，逐步发展自身安全公共产品供给机制的过程，"东盟方式"的溢出效应为东盟地区安全公共产品的发展提供了重要的帮助，尽管由于历史和现实、"东盟方式"的局限性和域外大国的影响等，东盟安全公共产品的发展并不顺利，但他们认为，构建东盟共同体的"东盟方式"必将和"欧盟方式"和"北美方式"一样，成

① 孙云飞、刘昌明：《不完全生产者：美国在东亚安全公共产品供应中的角色》，《教学与研究》2014 年第 11 期，第 30 页；刘丰：《安全预期、经济收益与东亚安全秩序》，《当代亚太》2011 年第 3 期，第 16 页。

② 〔英〕巴里·布赞、〔丹〕奥利·维夫：《地区安全复合体与国际安全结构》，潘忠岐等译，上海人民出版社，2009，第 4 页。

③ 刘昌明、孙云飞：《安全公共产品供求矛盾与东亚安全困境》，《当代世界社会主义问题》2014 年第 1 期，第 110~127 页。

④ 李国选：《东北亚安全合作：以区域公共产品供给为视角》，《国外理论动态》2008 年第 8 期，第 105~113 页。

为区域安全公共产品供给模式的典范，为东亚整个区域的一体化做出示范。①

3. 国内关于国际公共产品供给的中国方案的研究

随着中国的发展，中国主动承担国际责任，促进国际合作，积极为国际社会提供国际公共产品并贡献中国方案，以此来缓解国际公共产品供给不足的困境，从而推动全球治理的发展。国内学界也对国际公共产品供给的中国方案予以了较多的关注，具体来说，在中非合作论坛的国际公共产品供应角色、上海合作组织供给区域性公共产品、中国民间社会组织参与国际公共产品供给等方面进行了研究。② 其中，古代东亚体系中的"天下秩序"和"一带一路"倡议是国内学界重点关注的国际公共产品供给的中国方案。

古代东亚体系是一种以朝贡制度为基础的"天下秩序"，是古代中国向东亚地区提供的区域公共产品。李扬帆提出，从生成与演化角度来看，这种天下秩序具有主观性与客观性的双重特征，它基于中国王朝的想象，最终演化成一种区域公共产品，这种区域公共产品是中国在与周边互动中形成的博弈结果，是与周边政治行为体达成的共识。他认为，天下秩序构成了一种互取所需的公共秩序，也是中国提供的、最终形成了共同需要的区域公共产品，从公共产品的性质出发，这种天下秩序是具有非排他性和竞争性的共用资源。③ 赵思洋认为，古代东亚区域性公共产品的供给者不仅包括古代中国，周边行为体也不同程度地参与区域性公共产品的供给过程，同时，从周边视角看古代东亚体系中区域性公共产品的需求及其影响机制对于当代中国改善区域性公共产品供给，发展"亲、诚、惠、容"的周边

---

① 黄昌朝、胡令远：《东盟区域安全公共产品研究》，《求索》2013 年第 7 期，第 176~179 页。

② 相关文献可参见张春《中非合作论坛与中国特色国际公共产品供应探索》，《外交评论》2019 年第 3 期，第 1~28 页；陈小鼎、王翠梅《扩员后上合组织深化安全合作的路径选择》，《世界经济与政治》2019 年第 3 期，第 108~134 页；王逸舟、张硕《中国民间社会组织参与国际公共产品供给：一种调研基础上的透视》，《当代世界》2017 年第 7 期，第 15~18 页。

③ 李扬帆：《"中华帝国"的概念及其世界秩序：被误读的天下秩序》，《国际政治研究》2015 年第 5 期，第 28~48 页。

外交具有历史启示与借鉴意义。① 赵思洋还在《区域公共产品与明代东亚国际体系的变迁》一文中对明朝向东亚提供公共产品做出论述，他认为，在明代东亚体系中，作为核心国家的中国在"天下"观念的支配下，向东亚地区供给了区域安全公共产品、区域贸易公共产品和区域文化公共产品，从而保障了区域安全、维护了区域贸易稳定和促进了区域共有文化交流。②

同时，国内学界从国际公共产品的角度研究"一带一路"也有丰富的成果。以中国知网数据库为例，以"一带一路"和"公共产品"为主题词进行检索，共有 230 项成果，其中 63 项为 CSSCI 期刊论文。③ "一带一路"是中国提供的一种典型的国际公共产品，"是通过陆海构建对外经济合作、实现亚太区域经济一体化的重大战略，是新形势下中国应对国内外困境、构建国际话语权体系的重要举措"④。黄河提出，"一带一路"倡议实施过程中的重点环节是促进区域及区域间合作，因而需要有关国家合作提供公共产品，特别是基础设施类公共产品，以契合共建"一带一路"国家的实际需要，同时，"一带一路"倡议可改善由美日欧经济停滞所导致的公共产品供应不足，推动共建"一带一路"各国发展战略的对接与耦合，形成一个以中国为中心节点的合作体系网。⑤ 关于"一带一路"公共产品与中国特色大国外交的关系，黄河认为，如果说人类命运共同体是中国特色大国外交在新时代崇高而值得追求的战略目标，那么提供"一带一路"公共产品就是在新时期实现人类命运共同体的极其重要的步骤，中国正以实际行动打造人类命运共同体，向世界提供越来越多的优质公共产品。⑥ 总体而言，国内学界普遍认为，"一带一路"倡议是中国向世界提供的国际公共产品供给

---

① 赵思洋：《周边需求的视角：古代东亚体系中的区域公共产品》，《当代亚太》2019 年第 2 期，第 41~66 页。

② 赵思洋：《区域公共产品与明代东亚国际体系的变迁》，《国际政治研究》2015 年第 3 期，第 114~129 页。

③ 截至 2020 年 4 月 8 日。

④ 陈明宝、陈平：《国际公共产品供给视角下"一带一路"的合作机制构建》，《广东社会科学》2015 年第 5 期，第 5~15 页。

⑤ 黄河：《公共产品视角下的"一带一路"》，《世界经济与政治》2015 年第 6 期，第 138~155 页。

⑥ 黄河、戴丽婷：《"一带一路"公共产品与中国特色大国外交》，《太平洋学报》2018 年第 8 期，第 50~61 页。

的中国方案，通过共同推动基础设施合作、经贸合作、开发合作等机制化建设，中国与共建"一带一路"国家一道积极探索构建国际公共产品供给的新机制，致力于改变国际公共产品供给不足的现状，完善国际公共产品供给体系，同时，"一带一路"倡议也为全球治理注入了新的动力。①

总的来看，国内学界对国际公共产品的研究正值区域一体化蓬勃发展的时期，故而搭上了"区域主义与区域一体化"的"快车"，在理论层面上将国际公共产品理论与区域一体化理论相结合，而在实践层面上则更多地关注中国周边地区的现实情况，并且主要聚焦于安全领域。与此同时，国内学界对国际公共产品的研究主要是为中国的国家利益和外交实践所服务的，聚焦于"中国智慧和中国方案"，尤其是国内学界对"一带一路"与公共产品的研究，也丰富了中国特色大国外交的理论支撑。

（四）对现有研究成果的评价与本书的创新

总的来说，国内外学者围绕国际公共产品的概念与特征、供给困境与影响因素、供给机制与解决路径等问题进行了一系列卓有成效的研究，现有成果为本书的研究奠定了良好的基础。但现有成果也存在一些不足，国际公共产品问题无疑具有进一步深化研究的空间，主要表现在以下四方面。第一，在研究理论假设上，多数成果主要基于"公益论"探讨国际公共产品的供给机制及其困境，较少讨论供给者的战略意图及其具体实践，对国际公共产品的供给者为何允许"搭便车"等行为难以做出有说服力的解释。第二，关于国际公共产品的供需结构问题，多数成果主要从供给者的单维角度进行讨论，聚焦于国际公共产品的供给模式，而较少从受供方的角度分析国际公共产品如何有效供给、供给如何实现最大效益等问题。第三，在时间维度和案例选取上，多数成果仍围绕美国等西方国家探讨国际公共产品问题，带有明显的西方中心主义色彩，而对21世纪以来国际公共产品

---

① 相关文献可参见杨剑、郑英琴《产权明晰与"一带一路"公共产品提供——关于纯公共品和分享品组合模式的探讨》，《太平洋学报》2019年第8期，第42~53页；韩笑《全球发展治理视域下的"一带一路"建设》，《国际观察》2018年第3期，第114~127页；王亚军《"一带一路"国际公共产品的潜在风险及其韧性治理策略》，《管理世界》2018年第9期，第58~66页；沈铭辉、张中元《"一带一路"机制化建设与包容性国际经济治理体系的构建——基于国际公共产品供给的视角》，《新视野》2019年第3期，第108~114页。

供求体系的新变化、新特征进行系统性研究的成果相对较少，特别是在中国等新兴国家近年来在国际公共产品供给理念、方式上的创新及其对全球治理的积极影响等方面的理论成果严重不足。第四，从成果形式看，由于我国学术界的相关研究起步较晚，关于国际公共产品的部分成果仍拘泥于基本概念原理阐释、西方成果推介等描述性研究。有些成果虽然已延伸至如生态环境、经济治理等某一具体领域，但总的来看，国内学术界从宏观上对国际公共产品进行的全面的系统性、规范性的研究还相对较少，特别是在研究方法上也亟待超越传统的西方理论范式和经济学研究路径，从理论视角和研究方法上进行突破和创新。

鉴于此，本书力求在以下方面有所突破和创新。第一，本书在理论上旨在突破西方理论界的传统"公益论"假设，将供给者的"战略意图"作为分析国际公共产品供求体系的变量因素，将其视为"扩大对外战略规模效应与影响力的可行路径"，进而对供给者的国际公共产品供给意愿、动向特别是允许受供方"搭便车"行为做出有说服力的解释。第二，在研究视角上，打破传统研究的单一视角，强调从供给和消费互动的视角探讨国际公共产品的演进路径和发展态势，进而提出完善国际公共产品供给结构和机制的理论思路，以便更好地解释 21 世纪以来国际公共产品供求体系新变化的内在动因。第三，在研究方法上，力求突破传统经济学的研究路径，运用国际政治学等多学科理论和方法，突出国际公共产品及中国外交战略抉择的宏观维度，对 21 世纪以来国际公共产品供求体系新变化及中国参与国际公共产品供给等问题进行系统性阐释。另外，针对多数成果以西方国家为坐标、围绕西方国家研究国际公共产品问题的研究思路，本书将打破西方中心主义的研究范式，突出中国等新兴国家在国际公共产品供给结构中的角色变化和影响。

四　本书研究的问题与内容

本书研究的对象是 21 世纪以来国际公共产品的相关问题，力求对 21 世纪以来国际公共产品供求体系的新变化、当前国际公共产品供给困境与解决路径等问题从理论上做出有说服力的阐释，以此为中国制定国际公共产品供给策略提出对策建议。具体而言，从规范和实践两个维度回答中国为什么要向世界提供国际公共产品、提供什么类型的国际公共产品、如何提供国际公共产品等问题。基于以上研究目标和问题，除绪论外，本书研究框架及各章内容如下。

第一章为"国际公共产品供求的基本理论分析"。本章以国内公共产品供给的理论为参照，探讨国际公共产品的内涵、特征、分类、供给模式、外部性等基本概念和基础理论问题，通过厘清相关概念和对相关理论的比较分析，明确本书研究目标和边界，以此为本书提供理论基础和逻辑分析路径。

第二章为"21世纪以来国际公共产品供求体系的新变化"。本章在对战后国际公共产品供求体系进行历史考察的基础上，从现实维度分析21世纪以来由全球化的深入发展和国际力量格局调整等导致的国际公共产品供求体系的新变化、新特征和新态势。

第三章为"21世纪以来国际公共产品的供给困境与解决路径"。本章在对国际公共产品不同供给模式的利弊进行理论和实践分析的基础上，探讨国际公共产品供给模式的现状与面临的问题，运用多学科理论和方法探寻产生国际公共产品供给困境的原因与解决对策。

第四章为"中国参与国际公共产品供给：演进与动因"。本章以党的十八大以来中国积极参与国际公共产品供给为背景，从自身供给能力和意愿的提升两个方面深入分析中国参与国际公共产品供给的内在动力因素，并以公共产品的功能属性为标准将中国提供的国际公共产品分为发展类、机制规则类、（传统与非传统）安全类和价值观念类四种类型，对中国供给国际公共产品的理论演进和发展阶段进行探讨。

第五章为"中国供给国际公共产品面临的挑战与选择"。本章在对中国供给国际公共产品过程中在体系、单元层面和自身能力等方面所面临的制约因素和挑战进行系统分析和评估的基础上，对中国供给国际公共产品应遵循的原则、供给国际公共产品的性质和类型、供给机制及路径策略等进行深入分析，提出有针对性的对策建议。

第六章为"案例分析：'一带一路'国际公共产品供给"。本章以"一带一路"建设实践为案例，在对"一带一路"公共产品属性及其供给模式进行深入分析的基础上，探讨"一带一路"在解决国际公共产品供给困境方面的重要意义；在充分认知"一带一路"公共产品外部风险和挑战的基础上，提出完善"一带一路"国际公共产品供给机制的路径和对策。

第七章为"未竟之语：国际公共产品供应机制转变与全球治理困境的解决之道"。本章是未竟之语，尝试从国际公共产品供给的视角对全球治理体系进行审视，发现主要治理主体间、不同治理机制间的相互关系模式，探究主导性治理机制发生的变化以及不同领域治理机制的特性，从而为破解当前全球治理面临的困境提供现实可行的解决思路。

第一章 国际公共产品供求的基本理论分析

1954 年，美国经济学家保罗·萨缪尔森在《公共支出的纯理论》一文中，首次对公共产品的概念进行了专业性的描述。1971 年，曼瑟尔·奥尔森在《增进国际合作的激励》一文中正式提出"国际公共产品"的概念，自此公共产品理论逐渐进入国际政治分析视野。而将公共产品与国际政治理论结合并催生新的研究领域则应追溯到查尔斯·金德尔伯格在 1973 年出版的《世界大萧条 1929—1939》一书。"国际公共产品"的概念从诞生至今已然成为公共经济学与国际政治学研究的交叉地带，而对这一概念的理解更是多种多样。因此，本书将首先厘清国际公共产品的内涵、特征与分类等基本问题，进而探讨国际公共产品的供给模式、供给角色区分等相关基础理论问题。

第一节 国际公共产品的理论内涵

经济学中公共产品理论的国际公共产品，在保留原初概念核心内涵的同时，由于研究的需要逐渐被赋予了国际政治学的学科特征。保罗·萨缪尔森将公共产品界定为：每个人消费这种产品但却不会导致别人对该产品消费减少的产品。[①] 公共产品具备两大基本属性：非排他性与非竞争性。非

---

① Paul Samuelson, "The Pure Theory of Public Expenditure," *The Review of Economics and Statistics*, Vol. 36, No. 4, 1954, pp. 387-389.

排他性是指，对于公共产品的消费而言，如果一个集团 X_1，…，X_i，…，X_n 中的任何个人 X_i 能够消费它，它就不能不被集团中的其他人消费。[①] 非竞争性是指某一行为体对公共产品的消费并不影响其他行为体对该产品的消费。然而，在现实中同时具备非排他性与非竞争性两种属性的产品相对较少，因此在指代公共产品时往往是与私人物品相对而言的，即非私人物品的产品都可称为公共产品。同样，在国际领域中所涉及的公共产品，也并不必然同时具备两种属性，只要并非属于某一行为体私有的产品均可纳入国际公共产品的考察范围。但是，国际公共产品的生产与消费主要在无政府状态的国际社会中完成，在具备公共产品关键内核的同时，其又发展出自身独特的内涵。

一　国际公共产品的内涵

对公共产品概念的探索过程中，在关注产品的消费属性之余，有学者从供应角度出发对公共产品进行解读。例如，休·史卓顿（Hugh Stretton）和莱昂内尔·奥查德（Lionel Orchard）提出公共产品不是由个人的市场需求而是由集体的政治选择决定的产品，是任何由政府决定免费或以低费用供给使用者的产品和服务。[②] 但是对于国际公共产品而言，很难从供应方的角度进行界定，一国供应的产品未必绝对就是私人产品，国际组织提供的产品也未必就是公共产品。因此，国际公共产品的性质并不取决于供应主体的性质。与国内公共产品的供应、消费最大的不同在于国际公共产品的生产、消费等重要环节基本要在无政府的状态下进行，不存在中央权威对产品的生产、消费制定规章、监督运行。对国际公共产品的理解需要从三个方面入手："国际""公共""产品"。

首先，"国际"界定产品外溢效应的范围。其一，国际公共产品的外溢范围在一定时间内应当是相对确定的和相对稳定的。某一国际公共产品的外溢范围有可能出现扩大和缩小的趋势，但其核心的影响范围应当是相对

---

① 〔美〕曼瑟尔·奥尔森：《集体行动的逻辑》，陈郁、郭宇峰、李崇新译，上海人民出版社，2011，第 13 页。

② 冯俏彬、贾康：《权益—伦理型公共产品：关于扩展的公共产品定义及其阐释》，《经济学动态》2010 年第 7 期，第 35 页。

固定的，并且能够持续、不间断地发挥作用。其二，国际公共产品的外溢范围应当超越一国领土边界，对两个或两个以上主权国家产生影响。外溢效应在一国范围内的公共产品被视为国内公共产品，并不会对国际社会的运行、国际关系的走向造成实质性影响。外溢范围也是"全球公共产品"和"国际公共产品"的区别之一。全球公共产品要求外溢范围至少要跨越两个地区以上，而国际公共产品并不必然满足该要求。也就是说，某一公共产品是全球公共产品的同时必然是国际公共产品，反之却不一定成立。

其次，"公共"界定产品的性质。其一，该产品是除私人产品之外的产品，既可能为纯公共产品，也可以是具有排他性的俱乐部公共产品和具有竞争性的公共池塘资源。其二，"公共"还意味着产品的影响是群体共担的，同时这种影响对外溢效应范围内的成员而言是不可排他的，即消费的公共性。这里的非排他性需要区分两种情况。一种是俱乐部公共产品，其对于俱乐部之外的行为体而言是排他的，但对俱乐部成员而言具有非排他性。也正是这个原因，有学者提出地区公共产品在一定意义上应划归为俱乐部公共产品，它是由一定地区内的国家共同供应并消费的国际公共产品。[①] 另一种是完全的非排他性，即该公共产品对所有行为体都产生影响。这里需要特别指出的是，虽然非排他性强调成员均受之影响，无一例外，但并不意味着各行为体受到影响的程度和从公共产品中的获益是均等的。仅就国际公害的治理而言，全球气候变暖是当今世界面临的一大公害，但是给各个国家带来危害的程度却不相同，在印度洋岛国斯里兰卡与俄罗斯受公害影响的程度上显然前者更为迫在眉睫和难以承受。对于从全球气候治理中获得的收益，斯里兰卡和俄罗斯也并不相同，前者保障了国家基本的生存，后者改善了国民生活环境。其三，"公共"在一定意义上要求产品供应过程的公共性，即生产的公共性。虽然在公共产品供应过程中，各行为主体的话语权和角色定位并不相同，但是国际公共产品的外溢范围之广和排他的困难度，使得生产成本必定不会由某个行为体单独负担，而是由多个行为体共同负担。二战后，美国凭借超强的综合国力创建了平稳运行、开放的战后资本主义国际经济秩序这一国际公共产品，除美国霸权的努力

---

① 黄昌朝、胡令远：《东盟区域安全公共产品研究》，《求索》2013 年第 7 期，第 177 页。

之外，西欧诸国的参与及作用亦是难以忽视的，即使他们的生产地位较为悬殊。西欧各国在战后加入各种机制，并恢复本国经济，积极促进了战后世界经济的加速发展。例如，布雷顿森林体系的建立与运转依附于美国霸权，但西欧国家的加入（不论主动或被动）有助于巩固该体系在战后国际金融领域的核心地位。

最后，"产品"意味着国际公共产品必然有其价值。其一，国际公共产品的价值体现在其自身的使用价值上，即有用性。奥利弗·莫利塞（Oliver Morrissey）等提出，国际公共产品是指能够提供某种功效的有益产品。原则上任何人均可以享受这种功效。[①] 因此，国际公共产品在被提及时，暗含着这样一层含义：该产品必然是对国际行为体有用的，否则不会被需要进而被生产提供。这也就意味着国际公共产品的产生具有一定的目标性，是针对需求而来的，不论这种需求是来自需求方还是供应方。其二，国际公共产品承载了国际行为体的实践付出，并非简单的自然存在，而具有一定的社会属性。例如，一般认为公海航道是国际公共产品，具有使用价值，但航道只有被使用后方可被称为真正的产品，简单的搁置不用的物品不能被纳入公共产品的范围；而在航道使用过程中，航行自由以及航道运行的通畅、航行安全等都需要行为体进行成本投入，因而公海航道成为富有价值的国际公共产品。其三，"产品"的价值还意味着从供应方的角度看其供应的产品是"公共好物"（public goods），但从需求方或第三方的立场看却有可能是"公害"（public bads），即国际公共产品供应过程中会出现不同主体（需求方、供应方等）在产品诉求上的偏差。理性的国家选择产出（提供或生产）公共产品的目的是从本国利益出发的，而其赋予国际公共产品的价值和价值的大小，取决于能不能满足供应方的诉求。当国家间追求的利益发生冲突时，冲突反映在国际公共产品上就是"甲之蜜糖，乙之砒霜"的状况，这种现象在联盟安全中表现得尤为突出。

我国学者蔡拓认为，"国际公共物品是着眼于国际社会和人类整体需要

① Oliver Morrissey, Dirk Willem te Velde and Adrian Hewitt, "Defining International Public Goods," in Ferroni Marco and Mody Ashoka, eds., *International Public Goods: Incentives, Measurement and Financing*, Norwell: Kluwer Academic Publishers, 2002, p. 35.

的有形的或无形的物品"①。但本书并不刻意区分"有形""无形"等国际公共产品存在的形态，而更关注公共产品的价值、外溢、性质等。基于以上对"国际"、"公共"和"产品"的分析，将国际公共产品界定为具有稳定、持续外溢效应且外溢范围超出一国边界的公共产品，其承载了国际行为体的实践付出，远非简单的自然存在。国际公共产品并不包括国际公害，在一定意义上提供任何公共产品的动议都是从管理公害物品开始的②，诸多国际公共产品的供应都是对国际公害治理的结果。这里需要特别说明的一点是，虽然国内部分学者并未对"国际公共产品"和"全球公共产品"两个概念进行严格区分③，但本书倾向使用"国际公共产品"概念而非后者。国际公共产品与全球公共产品的关系简而言之就是，国际公共产品未必是全球公共产品，但全球公共产品一定是国际公共产品。④ 一方面，两者的区别在于前文所提及的外溢范围上，也有学者认为全球公共产品与国家或地区公共产品的区别在于其受益群体在全球范围内分布得更为均匀⑤；另一方面，两者对议题的关注偏好存在些许差异，尽管这种差异并非绝对。按照"全球公共产品"研究的扛鼎之人英吉·考尔的界定：全球公共产品是收益（或成本）跨越了不同地区内多个国家的边界，跨越了当前以及未来数代人之间的界限，并且将所有的人口群体都一律包含在内的公共产品。⑥ 由此可见，全球公共产品具有代际性且多数全球公共产品最终的指向目标是主权国家领域内的人。代际性意味着全球公共产品不仅存在于现在也将延续影响未来几代人；全球公共产品的最终指向源于"全球公共产品大部分都是

---

① 蔡拓：《中国提供国际公共物品的理论思考》，《国际政治研究》2012 年第 4 期，第 110 页。

② 薛晓芃：《国际公害物品的管理——以 SARS 和印度洋海啸为例的分析》，世界知识出版社，2009，第 40 页。

③ 参见寇铁军、胡望舒《国际公共产品供给：基于财政学视角》，《东北财经大学学报》2015 年第 3 期。

④ 不过笔者认为，"国际公共产品"与"全球公共产品"的区分更多地体现在外溢范围上。在供应方式、供应主体、供应机制等核心问题上，两者并未有实质性区别。因此，在本书中，对"国际公共产品"与"全球公共产品"的研究进行等同处理。

⑤ Patrick Bayer and Johannes Urpelainen, "Funding Global Public Goods: The Dark Side of Multilateralism," *Review of Policy Research*, Vol. 30, No. 2, 2013, p. 162.

⑥ 〔美〕英吉·考尔等编《全球化之道——全球公共产品的提供与管理》，张春波、高静译，人民出版社，2006，第 53 页。

由走向全球的国家公共产品组成的"①。全球公共产品的这两大特征使其相较国际公共产品更具一种人文关怀色彩，更关注国际舞台上与人类可持续发展甚至是作为个体的"人"的充分发展紧密相连的议题。

二　国际公共产品的分类

随着研究的深入，学者们逐渐关注如何对国际公共产品进行分类，以明确不同类型的国际公共产品所具备的不同特征，进而便于探讨产品供应、外部性和"搭便车"等相关问题。同时，由于国际公共产品涉及的议题领域广泛且学者们关注的问题各不相同，国际公共产品形成了种类繁多的划分标准。这些划分标准并无高低优劣之分，相互之间也并不排斥，下文为国际公共产品的几种主要分类。

按照公共产品的属性进行划分，一般可以分为纯公共产品、具有排他性但不具备竞争性的俱乐部公共产品以及具备竞争性但不排他的公共池塘资源。英吉·考尔则依据公共性特征将全球公共产品分为：免费获取的全球自然共有物；免费或有限获取、具有更强包容性的全球人造共有物；由关键性私人产品普及而来的、具有收益与代价不可分割性的全球政策成果。②

按照公共产品的内容或功效进行划分，有几种划分方式。金德尔伯格认为国际公共产品是生产过剩时的市场开放、严重短缺时的资源供给以及严重金融危机时作为最后手段的借款人。③ 奥尔森眼中的国际公共产品包括三大类：其一，国际经济援助体制；其二，国际安全保障体制；其三，国际金融货币体制、完善的国际自由贸易体制、能纠正对外经济不平衡的国际宏观经济政策的协调、公海的航行自由、度量衡的标准化等。④ 斯蒂格利茨（Joseph E. Stiglitz）划分了国际经济稳定、国际安全政治稳定、国际环

---

① 〔美〕英吉·考尔等编《全球化之道——全球公共产品的提供与管理》，张春波、高静译，人民出版社，2006，第91页。

② 〔美〕英吉·考尔等编《全球化之道——全球公共产品的提供与管理》，张春波、高静译，人民出版社，2006，第91页。

③ Charles P. Kindelberger, "International Public Goods without International Government," *The American Economic Review*, Vol. 76, No. 1, 1986, pp. 1-13.

④ Mancur Olson, "Increasing the Incentives for International Cooperation," *International Organization*, Vol. 25, No. 4, 1971, pp. 866-874.

境、国际人道主义援助和知识五类国际公共产品。① 奥利弗·莫利塞依据公共产品的收益种类划分了直接效用、降低风险和能力增强三类国际公共产品。② 裴长洪认为经济类国际公共产品可分为：国际规则，国际规则执行所依赖的运行载体、平台或成本，企业和私人机构承担的社会责任或服务。③

从公共产品供应的角度进行划分，即按照个体供应与总体消费的关系划分，该划分方式主要体现在汇总方法上。斯科特·巴雷特（Scott Barrett）从供应的角度提出全球公共产品分为"单一最大努力""最薄弱环节""联合努力""相互限制""协调"五大类。④ 托德·桑德勒、拉维·坎波尔（Ravi Kanbur）等依据加总技术将国际公共产品分为简单加总、加权加总、最优一枪（best shot）和最弱一环公共产品。⑤

按照公共产品的外溢范围可以从国际公共产品中区分出地区公共产品。地区公共产品已成为国际公共产品研究的重要分支。首次将地区公共产品进行理论化独立系统研究的是 2000 年瑞典外交部发布的内部报告《地区公共产品与国际发展合作的未来——地区公共产品文献综述》。而建立地区公共产品理论研究框架的则是丹尼尔·阿尔赛与桑德勒于 2002 年出版的《地区公共产品：类型、供给、融资和开发援助》。⑥ 地区公共产品是地区主义蓬勃发展的产物，在一定程度上是对体系层面国际公共产品供应缺失的补充。在严格意义上，地区公共产品的溢出效应超出一国边界但又停留在地区层面，无法覆盖整个国际体系。⑦ 同样以外溢范围为区分，地区公共产品

---

① 罗鹏部：《全球公共产品供给研究——基于激励和融资机制的分析》，华东师范大学博士学位论文，2008，第 30 页。
② Oliver Morrissey, Dirk Willem te Velde and Adrian Hewitt, "Defining International Public Goods," in Ferroni Marco and Mody Ashoka, eds., *International Public Goods: Incentives, Measurement and Financing*, Norewll: Kluwer Academic Publishers, 2002, p.37.
③ 裴长洪：《全球经济治理、公共品与中国扩大开放》，《经济研究》2014 年第 3 期，第 9 页。
④ 〔美〕斯科特·巴雷特：《合作的动力——为何提供全球公共产品》，黄智虎译，上海人民出版社，2012，第 20 页。
⑤ 李新、席艳乐：《国际公共产品供给问题研究评述》，《经济学动态》2011 年第 3 期，第 133 页。
⑥ 傅干：《区域公共产品视域下的朝鲜与东北亚合作研究》，复旦大学博士学位论文，2012，第 5 页。
⑦ 贺平：《区域性公共产品与东亚的功能性合作——日本的实践及其启示》，《世界经济与政治》2012 年第 1 期，第 36 页。

又可分为地区层面公共产品与地区内公共产品。前者的外溢范围为整个地区，后者则不尽然。① 也有学者提出，从外延范围来看，存在全球公共物品、区域公共物品、国际公共物品和跨国公共物品。②

国际公共产品的分类还有按照领域进行划分的，如环境类、社会类、经济类、制度或基础设施类产品等；③ 按照存在形式进行划分，可分为有形国际公共产品如国际组织和无形国际公共产品如观念类产品；按照供应阶段不同进行划分，可分为最终公共产品和中间公共产品。

第二节　主权国家与国际公共产品供应

对供应问题的探讨一直是国际公共产品研究的核心问题，总体而言无外乎两大研究领域：霸权国或某一国家与国际公共产品供应；国际合作或国际机制与国际公共产品供应。对国际公共产品的研究通常关注的是供应如何实现的问题。这一方面是因为在既有的国际公共产品供求体系中供应方占据主导力量，尤其是以美国为主导的西方国家掌控国际公共产品的供应过程；另一方面则由于在国际公共产品供求体系中，有时供应方也是事实上的需求方，两种角色重合。作为一种产品，国际公共产品本质上是应需求而生的。在无政府状态的国际体系中，缺乏中央权威供应公共产品，各个国家唯有自给自足才能解决问题、促进自身发展。

一　供应国际公共产品的关键行为体：主权国家

国家是国际公共产品的核心供应者，但这并不否认与排斥非国家行为体在国际公共产品供应过程中发挥的作用。在非国家行为体中的政府间国际组织，其构成和运作乃至最终的行动落实都需要国家作为支撑，即使国际制度具有一定的自主性但仍无法脱离国家对其形成的制约。另外，在一定意义上，国际组织可以被视为国家供应国际公共产品的重要形式；非政

---

① 孙云飞、刘昌明：《不完全生产者：美国在东亚安全公共产品供应中的角色》，《教学与研究》2014 年第 11 期，第 30 页。

② 杨昊：《国家提供跨国公共物品的动力分析》，时事出版社，2018，第 33 页。

③ 席艳乐：《国际公共产品视角下的国际经济组织运作——以三大国际经济组织为例》，西南财经大学出版社，2012，第 24 页。

府组织虽然具有极大自主性，但若要发挥其供应公共产品的功效依旧需要以国家为媒介，以期影响、改变政府的决策。正是基于此种判断，本书在探讨国际公共产品的供求时，以主权国家为观测对象，关注国际公共产品的供应方式、影响因素、供求变化等问题。

（一）影响国家供应国际公共产品的基础因素：国家实力与供应能力

学术界在对国家何以能够供应国际公共产品的探讨上大多归因于国家实力与意愿的作用。国际公共产品的供应并非单次的偶发性行为，而是常态化的经常性行为。因此，在探究国家供应国际公共产品时，除了考量国家"能否"供应还应当考虑国家的供应偏好，即"如何供应"。另外，在已有研究中，学者往往视"实力"为国家供应国际公共产品的基础和决定因素，并认为国家实力的强弱标志着一国是否具备了供应以及影响某种国际公共产品的条件。但实力因素在更大意义上是一种潜在的条件，是一种预期判断，而非实然的状态。因为具备供应实力并不意味着国家会将实力用于国际公共产品供应。同时，由于不同领域中国际公共产品的特性并不一致，就需要将公共产品的受益范围与实力的绝对值纳入综合考虑。国家供应国际公共产品的实力是指该国有足够的资源以承担公共产品的成本支出，并能容忍由供应产品带来的其他国家的"搭便车"行为。

受实力因素制约，国际公共产品的提供者必然是该产品受益范围中拥有权力优势的国家甚至是体系层面的大国，原因如下。

第一，国际公共产品的受益范围广，其供应必然面临成本支出问题。奥尔森指出，在小集团（如寡头）中，成员可以不依赖积极利诱仅为了物品本身而提供集体物品。[①] 但在成员众多的国际体系中，国家在参与国际公共产品供应过程前需要首先评估自身是否有足够的实力承担成本以及负担供应过程中可能出现的"搭便车"行为。

第二，国际公共产品在被供应后需要尽可能地、最大限度地被消费国所接纳。而具备权力优势的国家相对他国拥有更多可选择的"促进消费"的手段。一方面，某些大国利用权力优势强迫相关国家进行消费，即强制

---

① Timothy J. McKeown, "Hegemonic Stability Theory and 19th Century Tariff Levels in Europe," *International Organization*, Vol. 37, No. 1, 1983, p. 79.

力。强制力建立在该国所拥有的强大经济和军事力量之上。例如，冷战时期，苏联在东欧社会主义阵营内部推广"苏联模式"，当捷克斯洛伐克等国出现离心倾向时，苏联不惜使用武力迫使这些国家回归"正轨"。在一定意义上，苏联的行为可解读为使用武力强迫相关国家继续接受"苏联模式"或苏联建立的"地区秩序"公共产品。除了军事强制力外，国家还可以利用经济手段，如经济制裁（取消优惠补贴）、经济援助等。具备权力优势的国家也可以通过选择性激励措施，给予公共产品供应参与国以奖励从而促进集体行动的顺利进行。另一方面，某些大国在具备硬权力优势的同时，还具备软权力的优势。具备软权力优势的国家可以较为容易地吸引其他国家参与生产或接受其供应的国际公共产品。接受新规范的过程本身就是一个公共产品消费的过程，接受规范的国家将依据规范行事进而参与产品生产。美国"华盛顿共识"曾被许多国家奉为指导本国经济发展的模板，这反映出美国在推广规范、理念类公共产品上具备的超强优势。

第三，具备权力优势的国家往往从国际公共产品的供应中获益最大，供应国际公共产品的动力也就更加强烈。例如，作为国际经济领域中的一种公共产品，国际经济规则具有非中性的特征，即规则的制定者能够从中获取巨大的额外利益，如布雷顿森林体系下的美元铸币税。[1] 即使在国际公共产品供应领域中颇受重视的对外援助也暗含着援助国与被援助国之间的权力/利益交换关系。迈克尔·P. 托达罗（Michael P. Todaro）提出，"援助国提供援助基本上是出于其政治的、战略的或经济的自我利益。虽然有些发展援助也许是出于道义上的愿望去帮助不幸者（例如紧急食品救援计划），但没有什么历史证据表明经过一段时期后，援助国支援他人而不希望要一些相应的利益（政治、经济、军事等）作为报答"[2]。珍妮·高娃（Joanne Gowa）根据国际公共产品的非排他性和供应方的双重身份，提出霸权国供应国际公共产品的动力源自消费收益。[3] 邓肯·斯奈德尔（Duncan Snidal）划分了霸权领导的"仁慈领导"和"强制领导"两种模式。在

① 陶坚编著《全球经济治理与中国对外经济关系》，知识产权出版社，2016，第252页。
② 潘锐等：《美国国际经济政策研究》，上海人民出版社，2013，第191页。
③ Joanne Gowa, "Rational Hegemons, Excludable Goods, and Small Groups: An Epitaph for Hegemonic Stability Theory?" *World Politics*, Vol. 41, No. 3, 1989, pp. 307-324.

"仁慈领导"模式中是"小国剥削大国"，霸权国不成比例地承担了国际公共产品的供应成本。"强制领导"模式中霸权国供应国际公共产品则是出于国家利益的成本—收益考量，而非为了国际公益。① 霸权国的收益绝非物质利益，从国际公共产品的供应中，霸权国获得的收益也有声誉、权威以及对本国国际地位的认可等。戴维·莱克（David A. Lake）提出，国际权威不仅来自正式的法律制度，也源于公共产品的交换和统治者提供的合乎规则和义务的服务。② 伊肯伯里（John Ikenberry）认为美国供应国际公共产品为其战略的顺利实施提供了保障，巩固了美国的国际地位并使之不受挑战。③

国际公共产品从其外溢范围可以分为国际层面和地区层面。国际公共产品的受益范围的确定，在与公共产品涉及的问题领域有关的同时——相对非传统安全领域的公共产品，传统安全领域中的公共产品更具排他性——也取决于供应者的实力。其一，囿于实力，地区大国主导供应的国际公共产品的受益范围往往停留在地区层面；其二，当地区大国参与国际公共产品供应时，其对议程设置的影响将受到与其他供应方之间的实力对比与关系变化等因素的制约。"实力"不单纯指某国具备的绝对实力，也指该国在某一国际公共产品对应的权力结构中的位置排序。绝对实力仅表明该国具备了供应国际公共产品的资格，但并不意味着该国能对国际公共产品的供应产生实质性的影响，而这更取决于该国与其他国家的权力差。

国际公共产品供应中的"实力"因素，除了对国家实力的衡量外，更重要的是国家如何将实力转变成供应国际公共产品的能力。国家供应国际公共产品的能力取决于两个因素：其一，该国是否可以持续性供应，即持续度；其二，国家供应的产品是否可以被市场（需求方）接受进而有利于

---

① Duncan Snidal, "The Limits of Hegemonic Stability Theory," *International Organization*, Vol. 39, No. 4, 1985, pp. 579–614.

② David A. Lake, "American Hegemony and the Future of East-West Relations," *International Studies Perspectives*, Vol. 7, No. 1, 2006, p. 25.

③ 此观点可参见〔美〕约翰·伊肯伯里《自由主义利维坦——美利坚世界秩序的起源、危机和转型》，赵明昊译，上海人民出版社，2013；〔美〕约翰·伊肯伯里主编《美国无敌：均势的未来》，韩召颖译，北京大学出版社，2005。

供应目标的实现，即认可度。保障持续度和认可度的基础是国家实力，但对供应国而言更应慎重考虑国家个体利益与国际公共利益之间的契合度。当供应国将国际公共利益纳入对本国利益追求的考虑，并以此为出发点供应国际公共产品时，持续度和认可度要远高于将国家利益凌驾于国际公共利益之上时的持续度和认可度。国家将实力转化成供应能力主要有两种途径，一种是通过国际机制，以多边合作的方式进行供给；另一种是单边主导或双边协调供应。两种转化途径并无高低优劣之分，国家在多大程度上将实力转化成供应能力取决于该国在国家个体利益与国际公共利益之间的平衡、取舍乃至融合程度。

（二）影响国家国际公共产品供应意愿的因素：收益与角色定位

当一国具备供应实力后，这仅表明其具备了供应国际产品的基本资质，除此之外还要考虑该国的供应意愿（willings）。供应意愿表明该国是否愿意供应国际公共产品以及希望在供应过程中扮演何种角色。影响一国供应国际公共产品意愿的两大因素是国际公共产品的收益与该国的角色定位。这里需要说明是，实力因素是决定一国能否对国际公共产品供应产生实质性影响的前提，但并非国家供应意愿的决定因素；国际公共产品收益与国家角色定位是其是否参与供应的两个自变量，是衡量一国参与供应意愿的指标。国家供应实力与供应意愿之间并非因果关系，也并非大国一定积极供应国际公共产品，小国就必然消极应付。

其一，收益是促成国家国际公共产品供应的重要动力。即使国际公共产品的受益范围有其"公共"的一面，但国际公共产品的供应最终取决于国家行为体的成本—收益核算。每个国家从根本上都是以自身利益为主导的，并且不一定会考虑自身行为对其他国家或对其他跨国行为体所产生的外溢影响。[1] 在一定意义上，"国际公共产品的形成是各国权衡'性价比'的结果"[2]，获益的大小将会影响国家供应的动力。有学者就认为霸权

---

[1] 〔美〕英吉·考尔、卡特尔·勒·吉尔文：《生产全球公共产品的制度选择》，选自〔美〕英吉·考尔等编《全球化之道——全球公共产品的提供与管理》，张春波、高静译，人民出版社，2006，第332页。

[2] 张春：《国际公共产品的供应竞争及其出路——亚太地区二元格局与中美新型大国关系建构》，《当代亚太》2014年第6期，第57页。

国通过供应俱乐部公共产品（如北约和北美自贸协定）与俱乐部成员之间建立起依赖关系，从而最大限度地攫取政治和经济利益。[①] 其二，自我角色的定位将直接影响国家的供应行为。建构主义理论认为角色影响国家利益的界定。角色分为他我、自我角色，而自我角色是国家固有的身份属性，也是国家对自己应当在国际社会中发挥的作用、承担的责任的基本判断。查尔斯·多兰（Charles F. Doran）认为在国际体系中，国际政治角色比权力地位和位置更为重要，尽管角色包括这些因素。角色表明了非正式的合法化的责任以及与地位和位置相关的特权。角色包括领导或追随的程度、向他者或所依赖的外部安全环境维系安全的能力；是施恩者还是接受馈赠方，是借贷方还是净债务国；国家的追求是否被忽视；以及在国际体系中是一个有较大作为的行为体还是一个相对的不参与者。[②] 因此，从角色定位角度看，国家主动提供国际公共产品是一种应然现象，即在如此角色定位下国家判断自己在国际体系中是否理应肩负如此责任或有此行为。

国际公共产品供求体系中的角色分类共有四种：提供者（provider）、生产者（producer）、消费者（consumer）和搭便车者（free-rider）。一般认为，"提供是谁付费的问题，生产则是谁建造或制造的问题"[③]。"供应的组织过程基本与消费、融资、安排产品和服务的生产与监督有关"，"生产指的是'将投入变成产出的更加技术化的过程'"，包括设计、建造、维护或经营等环节。[④] 提供者和生产者的区别在于：在供应过程中，提供者决定供应的方式（如何供应）、供应产品的类型（供应什么）以及产品的受益范围（谁可以消费）；而生产者仅是供应环节中的参与者，相对于提供者对供应过程的话语权较小，甚至有些生产者无权或无力改变供应。在国际体系中，往往只有霸权国或大国才有成为国际公共产品提供者的可能。霸权被理解为

---

① 李杨、黄艳希：《中美国际贸易制度之争——基于国际公共产品提供的视角》，《世界经济与政治》2016年第10期，第117页。

② William J. Lahnema, "Changing Power Cycles and Foreign Policy Role-Power Realignments: Asia, Europe, and North America," *International Political Science Review*, Vol 24, No. 1, 2003, p. 98.

③ 李成威：《公共产品提供和生产的理论分析及其启示》，《财政研究》2003年第3期，第7页。

④ 〔美〕埃莉诺·奥斯特罗姆、〔美〕拉里·施罗德、〔美〕苏珊·温：《制度激励与可持续发展——基础设施政策透视》，毛寿龙译，上海三联书店，2000，第87页。

一个大国将它的偏好强加给作为整体的国际体系的能力。[①] 霸权国为了追求自身利益,既有能力也有意愿提供国际公共产品。[②] 大国则是指那些利益和能力均远超近邻的国家;相比其他国家,大国可以改变和影响国际体系的结构,这种结构通常涉及源自体系内所有主要国家相互关系变化的体系战争。[③] 正是其卓越的实力使这些国家具备了在供应体系中决定供应何种产品以及产品受益范围的主导权。这里需要说明的是,在大多数国际公共产品供应过程中,提供者和生产者并不能完全区分,一国经常充当两种角色。但是,提供者可以很容易地成为生产者,但生产者要转变为提供者则需要突破更多的条件约束。

国家唯有能够直接决定国际公共产品的生产质量和数量,甚至能够左右该产品的产出,才称得上是国际公共产品的"提供者"。若国家在产出国际公共产品过程中发挥力量并参与其中,却不能对产品的生产产生实质性影响,则该国的行为并不能称为"提供"国际公共产品,而只能说是参与了产品的生产过程。因此,判断一国仅是参与产品生产还是决定产品供应,取决于两个条件:其一,该国能否左右国际公共产品生产的议程设置,即如何生产、产出产品的性质以及谁能享受产品等;其二,该国的撤出是否会导致国际公共产品产出的中断,且可能的替代方案也不能完全实现原有的产出效益。这两个条件缺一不可。

(三) 国家供应国际公共产品的意愿

建立在国家实力基础上,在成本—收益考量和角色认知因素影响下,本书将国际公共产品供应意愿简单分为主动、被动、冷漠以及干扰四种类型 (见表 1-1)。

---

① Michael W. Doyle, *Empires*, Ithaca: Cornell University Press, 1986, p. 40.

② Stephen D. Krasner, "State Power and the Structure of International Trade," *World Politics*, Vol. 28, No. 3, 1976, pp. 322-323.

③ Bear F. Braumoeller, "Systemic Politics and the Origins of Great Power Conflict," *American Political Science Review*, Vol. 102, No. 1, 2008, p. 77.

表 1-1　国家供应国际公共产品的意愿类型

供应意愿	主动	被动	冷漠	干扰
分类	积极	制度锁定	利益无关	搭便车
	消极	权力强制	实力不符	退出/破坏

资料来源：作者自制。

第一，国家主动供应国际公共产品。在主动型供应意愿中，当一国主动承担与国家实力地位相匹配的供应责任，成为供应过程中的提供者或参与者，则称此类为主动—积极供应；与之相对，当一国虽然主动供应，但却追求与其国际角色或国际地位不相吻合的供应责任，则称此类为主动—消极供应。主动—消极供应现象的出现分为两种情况，一种是由于角色认知偏差进行超越本国实力的供应，即在强烈意识形态因素催动下，在国际舞台上推广超出本国供应能力且带有意识形态目标指向的公共产品。另一种则是由于主动推卸责任形成供应角色错位，即一国在成本—收益等因素的考量下，本应成为主要提供者却成为供应过程中事实上的参与者。

第二，国家被动供应国际公共产品。被动供应是指一国原本不想供应或有退出供应倾向或不愿承担供应责任，但受到外力的作用而进入供应领域并承担供应责任。在被动供应中，该国是被外力挟卷进入供应领域的，当外力消失或作用力降低后，该国极有可能将不再继续供应。这种外部强制主要来自制度锁定和权力强制。制度锁定是指由于国家难以承担退出制度的后果，选择继续供应。国家退出制度面临声誉损害与可能的报复。根据制度功能理论，声誉损害、可能的报复以及先例破坏的担忧都将使国家遵守国际机制的规则。[1] 权力强制往往出现在权力差距较大的国家之间，拥有权力优势的国家利用本国权力资源拉拢或胁迫权力劣势国家与之在同一阵营中，成为事实上的供应者。权力强制未必是军事力量强制，而是以多种形式出现的。克拉斯纳（S. D. Krasner）认为霸权国在确保开放的贸易体系时所依赖的是潜在经济力量。军事力量在这一过程中不太能起到很大的作用，因为它在改变其他国家经济政策上并不是一个有效的工具，也不可

---

[1] 〔美〕罗伯特·基欧汉：《霸权之后——世界政治经济中的合作与纷争》，苏长和、信强、何曜译，上海人民出版社，2006，第 95~106 页。

能在任何情形下都用来针对中等国家。①

第三，国家对供应国际公共产品毫无兴趣。国家对国际公共产品供应采取冷漠态度的原因有二。一是该国际公共产品供应与否与本国利益无牵涉。受到公共产品外溢范围的限制，受益范围之外的国家在承担供应成本上的动力随之减弱。二是该国际公共产品的供应超出本国实力负担范围。囿于实力，即使该产品供应与否与本国利益有着直接紧密的关系，该国也只能成为旁观者。例如，有学者认为有些国家由于贫困及其他条件的短缺，可能无法进行投入。②

第四，国家对既有国际公共产品供应体系（过程）采取干扰的态度。在国家对国际公共产品供应采取干扰态度的现象中，较为极端的是原有供应者对某种公共产品供应持反对态度或已有供应者退出供应过程；而在国际公共产品供应过程中经常性的现象是国家成为"搭便车者"，即无须付出成本却享受公共产品带来的好处。"搭便车"与外部性的本质性区别在于是否主观故意。"搭便车"源于"贪心"和"担心"两种心理，前者相信他者的投入将会满足供应，自己可以坐享其成；后者则忧惧自己投入后其他行为体无所作为，供应难以达成最终造成自己投入的损失。③"搭便车"行为将导致供应成本的上升，破坏合作，形成供应困境。

二 国际公共产品的供应模式

在国际公共产品供应体系中，供应方往往占据绝对主导地位，并且主权国家尤其是大国对国际公共产品供应影响巨大。也正因此，国际公共产品供应模式的核心内容在于：谁主导供应、通过何种方式供应以及供应了什么产品。本书虽不否认非国家行为体在国际公共产品供应中的积极作用，但更注重国家对国际公共产品供应体系的主导性作用。更不用说在一定意义上，如世界银行、国际货币基金组织都可视为由主权国家供应的国际公

---

① Timothy J. McKeown, "Hegemonic Stability Theory and 19th Century Tariff Levels in Europe," *International Organization*, Vol. 37, No. 1, 1983, p. 77.

② 〔美〕英吉·考尔、卡特尔·勒·吉尔文：《生产全球公共产品的制度选择》，选自〔美〕英吉·考尔等编《全球化之道——全球公共产品的提供与管理》，张春波、高静译，人民出版社，2006，第332页。

③ 曲创：《公共物品、物品的公共性与公共支出研究》，经济科学出版社，2010，第13页。

共产品。鉴于此，本部分对国际公共产品供应模式的探究仍将主权国家作为出发点。

　　学术界对国际公共产品供应模式的探讨大体可以按照三类进行划分。其一，以产品的来源进行划分。卢光盛认为国际（地区）公共产品主要有三个供给来源：地区合作组织、主导地区合作的国家、非国家行为体。[①] 王健则认为供应方式有四种：主导国家提供、对外援助、国际金融机构提供、国际组织供给。[②] 其二，按照国家以何种方式供应划分，即单独还是合作供应。吴澄秋将国际（地区）公共产品供应模式直接划分为国家集团或国家联合供应模式和地区霸权供应模式。[③] 其三，以国家供应动机划分。我国学者杨昊依据国家在供应决策上的差异划分了三种供应类型：主动供给、被动供给与无意识供给。[④] 但是在按照动机的分类中，在严格意义上，所谓的"无意识供给"并不能称为"供给"，因为这并非国家行为体主观选择的结果，而是由产品生产、消费过程中的外部性导致的。而按照来源对产品进行划分虽然可以很好地对产品针对的问题领域、产品的供应方式进行探讨，但却无法很好地突出国家的供应意愿和对产品受益范围的考虑，更难以反映出供应过程中不同供应主体之间可能存在的矛盾；而且在同一领域或同一地区内，由于供应主导国的不同会出现不同供应体系之间的竞争关系。单就国际公共产品而言，其相互之间亦会存在竞争关系，例如，托德·桑德勒和基斯·哈特利（Keith Hartley）认为一个国家提供的医疗援助会限制其他国家可以提供的援助，因而对外医疗援助之间也会出现竞争。[⑤] 因此，仅单一化的供应模式分析类型难以很好地反映出国际公共产品供应过程中各行为体的角色分工、权力关系、生产方式安排以及供应产品性质等。

---

① 卢光盛：《国际公共产品与中国—大湄公河次区域国家关系》，《创新》2011年第3期，第7页。

② 王健：《上海合作组织发展进程研究——地区公共产品的视角》，上海人民出版社，2014，第58~60页。

③ 吴澄秋：《地区公共产品的需求与区域经济一体化：拉丁美洲的经验》，选自张建新主编《国际公共产品与地区合作》，上海人民出版社，2009。

④ 杨昊：《全球公共物品的分类：外交决策的视角》，《世界经济与政治》2015年第4期，第129~134页。

⑤ Todd Sandler and Keith Hartley, "Economics of Alliances: The Lessons for Collective Action," *Journal of Economic Literature*, Vol. 39, No. 3, 2001, p. 892.

国际公共产品供应模式的形成受到议题特征的制约,即某些全球性问题,如气候治理、减贫问题等,必然要求多国参与其中,从而诞生多边合作供应模式。但是,从国家的角度看,对于全球问题治理,其选择多边途径,未尝不是受实力、成本、收益所限。由此,本书认为,国际公共产品的供应模式是国家供应意愿和供应偏好综合作用的结果。国家供应国际公共产品的具体途径主要包括单边主导供应、双边协调供应和多边合作供应三种;供应的产品从性质上分为准公共产品(俱乐部公共产品和公共池塘资源)与纯公共产品(相对)(见表1-2)。

表1-2 国际公共产品供应模式包含的要素

供应途径	供应意愿	供应角色	供应产品
单边主导供应	主动—积极供应	提供者	准公共产品/纯公共产品(相对)
双边协调供应	主动—消极供应	提供者/生产者	
多边合作供应	主动—积极供应	生产者	
	主动—消极供应		
	被动供应		

资料来源:作者自制。

国家对供应国际公共产品具体途径的选择是该国实力和供应意愿共同作用的结果,并非所有的国家都能任意在三种途径中进行选择。第一,单边主导供应。在单边主导供应中,主导国(一般是大国,至少是地区层次的大国)是供应过程中唯一的提供者,决定产品的生产程序、成本分担比例、产品的性质乃至产品的受益范围。该供应途径要求一国在实力上拥有相对于该领域其他国家的绝对优势且有极强的供应意愿,或者该国在该产品供应领域掌握垄断性资源,从而获得产品供应的优势权力。单边供应国家是供应中的提供者,对于整个供应体系拥有绝对的话语权。在单边主导供应中需要区分三种情况。其一,国际公共产品的供应与提供国的国家利益直接挂钩,而其也成为供应国实现国家战略目标的重要工具。在该情况下,消费者的需求并不必然在提供者是否以及如何供应产品的考虑范围之内。因此,有学者对该类供应模式持否定态度,认为由一国(霸权国)单独提供国际公共产品,可持续性差,而且当霸权国自身利益面临风险时,其往往选择降低供应水平，从而导致整个供应链条面临困境。[①] 其二，某国为积极解决某一问题或在某一公域中做出巨大贡献而供应公共产品。此种情况下，国家供应公共产品时会主动考虑需求方的诉求，以解决其面临的现实困境。例如，日本于1998～1999年对肯尼亚、南非和加纳开展数理科教育援助项目，到2010年，"加强数学和理科教育计划"已遍及非洲的33个国家和地区。[②] 其三，某国为国际社会贡献观念类公共产品。此种情况的单边主导供应是指，某国提出符合国际社会发展规律、切合国际实际的政策主张、治理理念等，或某国形成了可供国际社会借鉴的成功发展模式，或某国积极在国际社会推广本国所认同的价值观。冷战时期的美苏两国在各自阵营中，宣传、推广符合各自利益的意识形态观念，这在一定程度上可视为观念类国际公共产品的供应。

第二，双边协调供应。双边协调供应模式的出现，有的是由于议题性质，两个国家需要共同合作应对，如中美两国在反腐败问题领域的合作，早在1998年两国就成立了中美执法合作联合联络小组；有的则是大国博弈的结果，如冷战时期美苏签订的中导条约。在双边协调供应中存在一种比较特殊的情况，即以单个国家为一方、具有一定主权国家性质的政府间国际组织（主要指欧盟和东盟）为另一方的供应形式。例如，中国与东盟国家于2002年11月发表《中国与东盟关于非传统安全领域合作联合宣言》，共同应对非传统安全领域挑战，成为地区公共产品的提供者。但在这种情况下会形成较为复杂的供应状态，一方面是单个国家与国际组织的协调，另一方面则是国际组织成员国之间的协调。在国家—国家（双方均为主权国家）模式中，两个国家成为公共产品的提供者，两者共同主导供应过程，哪一方单独撤出供应链对整个供求体系都将是重大打击；在国家—国际组织模式中，双方既是提供者又是公共产品的生产者，甚或是实质上的消费者。

第三，多边合作供应。在多边合作供应中，一国既可能是提供者，在供应过程中居于主导地位，也可能是参与者，与多方相互协商供应；但某

---

① 田萃、韩传峰、杨竹山、孟令鹏：《国际经济治理机制对中国贸易水平影响：国际公共产品视角》，《中国软科学》2018年第10期，第161页。

② 陶慧：《日本对非洲基础教育援助研究》，浙江师范大学硕士学位论文，2013，第6页。

一国难以成为供应过程中绝对的提供者。多边合作供应模式的出现既有可能是国家在实力和本国角色定位下的主动选择，也有可能是国家因为权力强制或制度锁定而选择以多边合作方式供应，甚至多边合作供应也是某国推卸供应责任的可能选项。在多边合作供应中产出的产品并不必然与纯公共产品挂钩，多边合作供应也并不必然就是开放与非排他的。事实上，在某些多边合作供应场景中也有排他集团的存在，但这并不一定会对公共产品的供应造成破坏。托马斯·谢林（Thomas C. Schelling）认为，如果存在一个"K"集团或者成员可以从中获利，那么成员众多的体系已然可以解决集体行动问题。[①] 对于集团成员而言，加入俱乐部大多出于自愿，并从排他行为中获得极大的收益；对于集团之外成员，享受同等产品需要付出极高的成本。例如，安全同盟或技术联盟。

国家供应国际公共产品的类型与供应模式并不直接相关，而是取决于供应方的偏好。国际公共产品归根结底是一种社会性的"产品"，对其的供应必然有相应的成本支出。理性的国家在做出决策之前定然考虑过如何将收益最大化，以确保本国的利益获取。由此，国家在供应国际公共产品之初出于成本—收益考量，也必然会对产品的受益范围做出限制。国家对供应模式的选择是在实力、意愿、收益等因素综合作用下的结果，供应模式之间并无优劣高下之分，也并不对供应产品的性质、外溢产生必然的决定性影响。

本章小结

本章重点对国际公共产品的内涵和供应模式进行了考察，并认为在国际社会中主权国家依旧是关键性的供应主体。在社会领域，不存在完全纯粹的公共产品，所有的"公共性"都是相对的。一个集团的行为是排外的还是相容的，取决于集团寻求的目标的本质，而不是成员的任何性质……相容的集体物品的定义决定了一个未参加者获得的收益并不会造成参加者

---

① Joanne Gowa, "Rational Hegemons, Excludable Goods, and Small Groups: An Epitaph for Hegemonic Stability Theory?" *World Politics*, Vol. 41, No. 3, 1989, p. 316.

收益的损失。[①] 丹尼斯·缪勒（Dennis C. Mueller）指出，当对供给公共产品的成本没有做出贡献的人能够被排除在对它的消费之外，就潜在地存在着一个自愿地同意提供公共产品只用于他们自己消费的个体集团，于是产生了一个自愿提供排他性公共产品的俱乐部。[②] 一方面，公共产品的"公共性"与国家利益最大化之间存在冲突，一旦排他成为可能，国家将会从成本—收益角度排斥其他消费国；另一方面，唯有生产后进入消费的物品方可真正成为"产品"。虽然国际公共产品供应过程中的消费者和生产者往往统一，但不同生产者之间彼此视对方既是合作伙伴也是消费对象，从而在不同国家间存在交换关系。从交换角度看，国家对公共产品的供应本身就带有工具性，公共产品是实现国家对外目标的工具。因此，国家对公共产品供应的选择不但要考虑如何供应，更要考虑是否供应排他性产品以及排他的限制范围与对象等。

---

① 〔美〕曼瑟尔·奥尔森：《集体行动的逻辑》，陈郁、郭宇峰、李崇新译，上海三联书店，1995，第32~33页。
② 〔美〕丹尼斯·C.缪勒：《公共选择理论》，杨学春等译，中国社会科学出版社，1999，第187页。

第二章　21 世纪以来国际公共产品
供求体系的新变化

二战后，美国凭借强大的综合国力在全球范围内构建了由其主导的国际公共产品供求体系。约翰·伊肯伯里认为 20 世纪下半叶最显著的特征就是由美国主导的秩序的出现，该秩序建立在二战后出现的制度化的多边结构（如联合国、关贸总协定和国际金融机构）以及跨大西洋联盟体系之上。① 在冷战时期，国际公共产品的供应在很大程度上服务于美苏两个超级大国之间的对抗。随着苏联的解体，以苏联为首的众多东欧社会主义国家走上转轨道路，在国际范围内的意识形态对抗逐渐开始让位于国家间的交流与合作。冷战时期苏联在其东欧势力范围内建立的国际公共产品供求体系随着苏联的瓦解而烟消云散，国际公共产品供求体系随之进入了以美国为首的西方国家主导时期。

---

① Andrew Hurrell, "Hegemony, Liberalism and Global Order: What Space for Would-be Great Powers?" *International Affairs*, Vol. 82, No. 1, 2006, p. 3.

第一节　美国主导的国际公共产品供求体系[①]

二战后形成并延续至今的国际公共产品供求体系，在一定意义上可视为美国主导下的霸权供应体系。这一供应体系是特殊历史背景下的产物：美国具备相对于全球其他国家而言无可比拟的经济政治优势；战后世界百废待兴，各国集中精力恢复本国经济生产体系以实现国家生活的正常运行。美国在世界经济、政治乃至地区安全等领域分别建立了不同类型的供应模式，其因美国国家战略需求而各具特征；各供应模式之间相互联系，共同拱卫美国的霸权地位，构成了美国霸权供应体系的支撑。夏尔曼·G. 米莎罗卡（Charmaine G. Misalucha）提出，霸权国创建制度结构或机制以维持经济秩序，并在此过程中向体系中的其他成员提供集体物品以减少交易成本和增加确定性。[②] 美国从国际公共产品供应中获得收益和认可，在巩固其霸权地位的同时将其他国家固定在美国设计的世界秩序运行轨道上。本节将重点分析美国主导的霸权供应模式的内涵、特征等。

一　美国主导的霸权供应体系的内涵及构成

美国构建起的由其主导的国际公共产品供应体系既得益于其战后在世界上无可匹敌的实力，也是美国在自身战略诉求催动下的产物。通过巩固和维持在关键地区的军事同盟，如同重视国家繁荣般重视国际繁荣，提供海洋航行自由等公共产品以及保持在全球性挑战中的领导地位，美国努力

[①] 国际公共产品供求体系是一个由供方主导的体系，特别是自二战结束到2008年世界金融危机之前，这种特征极为明显。虽探讨"供求关系"，但实际上是"供应方"决定"需求方"。在21世纪之前的"供求体系"中，"需求方"的作用微乎其微。"求"的变化，是本书探讨的一个重要方面，是21世纪后的新变化，这在本章有涉及。但是由于"国际公共产品"自身的特性和"供应体系"原本的建构特征，"供求体系"的转变主要体现在"供应"方面，而"需求"的变化处于次要地位。也正是基于此种判断，本节以及本书的相关部分在提及"供求体系"时更偏向使用"供应体系"一词进行论述，淡化处理"求"的因素。

[②] Charmaine G. Misalucha, "Southeast Asia-US Relations: Hegemony or Hierarchy?" *Contemporary Southeast Asia*, Vol. 33, No. 2, 2011, p. 213.

创造一个繁荣的世界并且使自身在其中实现繁荣昌盛。① 美国建立的供应体系包括国际金融贸易类公共产品供应体系、国际政治安全类公共产品供应体系两个子系统，在两个子系统中衍生出国际和地区两个层面的分支，针对不同体系美国分别建立了不同的供应模式，但不论何种模式美国都居于提供者的位置。

（一）实力与意愿的共同产品：美国主导的霸权供应体系

现今美国主导的国际公共产品供应体系形成于二战后，经历冷战，建立在霸权实力基础之上。"二战结束后，美国在资本主义世界中实力超群，工业制成品占世界一半，对外贸易额占世界的三分之一，并成为世界最大债权国"②；美国国内生产总值占世界国内生产总值的一半，持有世界黄金储备的60%。此外，美国处于最强有力的货币地位，"不仅拥有货币能力的优势，而且也愿意为布雷顿森林体系规则的全球实施付出努力"。1945 年和1946 年，美国进出口银行向英国提供了 37.5 亿美元的贷款，为法国提供了 12 亿美元信贷。③ 在冷战结束后，诸多美国学者认为世界进入了一个单极时代，美国是国际体系中独一无二的霸权国家，是一个"孤独的超级大国"④。从硬实力的角度看，美国即使不是在二战前，最晚也于二战后就已做好领导世界的准备。即便冷战时期美国与苏联展开竞争，世界也从未真正分化为两极。美的经济实力远超苏联，尽管苏联在中欧拥有传统军事优势，但是美国军事优势覆盖得更为全面。冷战后，美国以巨大优势达到了新的高度，所具备的全球权力投射超越世界其他国家的总和，其 GDP 占全球GDP 的 1/4。保罗·肯尼迪（Paul Kennedy）在 2002 年时对此评价道，在历史上从未出现过如此权力悬殊的状况。⑤

① Hal Brands, "The Unexceptional Superpower: American Grand Strategy in the Age of Trump," *Survival*, Vol. 59, No. 6, 2017, p. 10.

② 陶坚编著《全球经济治理与中国对外经济关系》，知识产权出版社，2016，第 78 页。

③ 〔美〕保罗·维奥蒂：《美元与国家安全：硬权力的货币纬度》，白云真、宋亦明译，上海人民出版社，2018，第 102~103 页。

④ Samuel P. Huntington, "The Lonely Superpower," *Foreign Affairs*, Vol. 78, No. 2, 1999, pp. 35-49.

⑤ Hal Brands, "The Unexceptional Superpower: American Grand Strategy in the Age of Trump," *Survival*, Vol. 59, No. 6, 2017, p. 9.

如果说超强的实力赋予美国成为供应体系主导者的潜力，那么二战后的美国自身也对战后秩序的重建雄心勃勃。自进入国际体系开始，诸多美国政治家就坚信，美国的安全并不是孤立存在的，而是与更大范围的国际秩序紧密相连的，传统的无政府状态的国际体系和均势外交是对美国安全的威胁，而只有在一个合理的国际秩序下，美国的安全利益才能得到保障，而所谓合理的国际秩序就是按照自由主义原则建构的国际秩序。[①] 这种想法促使美国将潜在的供应实力转变为现实的供应行为。早在 1943 年，时任美国总统罗斯福就提出了关于战后秩序设计的蓝图。蓝图的核心思想就是战后的美国既不能退回到孤立主义，也不能囿于划定势力范围的传统均势政策，而是推行能使美国在世界范围内实现本国利益和理想的政策，即推行一种世界主义战略（全球主义）。在冷战阴影尚未完全散去之时，美国老布什政府就在出台的《国家安全战略报告》中明确提出了"世界新秩序"设想。老布什政府的"世界新秩序"强调用以美国价值观为指导思想的一个"世界共同体"取代"东西方对峙的两个世界"，强调美国对新秩序的领导。[②]

美国历来视自己为"仁慈霸权"，作为自由主义世界的"灯塔"，美国就应当为世界提供国际公共产品，主动承担领导世界的责任。在向其他国家供应国际公共产品之时，形成了美国与他国间的交换关系——其他国家获得经济、安全利益，美国获得其他国家对其霸权地位的认可。约书亚·瑞夫纳（Joshua Rovner）和凯特琳·塔尔梅奇（Caitlin Talmadge）认为霸权国向盟友提供安全保障、减轻盟友对军备的渴求以及解决地区安全困境……霸权的军事力量也可以带来公共产品的经济收益，如商业航行自由。[③] 罗伯特·基欧汉则直接指出，二战后美国的霸权领导地位是通过对盟国进行利益输送和自我制度约束获得的，而非由直接的强制压服形成的，美国与盟国之间"存在高度的互补性"，美国获得领导地位是以一定

---

① 王立新：《意识形态与美国外交政策——以 20 世纪美国对华政策为个案的研究》，北京大学出版社，2007，第 209 页。

② 杨卫东：《国际秩序与美国的全球领导力——评 2015 年美国〈国家安全战略报告〉》，《国际论坛》2015 年第 4 期，第 67 页。

③ Joshua Rovner and Caitlin Talmadge, "Hegemony, Force Posture, and the Provision of Public Goods: The Once and Future Role of Outside Powers in Securing Persian Gulf Oil," *Security Studies*, Vol. 23, No. 3, 2014, p.553.

的现实利益进行交换的。① 这种交换关系使得美国相对于历史上的其他霸权国，如英国、西班牙、沙皇俄国等，看起来更具有合法性的色彩。国际政治舞台上的合法性一方面源于效益/利益，另一方面则源于平等性和参与度。而对于平等性和参与度，美国是通过多边制度的方式予以实现的，国际制度也成为美国霸权供应体系的支柱与核心。同时，国际制度是国际体系中的重要公共产品。奥兰·杨（Oran R. Young）明确指出，国际制度在很大程度上呈现出集体物品的特征。② 国际制度作为公共产品具有双重属性：其一，国际制度自身就是一种公共产品，满足制度参与者的利益需求，促进共同利益的实现；其二，国际制度在一定程度上可以提供公共产品。莉萨·马丁（Lisa Martin）以国际货币基金组织贷款为例，认为国际货币基金组织被成员国授予了相当大的自主性，致力于提供国际公共产品。③ 国际制度建立之后具有了相对于主权国家的一定自主性，其可以对某些低级政治领域中的公共产品产生影响。但是不能过分夸大国际制度在公共产品供应中的作用和能动性，国际制度可视为国家建立的供应国际公共产品的一种模式（多边合作），其供应产品也是该模式运行的体现。制度从来都是非中性的，在国际货币基金组织的运作和对外行为中都能看到权力政治的力量甚至是美国霸权的身影。因此，美国的霸权地位实质上是建立在由国际公共产品供求所形成的交换关系之上的，在供应体系中美国居于主导地位，是体系中的提供者。

（二）美国主导的霸权供应体系的构成

有学者认为："美国的卓越地位就是一个公共产品——特别是当地区国家对中国提供类似公共产品的意图或能力不确定以及各国关注中国将如何

---

① 张旗：《特朗普的"外交革命"与自由国际主义的衰落》，《东北亚论坛》2018 年第 4 期，第 81 页。

② Oran R. Young, *International Cooperation: Building Regimes for Natural Resources and the Environment*, Ithaca: Cornell University Press, 1989, p. 21.

③ Lisa Martin, "Distribution, Information, and Delegation to International Organizations: The Case of IMF Conditionality," in Darren Hawkins, David A. Lake, Daniel Nielson, Micheal J. Tierney, eds., *Delegation and Agency in International Organizations*, New York: Cambridge University Press, 2006, pp. 140-164.

设想世界秩序之时。"① 这种逻辑建立在对美国霸权主观判定"良性"的基础上，为美国对外战略的辩护提供支持。从客观角度看，某一国的国际地位并不能视为一种公共产品，其是具有明确归属权的私人物品，况且这种大国地位对各国的影响也不同。我国学者门洪华在论证美国战后的国际制度战略与霸权之间的关系时提到：美国霸权的制度布局是以国际秩序建设为诉求目标，以联合国为政治和安全领域的部署，以国际货币基金组织、世界银行、关贸总协定为经济领域的部署，以《不扩散核武器条约》为军控领域的部署，以上几个领域相互关联，共同构成了美国的全球性制度布局。② 本书认为，二战后美国构建的国际公共产品供应体系主要由两个重要子系统组成：以世贸组织、世界银行、国际货币基金组织为代表的经济贸易类国际公共产品供应体系；以联合国为代表的政治安全类国际公共产品供应体系。在全球各地，美国又根据地区权力格局、经济市场特征等的不同，建立了地区层面的区域性公共产品供应体系。

金融贸易类国际公共产品供应体系主要包括两个领域：金融和经贸。美国的全球金融霸权由三个关键的国际金融制度体系来支撑：以国际货币基金组织为中心的国际资本流动管理体系、以世界银行为中心的国际开发援助体系和以美元为中心的国际货币体系。③ 经贸类公共产品主要包括国际层面的和地区层面的各种多边经济组织、协定，如世贸组织、亚洲太平洋经济合作组织（Asia-Pacific Economic Cooperation，APEC）、北美自由贸易区（North American Free Trade Area，NAFTA）以及各种多边自由贸易协定（FTA），如《跨大西洋贸易与投资伙伴关系协定》（Transatlantic Trade and Investment Partnership，TTIP）、《跨太平洋伙伴关系协定》（Trans-Pacific Partnership Agreement，TPP）。国际经贸类公共产品供应体系的发展经历了从国际层面向地区层面延伸的过程，这与冷战后全球化的深入和地区主义的蓬勃发展密切相关。

政治安全类国际公共产品供应体系主要包括国际和地区两个层面。其

①　Satu P. Limaye, "Southeast Asia in America's Rebalance to the Asia-Pacific," *Southeast Asian Affairs*, 2013, p. 49.

②　门洪华：《霸权之翼：美国国际制度战略》，北京大学出版社，2005，第 148 页。

③　李巍：《制度之战：战略竞争时代的中美关系》，社会科学文献出版社，2017，第106 页。

一，在国际层面形成了以联合国为中心的供应体系，对全球治理起到了重要的推动作用。例如，在1966年12月，联合国大会通过了《关于各国探索和利用包括月球和其他天体在内外层空间活动的原则条约》（简称《外层空间条约》），为推动外太空公域治理提供了范本。在联合国机构设置中，安理会的存在为应对国际冲突、解决纷争等提供了一定的保障，成为安全类国际公共产品的重要提供方。虽然联合国大会与安理会都是以多边途径供应公共产品的，但是参与其中的国家的角色地位并不一致。在联合国大会等机制中，各国相对而言都是较为平等的参与者；而安理会则是由大国组成的集团，是相对于其他国家而言的提供者，在供应过程中存在事实上的不平等关系，且在一定意义上安理会是一个相对封闭的俱乐部式集团。

其二，在地区层面，美国主要通过同盟关系构建了以北约和亚太双边同盟体系为代表的区域性安全类公共产品供应体系。在此类供应体系中，美国居于绝对的主导地位，牢牢把控产品的供应过程；通过同盟体系供应的公共产品，本质上是一种俱乐部公共产品，唯有盟国可以享受，联盟外国家只可能受到外部性影响。同样是联盟体系的北约和亚太双边同盟体系虽然都为盟国供应俱乐部安全类公共产品，但二者的生产方式却存在差别：在北约中各成员国均互为盟友，但是在亚太双边同盟体系中，美国的盟友之间并非军事同盟。因此，在亚太轴辐式的双边同盟体系中，美国为盟国提供的是一对一的私人物品，不具备公共性。然而由于形成了一个以美国为中心的安全体系，美国的霸权存在以及在盟友间的协调和主导作用，使得同盟体系中产生了共享的安全类公共产品——盟友之间正向的安全预期以及对各自安全环境的正向认知。

其三，还有一类安全类公共产品的供应与美国有着直接紧密的关系，即军控类安全协定，例如美苏1972年签订的反导条约、美苏1987年签订的中导条约、美俄1992年签订的削减化学武器双边条约等。此类协定从表面看是双边协定，是一对一的交换关系；从整个国际安全体系的角度看，是美俄（苏）两个大国协调供应公共产品的一种表现，为国际社会供应积极的、正向的安全类公共产品，有利于国际社会的稳定，防止恶性军备竞赛的发生。

美国主导的安全类公共产品供应体系并不是一成不变的，而是伴随着国际形势的变化和美国战略利益的调整而发生演变的，但总体上以多边方式为途径，美国居于提供者地位。当然，美国提供的公共产品从来都不是免费的，正如有学者指出："霸权为地区安全环境的确带来切实的利益，但是这些福利并不免费，只是在合适的情况下，它们可能相对便宜。"[①]

二　美国主导的霸权供应体系的特征

玛吉特·巴斯曼（Margit Bussmann）与约翰·奥尼尔（John R. Oneal）认为，主导国偏好稳定持续地享受由其组建的国际体系所带来的经济利益，但是它也期望运用其权力创造更多体系内的差异化分配。为了更好地维持现状，主导国获取来自强大盟友的扶助并给予盟友私利（private goods）……主导国并不会提供公共产品。[②] 克拉斯纳就鲜明地提出国家利益是国家是否提供国际公共产品的唯一决定因素。"霸权国以自己的国家实力为基础塑造世界贸易体系以实现本国的利益优势，同时通过本国的影响力迫使他国加入其中。"[③] 马必胜（Mark Beeson）和安德烈·布鲁姆（Andre Broome）则提出美国在国际经济和政治秩序中的主导地位，意味着它足以将自身结构性危机带来的负担转嫁到其他国家身上。[④] 这种观点与"霸权稳定论"对主导国作用的判断不同，揭示了霸权国供应国际公共产品的出发点是本国利益，产品的"公共性"并不在其考量范围之内。这也表明在分析霸权供应体系时需要从其根本的供应动机出发，判断其供应的目的，区分供应产品的性质、供应的方式乃至揭示哪些产品仅仅是私人物品衍生出的外溢效应，唯有此方能抓住该供应体系的核心与本质。

美国在二战后主导建立国际公共产品供应体系的根本目标是维系美国的霸权地位，并从该体系获得源源不断的收益。伊肯伯里就曾点明美国霸

① Joshua Rovner and Caitlin Talmadge, "Hegemony, Force Posture, and the Provision of Public Goods: The Once and Future Role of Outside Powers in Securing Persian Gulf Oil," *Security Studies*, Vol. 23, No. 3, 2014, p. 580.

② Margit Bussmann and John R. Oneal, "Do Hegemons Distribute Private Goods? A Test of Power-Transition Theory," *Journal of Conflict Resolution*, Vol. 51, No. 1, 2007, p. 89.

③ Douglas A. Irwin, Petros C. Mavroidis, Alan O. Sykes, *The Genesis of the GATT*, Cambridge: Cambridge University Press, 2008, p. 189.

④ Mark Beeson and Ander Broome, "Hegemonic Instability and East Asia: Contradictions, Crises and US Power," *Globalizations*, Vol. 7, No. 4, 2010, p. 512.

权秩序和国际公共产品供应之间的关系："美国的主导地位一直有效——至少直到最近，不受挑战，因为它向次级国家（subordinate powers）提供关键的公共产品使它们从中真正获益，如一个相对稳定、自由的经济体系。"①虽然在二战结束后，美国推动构建国际机制、为西欧盟友提供经济援助、建立地区安全组织等，为保障相应国家安全和世界经济的恢复与健康运行起到了良好的促进作用，但是，美国对国际公共产品的供应是其实现全球战略布局的重要手段，是建立和维护霸权的途径，也是将其在二战后所拥有的超强实力转化为国际社会对其霸权地位认可的关键方式。以维护美国霸权地位为根本目标的国际公共产品供应体系具备以下突出特征。

从国际公共产品供应体系的角色分工看，美国是供应体系中的关键性提供者，而非单纯的生产者；从供应模式看，美国构建的国际公共产品供应体系更偏向建立在单边主导供应基础上的多边合作供应模式；美国构建的国际公共产品供应体系并不以需求方的诉求为供应标准。

根据公共产品供应过程中各参与者发挥作用和话语权的大小，生产环节出现了事实上的提供者和生产者之间的分工。生产者和提供者之间的地位并不平等。提供者相对于生产者处于优势地位，决定产品的性质、生产方式以及收费标准，甚至决定该产品的外溢范围，即谁可以享受产品效益。这种提供者与生产者的角色分工往往在具有较为明确外溢范围的国际公共产品的供应中能够较轻易地被区分辨别。国际公共产品外溢范围分界线的出现，一是由于人为故意，即供应者在生产之初就或明或暗的设置准入门槛，只有达到一定标准的国家方可消费该产品；二是限于产品客观属性，如由于某些公共产品有科学技术条件限制，一些国家并不具备消费此类产品的条件；三是受到地缘因素的影响，此类现象常出现于地区公共产品的供应中，即囿于地理位置的远近，公共产品的受益范围往往随着与该区域距离的增加而递减。在供应过程中值得注意的一点是，受益范围与参与供应的范围并不一定重合。也就是说，在实践中，并非所有需求某类公共产品的国家或受到某类公害影响的国家都必然参与供应。受到国家实力、国家利益偏好、国家角色定位等影响，有可能出现"搭便车"的现象。在由

---

① G. John Ikenberry, "Institutions, Strategic Restraint, and the Persistence of American Postwar Order," *International Security*, Vol. 23, No. 3, 1998, pp. 43–78.

前两类因素造成的具有较为明确外溢范围的公共产品的供应过程中，提供者和生产者之间的区分较为明显：前者依靠的是在供应过程中的国家实力；后者则依靠本国掌握甚至是垄断的科技能力。不论是何种情况，不仅国家之间的角色分工较为明确，而且国家间的等级性也显而易见。然而，在外溢范围较广、收益难以排他的国际公共产品供应中，国家之间角色分工的情况则较为复杂，需要根据该类产品对应的议题领域、各国的偏好和角色定位乃至国家间实力对比、出资情况等进行确定。

霸权国为了本国利益与声望，往往会进行国际公共产品的供给，这既是其展现国家实力的方式，也是其承担国际社会责任意愿的体现。[1] 在二战后构建的国际公共产品供应体系中，美国出于霸权护持的目的，在主要供应领域中均居于主导地位，是事实上的提供者，在不同领域中的区别仅是供应模式的不同而非供应角色的改变。

在经贸领域，仅从国际货币基金组织的改革发展历程来看，其在诞生之初就被深深打上维护美元霸权的烙印。《国际货币基金组织协定》从法律上确认了美元作为世界货币的地位，这直接导致了战后美元霸权的产生。一方面，美元作为世界货币在全球范围内的流通，给美国带来了可观的、源源不断的铸币税收益；另一方面，美元霸权又便于美国获得相对于其他经济体的巨大的不平等收益。[2] 在国际货币基金组织的设计中，重大决议需85%的绝对多数票通过的标准，意味着美国的作用举足轻重。同时，由于美国国会需要对成员增加国际货币基金组织份额进行审议批准，于是每次认缴份额的重申，都相当于美国对国际货币基金组织的一次细致审查。[3] 由此也证明美国对国际货币基金组织的影响力足以左右国际货币基金组织的运行。

在安全领域，在美国建立的跨太平洋与跨大西洋联盟体系中，其主导地位不言而喻。冷战时期"美利坚治下的和平是霸权和平——它拥有了苏

---

① 沈本秋：《美国霸权式微：国际贸易公共产品供给的视角》，《国际论坛》2011 年第 3 期，第 6 页。

② 周塑：《国际货币基金组织治理体制缺陷、根源及其改革路径探寻》，《国际贸易探索》2019 年第 10 期，第 111 页。

③ 李莉莎：《美国的制度霸权与国际经济机制——以国际货币基金组织为例》，《国际经贸探索》2008 年第 1 期，第 47 页。

联范围之外国家的高度认同，并能够向盟友和从属国提供足够的好处以维持它们的服从"①。而对联合国而言，作为安理会常任理事国的美国同时也是联合国会费分摊比例最大的国家，对联合国的影响极为深远。1991 年，时任联合国秘书长的加利（Boutros Boutros-Ghali）在会见美国负责国际组织事务的助理国务卿约翰·博尔顿（John Robert Bolton）时说，"没有美国的支持，联合国将会瘫痪"，"作为联合国秘书长，首先要考虑的事情就是美国与联合国的关系"。② 作为参与国家众多、当今世界最大的国际组织，联合国往往无法提供最佳数量的公共产品，尤其是会出现许多国家"搭便车"的现象，较大的会员国也承担着组织内不成比例的负担。③ 但更应当看到美国对联合国施加的影响使之成为其合理化对外战略行为的工具。在历史上美国曾借联合国安理会授权的名义，对外进行武力干涉行动，如 1950 年朝鲜战争、1991 年海湾战争、1993 年索马里行动、1994 年出兵海地以及 2011 年对利比亚的干涉等。"主要以美国为首提起或推动并实施的安理会授权使用武力，实际上已经取代了《联合国宪章》第 42 条预想的执行行动，成为安理会武力强制措施的实施方法，可以说美国是安理会授权使用武力的创立者。"④

布鲁斯·拉西特（Bruce Russett）在评判霸权与公共产品供应之间的关系时，从根本上否定了霸权稳定论的基本论断，认为霸权提供的产品不具有共享性和非排他性，所以不是公共产品，而是霸权私有物。⑤ 二战后，日益巩固的战略和经济主导地位使得美国可以塑造新的国际秩序，以追求自身的经济和政治目标。这一秩序以布雷顿森林体系的方式出现，其他资本

① 〔美〕罗伯特·W. 科克斯：《社会力量、国家与世界秩序：超越国际关系理论》，选自〔美〕罗伯特·O. 基欧汉编《新现实主义及其批判》，郭树勇译，北京大学出版社，2002，第 213 页。

② 〔埃〕布特罗斯·布特罗斯-加利：《永不言败——加利回忆录》，张敏谦等译，世界知识出版社，2001，第 4、11 页，转引自刘铁娃《从否决权的使用看美国在联合国安理会中影响力的变化》，《国际关系学院学报》2012 年第 6 期，第 23 页。

③ Todd Sandler and Keith Hartley, "Economics of Alliances: The Lessons for Collective Action," *Journal of Economic Literature*, Vol. 39, No. 3, 2001, p. 891.

④ 李廷康：《美国通过联合国安理会授权使用武力问题研究——基于委托—代理理论》，《国际关系研究》2018 年第 1 期，第 88 页。

⑤ Bruce Russet, "The Mysterious Case of Vanishing Hegemony; or, Is Mark Twain Really Dead?" *International Organization*, Vol. 39, No. 2, 1985, p. 442.

主义国家也从该自由国际经济秩序中受益。尽管如此，主要受益者仍为美国自身，因为该秩序巩固了其作为新的国际经济和战略秩序中心的地位。[①]格雷厄姆·艾利森（Graham Allison）在提及美国于二战后建立的秩序时提出："这一秩序旨在击败苏联这一对手，从而首先推动美国的和平、繁荣和自由事业的发展，然后扩展到它的盟友，最后惠及其他国家。"[②] 美国在二战后构建的国际公共产品供应体系，虽然在一定时期内满足了相关国家的需求，但是这一供求相对稳定现象的出现需要两大前提：其一，必须有利于美国绝对主导地位的护持；其二，其他国家对国际公共产品的诉求必须调整到美国对供应的调控目标上。从根本上讲，造成此种供求稳定现象的根源是美国在战后形成的超强实力，特别是冷战后造就的"单极世界"以及美国将国际公共产品的供应与国家战略紧密结合在一起进而形成的美国在供应体系中的提供者角色。在这三大因素共同作用下，加上美国对独霸地位的珍视和对国际秩序中等级制的追求，国际公共产品供求市场上需求方的诉求和作用被刻意地淡化，甚至是漠视。威廉·沃尔福思（William C. Wohlforth）在论述美国单极战略时提到："华盛顿通过让其他国家在安全问题依赖自己，获得了在其他问题上的优势，从而更能够促使国家之间相互进行合作，国家总是要维护自己的利益。……美国通过热情提供大量的资源得到了其他国家的尊重，美国从中受益巨大、难以衡量。"[③]

第二节　21世纪以来国际公共产品供应体系的结构性变化

美国主导构建的国际公共产品供应体系在冷战至21世纪之前，并未遭到过实质性的挑战。在冷战时期，由于美苏两极对抗，一道"铁幕"将世界一分为二，世界上的国家陷入了意识形态对抗，并被束缚在各自阵营中。

① Mark Beeson and Ander Broome, "Hegemonic Instability and East Asia: Contradictions, Crises and US Power," *Globalizations*, Vol. 7, No. 4, 2010, p. 511.
② 〔美〕格雷厄姆·艾利森：《注定一战：中美能避免修昔底德陷阱吗？》，陈定定、傅强译，上海人民出版社，2019，第275页。
③ 〔美〕威廉·沃尔福思：《单极世界中的美国战略》，选自〔美〕约翰·伊肯伯里主编《美国无敌：均势的未来》，韩召颖译，北京大学出版社，2005，第117页。

冷战以一种令人意想不到的、突如其来的方式结束，美苏两个超级大国对抗的阴霾瞬间烟消云散。冷战初期至21世纪前，各国的主要任务一方面是稳定本国民生，发展经济；另一方面则是适应新的国际环境，迅速调整国家战略。在进入21世纪后，伴随着全球化的深入发展、某些地区结构的变化、新兴大国的崛起和美国霸权力量受到冲击等，国际公共产品的供应体系逐渐发生了一系列的结构性变化。

一　国际公共产品供应体系中既有供应主体供应实力下滑

在国际公共产品供应领域中，美国实力优势的下降并非指美国所拥有的绝对实力地位动摇或冷战后的国际体系格局发生根本性变动，而是指在美国的战略认知中其原有的单极权力优势受到挑战。对此，部分现实主义学者表达了有关权威危机的观点，从美国自由主义价值观的削弱到大国雄心的失败，这些都源自其他崛起国——中国、印度和俄罗斯等非西方大国和新兴经济体所带来的挑战。经济和军事领域中的物质力量从西方向东方的转移为激烈的安全竞争提供了先决条件，这种竞争将极有可能结束大国之间的和平时代。[①] 虽然美国依旧是国际体系中唯一的超级大国，但是在国际权力结构中，美国相对地位呈现下滑趋势。下滑的原因有两方面：其一是受到2008年世界金融危机影响，美国需要调整本国经济战略，振兴本国国内市场和提升就业；其二是新兴经济体的群体性崛起对美国独霸地位的冲击。考克斯（Michael Cox）曾提出作为单极霸主的美国无法避免的一个定律：即使一个国家异常强大，它也永远不能期待可以决定国际体系的运行方式。接下来的问题不是衰落是否即将发生——它已经开始——而是美国应该如何很好地适应这个过程。[②]

（一）金融危机冲击与供应主体实力的相对下滑

21世纪以来，对美国国际公共产品供应能力造成冲击的重大事件当属

[①] Constance Duncombe and Tim Dune, "After Liberal World Order," *International Affairs*, Vol. 94, No. 1, 2018, p. 28.

[②] Michael Cox, "Is the United States in Decline—Again? An Essay," *International Affairs*, Vol. 83, No. 4, 2007, p. 653.

2008年的世界金融危机。这一蔓延甚广、影响深远、破坏力巨大的金融危机是自1929年以来最严重的金融崩溃，导致了自"大萧条"以来最大幅度的经济衰退。这场肇始于美国并迅速在全球蔓延开来的金融危机对美国经济造成巨大冲击，使其结束了历史上最长的经济增长期，甚至一度陷入负增长。权威的美国国民经济研究局于2008年12月1日发布的报告称，美国经济自2007年12月就已经进入了一个衰退期。从2008年的第三季度开始，美国经济呈现负增长，第四季度GDP增长按年率计算下降6.2%，降幅远大于第三季度的0.5%，为25年来之最。美国劳工部于2009年6月公布的数据显示，2009年5月，美国非农业部门就业岗位减少34.5万个，虽然为2008年9月以来的最小幅度，但失业率从4月的8.9%上升至9.4%，为25年来的最高点。[①]

与此相应的是美国政府不得不面对债台高筑的局面。据统计，"从1913年到2001年，美国在87年里一共积累了6万亿美元的国债，而从2001年到2008年底短短7年间，美国增加了近4万亿美元的国债"[②]。在2001年小布什上台之际，美国财政尚有结余，但在8年后，奥巴马接任美国总统时，美国的国债已高达10.6万亿美元。金融危机的爆发，进一步加剧了美国的债务危机。2011年5月，美国的国债就已超过了14万亿美元的法定债务上线。[③] 然而，接下来的奥巴马和特朗普两任政府所实施的减税等一系列措施使得美国的债务总量居高不下。到了2014年债务总量已然超了当年的GDP，2019年2月则是刷新纪录达到历史新高的22万亿美元，约为当年GDP的106%。[④]

金融危机不仅削弱了美国的经济实力，也动摇了其他国家对美国努力维系的全球经济领导地位和能力的信心，质疑美国在经济金融领域的国际信誉。2008年金融危机挑战了由西方国家提出且自二战后一直居于主导地

---

① 张幼文等：《金融危机冲击下的世界经济格局》，上海社会科学院出版社，2010，第19页。

② 尚鸿：《金融危机对美国霸权地位的冲击》，《现代国际关系》2009年第4期，第32页。

③ 逢爱成、黄凤志：《金融危机与美国霸权战略的调整》，《东北亚论坛》2012年第1期，第44页。

④ 卢凌宇、鲍家政：《从制造者到索取者：霸权衰落的逻辑》，《世界经济与政治》2019年第9期，第97页。

位的经济治理模式，即"华盛顿共识"。① 一系列事件冲击着国际社会对美国金融界的认知，如"安然公司丑闻"、"麦道夫案"、AIG 高管天价年薪等。"因次贷危机、华尔街风暴所引发的五大投行沉沦和三大信用评级机构失信，导致美国金融信誉惨跌，包括美元信誉、信用评级信誉、政策信誉惨跌。"② 人们开始怀疑曾经风靡一时的以新自由主义为基础的"华盛顿共识"是不是经济治理的良方。"从世界的角度看，如果说伊拉克战争和美国前总统小布什的外交政策是对美国军事—政治权力的去合法化，那么，这次金融危机将对美国的经济权力产生去合法化的效果。"③ 世界各国开始逐渐兴起具有本地区或本国特点的经济治理模式。

在冷战结束后的 30 多年间，全球实力的转移削弱了美国在经济和军事上的优势。首先是中国实力的增长给美国带来一定影响；其次是新兴经济体在国际舞台上群体性崛起，冲击着以美国为首的西方主导的全球治理体系。在冷战结束初期（1992），美国的 GDP 是日本的 1 倍，是中国的将近 13 倍。2006 年，美国的 GDP 全球占比为 27.5%，超过近现代史上的任何一个领先国家；在经济实力对军事能力的生产潜能上，只有欧盟能够与美国相比，它的 27 个成员国的 GDP 总和超过美国。④ 根据布鲁克斯和沃尔福思的观点，在 2006 年美国一国的 GDP 占主要大国总 GDP 的 46%，要与美国GDP 大致相等的话，需要剩余大国一起加入方可。⑤

然而，作为国际公共产品供应体系主导者的美国在进入 21 世纪后，供应实力遭到重创。2001 年，美国贸易逆差为 4295 亿美元，到了 2005 年则上升至 7871 亿美元，增加了 50% 以上。美国贸易逆差的增加是全球化时代产业分工转移的必然结果，也与美国民众过度消费的生活方式高度相关，

---

① Tim Summers, "China's New Leadership: Approaches to International Affairs," *Chatham House Briefing Paper*, 2013, p. 6.
② 袁鹏:《金融危机与美国经济霸权：历史与政治的解读》,《现代国际关系》2009 年第 5 期, 第 4 页。
③ 〔美〕法里德·扎卡利亚:《后美国世界：大国崛起的经济新秩序时代》, 赵广成、林民旺译, 中信出版社, 2009, 第 12 页。
④ 〔美〕斯蒂芬·G. 布鲁克斯、〔美〕威廉 C. 沃尔福思:《失衡的世界：国际关系和美国首要地位的挑战》, 潘妮妮译, 上海人民出版社, 2019, 第 29 页。
⑤ Charles L. Glaser, "Why Unipolarity doesn't Matter (much)," *Cambridge Review of International Affairs*, Vol. 24, No. 2, 2011, p. 136.

但不断增加的贸易逆差引起了美国国内大量竞争力低的行业利润下降，以及大量制造业工人失业，导致美国国内积聚了大量不满。[1] 在第二次世界大战结束时，美国在全球 GDP 中所占的份额是 50%，而 2016 年是 24%。相比之下，中国在全球经济中所占的份额从 1990 年的不到 2% 增长到 2016 年的近 15%，并在一些指标上超过了美国。这些统计数字反映了过去几十年经济活力从西向东的更广泛转变：自冷战结束以来，欧盟在全球经济中所占的整体份额下降了 12%，而东亚的份额增长了 8%。[2]

需要注意的是，这仅仅表明美国的霸权实力受到冲击，并不意味着其在世界金融危机后就陷入完全的经济衰退或霸权实力直线式下滑。在 2019 年，美国的 GDP 增幅为 2.4%（2009 年为 -2.5%，同年中国则为 9.4%），虽低于全球 3% 的增长幅度，但相比于其他发达国家这一数据已十分亮眼。例如，澳大利亚的增幅为 1.7%，加拿大为 1.5%，法国为 1.2%，日本为 0.9%，德国为 0.5%，意大利则未实现任何增长。[3] 美国商务部在 2019 年 12 月 30 日表示，美国商品贸易逆差从 10 月的 668 亿美元缩减至 11 月的 632 亿美元。根据彭博（Bloomberg）的数据，这是自 2016 年 10 月以来的最窄逆差。[4] 同时，美国自进入 21 世纪后的 GDP 增长率呈现出低于全球 GDP 增长率的趋势（见图 2-1）。但本书并不贸然推论美国实力进入绝对衰退时期，仅认为美国国家实力（尤其是经济实力和金融信誉）受到冲击。

（二）国际权力结构的调整对美国霸权地位的冲击

国际权力结构的调整对美国作为国际公共产品主导供应者的冲击来自两个方面：其一，中国的发展带来国际公共产品在需求和供应上的变化；其二，新兴国家的群体性崛起撼动原有供应结构并逐渐构建新型的供应机制。

---

[1]　潘锐等：《美国国际经济政策研究》，上海人民出版社，2013，第 30 页。

[2]　Rebecca Friedman Lissner & Mira Rapp-Hooper, "The Day after Trump: American Strategy for a New International Order," *The Washington Quarterly*, Vol.41, No.1, 2018, p.12.

[3]　数据来源于国际货币基金组织相关数据库，https://www.imf.org/external/datamapper/ NGDP_RPCH@WEO/WEOWORLD/FRA/ITA/CAN/AUS。

[4]　《美国贸易逆差收至 2016 年以来最窄》，《金融时报》2019 年 12 月 31 日，http://www. ftchinese.com/story/001085732? archive。

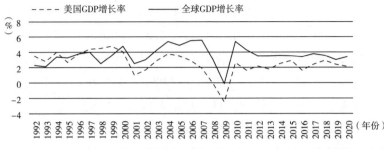

图 2-1 1992~2020 年冷战后美国 GDP 与全球 GDP 增长率比较

资料来源：国际货币基金组织相关数据库，https://www.imf.org/external/datamapper/NGDP_RPCH@WEO/WEOWORLD/FRA/ITA/CAN/AUS。

发展中的中国为美国主导的国际公共产品供应体系带来了新的挑战，其中的核心问题就是美国如何看待中国在国际公共产品供应中的角色与作用，进而如何权衡与中国的关系。在过去的几十年里，中国经历了经济增长和军事现代化，已然成为一个有能力去改变亚洲地区秩序和塑造国际体系规则和制度的潜在大国。① 中国已经成为全球经济福利和机遇的中心：它是全球第二大经济体，最大的工业制成品提供国，最大的能源以及大部分工业原料消费国。中国的经济活动影响着全球经济运行的各个方面。② 随着全球化逐渐走向数字化，全球化的重心已经发生转移。在 2000 年，财富世界 500 强中仅有 5% 的全球大型跨国公司总部位于发展中国家。麦肯锡全球研究所预计，到 2025 年这一数字将达到 45%，中国将拥有比美国或欧洲国家更多的年收入在 10 亿美元以上的公司。美国将继续生产供全球大部分地区消费的数字产品，但这种情况随着中国互联网巨头如亚马逊、Facebook 和谷歌的竞争对手阿里巴巴、百度、腾讯等的崛起很快发生改变。③ 中国的实力上升致使国际社会也逐渐关注中国供应国际公共产品的相关问题，并引

---

① David Pak Yue Leon, "Economic Interdependence and International Conflict: Situating China's Economic and Military Rise," *Asian Politics & Policy*, Vol. 9, No. 1, 2017, p. 9.

② Editorial Board, "Xi's New Power and China's Economic and Social Goals," *East Asia Forum*, March 19, 2018, https://www.eastasiaforum.org/2018/03/19/xis-new-power-and-chinas-economic-and-social-goals/.

③ Susan Lund and Laura Tyson, "Globalization Is Not in Retreat: Digital Technology and the Future of Trade," *Forign Affairs*, Vol. 97, No. 3, 2018, p. 133.

发了诸多争议。黎良福（Lye Liang Fook）认为中国正面临提供更多与其国际地位相匹配的国际公共产品的国际压力。虽然中国依然在过多承担责任上保持谨慎，但有迹象表明它至少在重塑国际经济金融秩序和打击索马里海盗两个方面正在积极发挥作用，而这两个方面的表现也反映出中国已经准备好和有信心提供国际社会欢迎的公共产品。① 与之相对，国际社会也存在对中国提供国际公共产品的动机和行为的各种顾虑甚至是怀疑之声。约瑟夫·奈在2017年抛出了"金德尔伯格陷阱"一说，将国际体系的混乱、国际公共产品供应匮乏的责任归咎于中国的不积极供应、不作为。佩奥拉·斯帕奇（Paola Subacchi）对中国供应国际公共产品的行动持怀疑的态度，认为中国的行动将会威胁现有的全球经济治理体系，起到相反的作用。弗莱德·伯格斯顿（C. Fred Bergsten）认为中国与全球的经济模式之间存在巨大偏差，这几乎体现在全球经济的所有领域；中国具有偏离现有规则的倾向，这将破坏国际公共产品供应体系。② 尤其是在中国推出"一带一路"倡议后，这一倡议更是招致国际社会的不同解读。福山（Fukuyama）认为"这是一场中美以及与其他西方国家之间关于发展模式的历史性竞赛"，竞争的结果将决定欧亚大陆未来几十年的命运。③ 在这样的背景下，美国如何与中国相处，如何在国际公共产品供应体系中评价中国的作用与角色就显得尤为重要。因为这不仅关系到中美两国之间的关系走向，也将影响国际公共产品供应的方式和质量等，从而直接影响全球治理和其他国家的福祉。

新兴国家在国际舞台上的群体性崛起往往被视为对美国霸权秩序的挑战。新兴国家作为全球治理体系中的后发者，期望逐渐提高其在现有体系内的话语权，改变治理体系中的不合理之处，其群体性崛起的重要表现就是主张并推动建立代表本群体利益的国际机制，从而结束公共产品供应中存在的供不应求或供非所求的现象，获得更大话语权与相对平等的国际地位。新兴大国或许不会推翻该秩序，但是会推动可能显著改变其规则机制

---

① Lye Liang Fook, "China and Global Governance: A More Active Role on a Selective Basis," *China: An International Journal*, Vol. 15, No. 1, 2017, pp. 214-233.

② C. Fred Bergsten, "China and the United States: The Contest for Global Economic Leadership," *China & World Economy*, Vol. 26, No. 5, 2018, p. 34.

③ Weidong Liu, Michael Dunford, "Inclusive Globalization: Unpacking China's Belt and Road Initiative," *Area Development and Policy*, Vol. 1, No. 3, 2016, p. 325.

的变革。①

二十国集团（G20）的出现就是新兴国家努力改变现状的现实体现。克里斯托弗·莱恩（Christopher Layne）就指出，G20 的成立是对中国和其他主要新兴国家坚持在国际经济事务中享有更大发言权的回应。② 迈克尔·理查森（Michael Richardson）和克莱夫·克鲁克（Clive Crook）认为，"G20 取代了二战后一直垄断世界经济命运的 G7，登上了决定世界政治经济未来走向的舞台"③。但是，从目前来看，G20 并没有取代 G7，它只是提供了另外一种视角，因为其所代表的国家拥有全球 GDP 的 80%、全球贸易的 75% 以及世界人口的 2/3。G20 被视为代表新兴国家的论坛，与作为西方游说集团的 G7 并不一样。尽管 G7 和 G20 之间的分工尚未确定，但鉴于达成共识的难度，G20 可能更适合作为一个处理经济和金融事务的组织，如改革国际金融机构或发展援助，而 G7 则更多地处理政治和安全议题。④

总之，在美国自身实力受到影响的同时国际权力结构也在发生变动，从而动摇了美国供应国际公共产品的实力基础。但美国依旧是全球唯一的霸主，即便在今天，地缘政治和地缘经济竞争的加剧削弱了美国的领导地位，美国也仍遥遥领先于世界其他国家。领导力主要取决于物质能力，而美国巨大的经济和军事优势已经成为其全球角色的硬实力支柱。⑤ 但是其对国际公共产品供应体系的主导能力却依旧呈现下滑趋势。

二　国际公共产品供应体系中既有供应主体供应意愿下降

国家具备相应的供应实力仅仅是供应国际公共产品的许可性条件，并非具有供应实力的国家就一定会供应。供应实力和真正的供应行动之间并没有必然的因果关系。曼瑟尔·奥尔森与理查德·泽克豪泽（Richard

---

① 〔加〕阿米塔·阿查亚：《美国世界秩序的终结》，袁正清、肖莹莹译，上海人民出版社，2017，第 75 页。

② Christopher Layne, "The US-Chinese Power Shift and the End of the Pax Americana," *International Affairs*, Vol. 94, No. 1, 2018, pp. 89-111.

③ 王雷：《美国金融危机与国际政治经济秩序变迁》，《外交评论》2009 年第 1 期，第 108 页。

④ Deborah Welch Larson, "New Perspectives on Rising Powers and Global Governance: Status and Clubs," *International Studies Review*, Vol. 20, No. 2, 2018, p. 249.

⑤ Hal Brands, "The Unexceptional Superpower: American Grand Strategy in the Age of Trump," *Survival*, Vol. 59, No. 6, 2017, p. 9.

Zeckhauser）提出，国家可以将部分国家收入用于国际（或地区）公共产品（如特别贸易协定、成立国际组织、军事准备、积极的国际外交、外国援助等），以减少地区和国际紧张局势，并避免偶发危机的成本。公共产品是政府自愿提供的。[①] 但是当国家实力受到冲击的时候，其国际公共产品的供应意愿必然会受到影响，即国家实力上升未必会促使其进行国际公共产品的供应，但国家实力的下降往往会导致其供应意愿的下降。

国际公共产品供应体系中既有供应主体供应意愿的下降，一方面是因为本国实力受到冲击，从而产生了能否继续供应的问题。在国内压力增加和国际经济地位下降的双重作用下，霸权国逐渐丧失了对国际公共产品供应的兴趣。巴里·艾森格林（Barry Eichengreen）通过对国际货币体系历史的考察发现，如果要求一个经济领导国有效地担当国际最后贷款人，其自身的市场权力不但要超过所有对手，而且要超过很多方可发挥作用。[②] 另一方面，继续供应产品带来的收益的下滑，使得相关国家思考是否值得继续供应的问题。对于美国，尤其是奉行"美国优先"的特朗普政府而言，公共产品的收益的下滑源自两个方面：一是其他国家在"搭"美国的便车，造成美国利益受损；二是国际公共产品供应市场上的竞争致使美国收益受到影响。

哈尔·布兰德（Hal Brands）将"美国优先"解读为"美国堡垒"，其显示出强硬的美国民族主义色彩，带有强烈的单边主义和孤立主义成分。它建立在对全球事务近乎零和的逻辑思维上。"美国优先"理念认为其他国家多年来一直利用美国的慷慨，认为提供公共产品或参与多边体制对利己主义超级大国而言是愚蠢的赌注。[③] 依据"美国优先"的标准，美国在供应过程中更应当关注美国本国的相对收益，而非国际公共产品供应后带来的

---

① Toshihiro Ihori, "Protection Against National Emergency: International Public Goods and Insurance," *Defence and Peace Economics*, Vol. 10, No. 2, 1999, p. 118.

② Barry Eichengreen, "Hegemonic Stability Theories of the International Monetary System," in Jeffrey A. Frieden and David A. Lake, eds., *International Political Economy: Perspectives on Examining Global Power and Wealth*, Martin's Press, 1995, pp. 238–239, 转引自刘玮、邱晨曦《霸权利益与国际公共产品供给形式的转换——美联储货币互换协定兴起的政治逻辑》，《国际政治研究》2015 年第 3 期，第 85 页。

③ Hal Brands, "U. S. Grand Strategy in an Age of Nationalism: Fortress America and its Alternatives," *The Washington Quarterly*, Vol. 40, No. 1, 2017, p. 77.

公益效应。

美国对"搭便车"的理解分为两类。其一，某些国家虽然分担部分供应成本，但美国却承担了与收益不符的大部分支出。例如，在北约的防务支出上，美欧之间的分歧日益加剧。美国坚信北约国家在军费问题上"搭"美国便车：北约多国的军费开支占本国 GDP 的比重达不到 2% 的标准；如果将欧洲以外的北约国家计算在内，美国一国的国防开支就近乎北约总量的70%。① 沃尔特·拉塞尔·米德（Walter Russell Mead）认为作为杰克逊式总统，特朗普的使命是关照美国人民的人身安全和经济福利，而非去捍卫那些似乎与普通选民无关的欧洲利益。② 也正是在美国的极力促压之下，近两年来欧洲各国军费有所提升。预计到 2024 年，北约成员国中达到军费支出占 GDP 2% 标准的国家，将由目前的 3 个上升到 15 个国家。③

其二，美国承担了不必要的国际责任，这使得美国自身利益受损。以"美国优先"为圭臬的特朗普向《纽约时报》抱怨美国未从联合国得到任何东西；批评《巴黎气候协定》让外国官员掌控在美国土地上使用能源的数量；谴责伊核协议是灾难性的，伊朗在墨迹未干之前就已无视条款。④ 从美国退出的国际组织与条约中不难发现这些组织与条约都带有两大特征：公共性与公益性。公共性表明虽然某些条约是地区性甚至是双边的（如中导条约），但这些条约本身就是一种公共产品，是国际社会的公共资源，影响国际秩序的稳定；公益性表明这些公共产品对国际社会乃至全人类的发展具有较为明显的积极促进意义。

需要明确的是，美国对这两类"搭便车"的态度存在巨大差异。对于前者，美国在要求他国成本分担的同时，依旧在不断地持续投入。特朗普上台以后，对欧洲防务预算不降反增，通过了欧洲遏制倡议（European Deterrence Initiative）。"2018 和 2019 财年预算中，该倡议预算规模连续实现

① 祁昊天：《威胁迷思、美国角色与能力矛盾——欧洲防务行动层面的供给与需求》，《欧洲研究》2018 年第 6 期，第 38 页。

② Walter Russell Mead, "The Jacksonian Revolt: American Populism and the Liberal Order," *Foreign Affairs*, Vol. 96, No. 2, 2017, p. 4.

③ 赵怀普：《特朗普执政后美欧同盟关系的新变化及其影响》，《当代世界》2019 年第 3 期，第 5 页。

④ Paul K. Macdonald, "America First? Explaining Continuity and Change in Trump's Foreign Policy," *Political Science Quarterly*, Vol. 133, No. 3, 2018, p. 411.

近 40% 的增长，目前已达 65 亿美元。"[1] 但对于后者，美国不但将彻底不再"容忍"甚至还单方面退出某些国际组织或条约。

在美国的认知中，供应国际公共产品的收益还受到来自中国的冲击。孔诰烽（Ho-fung Hung）在反驳"中国威胁论"时提出中国经济自 20 世纪 80 年代以来的快速增长在一定程度上得益于美国创造和维持的自由经济秩序，也因此中国并不会成为已有国际秩序的破坏者。[2] 但罗斯玛丽·富特（Rosemary Foot）却提出虽然中国从 1945 年后的国际秩序中受益，但问题依旧是它是否会在公共产品供应上进行合作。[3] 因为从国际公共产品供应的视角看，美国取得霸权地位的重要原因之一是其有能力提供其他国家所需的国际公共产品。任何想将美国取而代之的国家也必须这样做。[4] 而伴随中国经济实力和国际影响力的提升，有学者认为中国努力提升海、空实力，不仅使其他国家担忧中国经济和军事力量的影响，也使美国不信任中国会成为国际公共产品的提供者。[5] 尤其是中国支持建立新的国际机构如亚洲基础设施投资银行、金砖国家新开发银行，以及推出"一带一路"倡议，这在一定程度被视为中国对美国全球经济领导地位的尝试挑战[6]，中国通过多边机构提供公共产品与美国展开竞争。

三　国际公共产品供应体系中供应主体之间的矛盾日趋明显

国际公共产品供应体系中供应主体之间的矛盾主要体现在美国对中国的防范、对新兴经济体争取国际话语权的抵制。中国作为最大的发展中国家，在自身实力提升后对国际公共产品的需求也在日益提升；同时，作为

---

[1]　金玲：《跨大西洋关系：走向松散联盟？》，《国际问题研究》2018 年第 4 期，第 41 页。

[2]　Ho-fung Hung, *The China Boom: Why China Will Not Rule the World*, New York: Columbia University Press, 2015.

[3]　Rosemary Foot, "Remembering the Past to Secure the Present: Versailles Legacies in a Resurgent China," *International Affairs*, Vol. 95, No. 1, 2019, pp. 143-160.

[4]　Kai He, Huiyun Feng, "Leadership Transition and Global Governance: Role Conception, Institutional Balancing, and the AIIB," *The Chinese Journal of International Politics*, Vol. 12, No. 2, 2019, p. 19.

[5]　David Pak Yue Leon, "Economic Interdependence and International Conflict: Situating China's Economic and Military Rise," *Asian Politics & Policy*, Vol. 9, No. 1, 2017, pp. 9-30.

[6]　Yuen Foong Khong, "A Regional Perspective on the U.S. and Chinese Visions for East Asia," *Asia Policy*, Vol. 13, No. 2, 2018, p. 11.

负责任的大国，中国也希望在国际公共产品供应上做出应有的贡献。但是作为原有供应体系的主导者，美国不但忽视了中国等新兴国家在国际公共产品供应上的正当需求，反而开始转变对华战略认知，进而在一定程度上曲解中国供应国际公共产品的行动。

第一，美国对华战略开始发生转变，更倾向在战略上遏制中国。中国于 2001 年 12 月加入世贸组织被许多美国人视为美国对华战略的一大突破，并认为此举可能导致中国的政治自由化、亚洲的和平与安全以及为美国人民带来更大的繁荣。但是这种乐观情绪逐渐消散，有学者认为，如今前两个目标尚未实现，它们的前景也不甚明朗，第三个目标是一个持续的政治问题且遭到越来越多经济学家的质疑。[①] 而随着中国快速发展，美国国内对中国实力的增长日益担忧并引起各种争论，其中发展中的中国是美国的重要威胁这一声音占据了美国对华战略讨论的重要位置。现实主义学者声称，历史已经证明崛起国会对世界秩序造成影响，认为随着中国相对实力的增强，中国变得更加具有扩张性；它要求的更多是因为它可以如此。[②] 斯蒂芬·沃尔特（Stephen Walt）指出，如果中国像包括美国在内的之前（崛起的）所有大国一样，随着实力的增强，对关键利益的界定更加广泛，其也将试图利用自身日益增长的实力来保护不断扩大的势力范围。[③] 约翰·米尔斯海默（John Mearsheimer）和罗伯特·卡根（Robert Kagan）则确信，美国和中国正不可避免地滑向破坏性对抗。这种势头是由中国重塑国际秩序的能力和意愿上升、美国维持现状的能力下降所导致的。[④]

而中国在国际舞台上作用的提升也被某些学者认为在很大程度上得益于美国实力的下滑。[⑤] 有学者认为，中国经济实力的增强与各国对美国领导能力信心的下降，使得中国产生了在政治和安全领域针对美国更加自信的

---

① Charles Boustany and Richard J. Ellings, "China and the Strategic Imperative for the United States," *Asia Policy*, Vol. 13, No. 1, 2018, p. 49.

② Denny Roy, "Assertive China: Irredentism or Expansionism?" *Survival*, Vol. 61, No. 1, 2019, p. 56.

③ Stephen M. Walt, "The End of the American Era," *The National Interest*, No. 116, 2011, p. 9.

④ Nicholas Borroz and Hunter Marston, "How Trump can Avoid War with China," *Asia & The Pacific Policy Studies*, Vol. 4, No. 3, 2017, p. 614.

⑤ Weifeng Zhou and Mario Esteban, "Beyond Balancing: China's Approach towards the Belt and Road Initiative," *Journal of Contemporary China*, Vol. 27, No. 112, 2018, p. 493.

态度。当中国变得更加强大时，它倾向采取代价高昂的对抗政策。[①] 这种对中国对外战略的解读充斥着现实主义的对抗逻辑，将国家间的发展视为一场零和博弈。因此也无怪乎格雷厄姆·艾利森鲜明地提出，"美国和中国之间的战争在未来几十年不仅是可能的，而且比以往认为的可能性更大"[②]。

正是在这样的思维模式下，美国日益将中国视为可能挑战其霸主地位的"修正主义"大国。曾任奥巴马政府高级官员的库尔特·坎贝尔（Kurt Campbell）和埃利·拉夫特（Ely Ratner）在《外交事务》上公开刊文，声称中国正在成为自苏联以来美国从未见过的军事对手。如果中国崛起和美国衰落的趋势继续下去，中国就不单单是与美国展开竞争而是要取而代之从而继续崛起。[③] 特朗普政府自 2017 年以来，先后出台了《国家安全战略报告》《美国国防战略报告》《核态势审议报告》《中国履行世界贸易组织承诺报告》等一系列官方文件，断言过去 20 年美国历届政府奉行的通过将中国融入全球体系促使中国转变为"温和行为体"和"值得信赖的伙伴"的接触政策"失败"，进而把中国定性为"战略竞争者"和"国际秩序修正主义国家"，将中国与俄罗斯视为主要核对手，宣告将美国对外战略优先目标从反恐回调至应对传统大国挑战。

第二，中国正在积极向世界供给各类公共产品。若仅从适应供求市场变化角度看，既有供应主导方应欣然接纳新的分担成本者，但由于美国将公共产品供应解读为巩固霸权、追求国家利益的工具及其遏制中国的战略倾向，中美两国在国际公共产品供应市场上形成了一种竞争关系。而且这种竞争关系，往往被美国运用为在国际市场上排斥中国的手段与工具，也因此造成国际公共产品供应市场中的非良性竞争环境。伊肯伯里在 2011 年的文章中提到，新兴大国开始推进自己的全球秩序理念和议程之时，实力削弱的美国将发现其更难捍卫旧体系。存续于多边机制中的自由国际主义

---

① Kai He, Huiyun Feng, "Debating China's Assertiveness: Taking China's Power and Interests Seriously," *International Politics*, Vol. 49, No. 5, 2012, pp. 633-644.

② Graham Allison, *Destined for War: Can America and China Escape Thucydides's Trap?* Boston: Houghton Mifflin Harcourt, 2017, p. 184.

③ Steven Metz, "How to Know When China Is Pulling Even with the United States," *World Politics*, March 2, 2018, https://www.worldpoliticsreview.com/articles/24282/how-to-know-when-china-is-pulling-even-with-the-united-states.

和规则规范如联合国、多边主义，将有可能让位于一个更具竞争性的和被各种集团、势力范围、重商主义网络和区域竞争割裂的支离破碎的体系。① 而对中国，伊肯伯里则认为，中国是国际秩序的支持者，只是因为它没有能力挑战美国。② 冯维江则认为虽然美国依旧有效地向世界提供公共产品——稳定的权力架构，但中国对美国主导的国际公共产品体系的依存度却在不断下降。③

中美两国在国际公共产品供应领域的竞争关系更多地集中在地区层面和经济领域，尤其是中国周边地区，这也与美国对华战略有密切关系。需要强调的是，这种竞争关系，与其说是两国竞争，倒不如界定为从美国立场出发以零和思维解读当下中国一举一动的单边行为。目前中国积极参与全球治理，提升本国的全球治理能力，努力推动全球治理体系向更加公正、合理的方向改革。"一带一路"建设取得的累累成果，涉及各行各业，多领域全面开花。而国外学者却往往从中美竞争全球主导权（领导权）来理解"一带一路"倡议等中国提供的国际公共产品。美国智库国家亚洲研究局（National Bureau of Asian Research）政治和安全事务高级项目主管罗兰（Nadège Rolland）认为美国正从全球化中退出，尤其是从那些未能给美国带来短期贸易顺差的国际贸易协定中退出，与此同时，中国却在致力于推行与之相反的战略——中国正在进行长期投资以期成为世界性的主导性力量。而中国迈向这一目标的关键性行动就是"一带一路"倡议。④ 苏珊·伦德（Susan Lund）和劳拉·泰森（Laura Tyson）在关注中国推动全球化的举动时，就认为伴随全球价值链的成熟与调整，中国作为全球化的捍卫者，获得了更大的话语权。中国发起了自己主导的倡议如建立亚洲基础设施投资

---

① G. John Ikenberry, "The Future of the Liberal World Order: Internationalism After America," *Foreign Affairs*, Vol. 90, No. 3, 2011, p. 56.

② G. John Ikenberry, "The Future of the Liberal World Order: Internationalism After America," *Foreign Affairs*, Vol. 90, No. 3, 2011, pp. 56–68.

③ 冯维江：《中美权力博弈与新型大国关系的演进——基于公共产品与关系专用性投资的视角》，《世界经济与政治》2016 年第 11 期，第 106、121 页。

④ Nadège Rolland, "China's 'Belt and Road Initiative': Underwhelming or Game-Changer?" *The Washington Quarterly*, Vol. 40, No. 1, 2017, pp. 127–142.

银行是为了制衡总部设在美国的经济机构。[①]

21 世纪以来，由美国主导的国际公共产品供应体系表现出供应主体供应实力下降、供应意愿降低和供应主体之间的矛盾逐渐明显等现象。这种情况将推动国际公共产品供应体系进行调整。国际公共产品成为国家之间战略博弈的工具，甚至成为大国遏制行为的附属品，其必然造成国际公共产品供应市场的混乱，国际社会的需求难以得到真正满足。"对诸多公共产品而言，提供的动议都是从管理公害物品开始的。"[②] 然而当国家将国际公共产品私物化、工具化后，其对国际公害的治理日渐无力，全球治理逐渐陷入困境。

第三节 21 世纪以来国际公共产品 供应体系调整的特征

二战后美国建立的国际公共产品供应体系，在 21 世纪后呈现出重大调整的趋势。这种调整的内生动力源自国际权力结构的变化、新兴经济体的群体性崛起，外在表现是美国开始调整对国际公共产品的供应策略，体现为特朗普政府在"美国优先"口号下开展的一系列对外战略行动。在美国认为霸权主导地位受到威胁、其他国家过度"搭便车"之时，其供应国际公共产品的意愿开始发生转变。这一转变也折射出美国国际公共产品的供应是将之私物化后的结果，是完全从属于美国国家私利的工具化供应。美国供应意愿的转变并不意味着其放弃在国际公共产品供应体系中的提供者的角色。恰恰相反，美国更为重视在供应体系中的主导地位，成为供应体系中各种议程的实际决定方，左右公共产品的供应，但却致力于转嫁责任和分担成本。如果说，二战后美国在国际公共产品供应体系中同时担任着提供者和生产者两种角色，那么现在的美国更愿意在涉及本国利益的领域中成为唯一的提供者，对于全球公共利益的维持则显得漠不关心。

---

① Susan Lund and Laura Tyson, "Globalization Is Not in Retreat: Digital Technology and the Future of Trade," *Forign Affairs*, Vol. 97, No. 3, 2018, pp. 130-140.

② 薛晓芃：《国际公害物品的管理——以 SARS 和印度洋海啸为例的分析》，世界知识出版社，2009，第 40 页。

除了对自身供应角色的调整，美国在国际产品供应意愿和偏好上均产生了明显的消极、退缩的变化趋势。"特朗普外交重视让'美国优先'对接国内利益，基本上以议题为驱动，奉行功利型的碎片化外交。"① 在国际公共产品供应领域，美国供应国际公共产品的意愿总体呈下降趋势，即由原本的积极主动滑向消极主动，甚至进行干扰性供应；在供应偏好上，更趋向建立单边主导供应模式，注重本国在供应过程中的绝对主导地位，倾向以双边或少边方式替代多边合作供应；在供应产品选择上，降低产品的公益性，提高产品的排他性。

在国际安全领域，美国对国际公共产品的供应虽然持一种积极主动的态度，但在偏好上更倾向于俱乐部公共产品的供应，并力争提高已有产品的排他性和针对性。在美国认为国际权力结构的变动威胁到本国霸权地位时，其将供应的国际公共产品"私物化"，对产品的"公共性"范围进行有选择地收缩与调整。

在亚太地区，特朗普上台后，力推"印太战略"，在巩固双边同盟体系的同时积极拉拢域内相关国家。美国在该地区，以双边同盟体系为基础，通过三种途径推进同盟体系网络化：其一，推进轴辐式同盟体系内的网络化，即加强日澳间的双边安全关系；其二，推动同盟关系的扩展，即推进美日澳印四国之间的多边安全合作；其三，加强同盟成员与同盟外国家间的安全关系，即推动日本、澳大利亚分别与印度发展双边安全关系，最终形成美国主导的地区安全网络体系。有学者认为，鉴于新的国防战略更加强调大国间竞争，人们很容易猜测美国的"印太战略"是针对中国的"遏制政策"，② 印太地区包括亚洲正是中国权力和利益愈发突出的区域。③ 就目前而言，在美国在印太地区安全体系的构建过程中，中国被堂而皇之地排除在外，成为美国巩固安全主导地位的外部因素。美国提供的俱乐部安全公共产品，一方面将中国排除在外，成为中国参与地区活动的制约力量；另一

① 沈雅梅：《特朗普"美国优先"的诉求与制约》，《国际问题研究》2018 年第 2 期，第 101 页。

② Takuya Matsuda, "Making Sense of the Indo-Pacific Strategy: An Inheritance from the Past," *Asian Pacific Bulletin*, No. 423, 2018, p. 1.

③ Charles Boustany and Richard J. Ellings, "China and the Strategic Imperative for the United States," *Asia Policy*, Vol. 13, No. 1, 2018, p. 50.

方面，也将盟友和安全伙伴进行捆绑，成为维系美国主导地位的重要支撑。

在欧洲地区，虽然一直指责北约盟友在军费分担上行动不力，但在维系北约安全关系、加大军费投入以及巩固北约在制约俄罗斯上的战略地位等问题上，美国依旧以积极的态度支撑北约力量的扩展。对北约欧洲成员国而言，北约的存在乃至北约为欧洲国家提供的安全保障，是一种集体共享的公共产品，北约成员（美国除外）同等化、公平化消费。这样一来，在公共产品供应—消费过程中，实际上形成了一种权力交换关系。结成联盟的主要目标是将成员的力量联合起来以进一步促进成员利益的实现，特别是安全利益。[①] 安全收益的增长则源于盟友的军事力量。盟友越强，联盟就越能保障安全。[②] 在联盟中，各国受制于实力差距，在收益上并不完全均等，而在不对称联盟中，主导国和联盟其他成员之间存在着交换关系。北约盟国依靠美国强大的安全保障力量，进而获得安全收益；与此同时，北约盟国付出的成本就是认可并支持美国在北约范围内的主导地位。

虽然特朗普政府一直声称北约盟国"搭便车"，但这种所谓的"搭便车"是在美国默许之下的，美国也不会让北约盟国实现真正的安全自主。在 2017 年 12 月，欧盟理事会正式通过《关于建立永久结构性合作的决定》（Permanent Structured Cooperation，PESCO 方案）。按照欧盟官方表述，"永久结构性合作是在有能力并且有意愿深化防务合作的成员国之间达成一项具有约束力的、有抱负的、包容性的合作框架"[③]。2019 年 3 月，欧盟委员会宣布 2019~2020 年将通过欧洲防务和工业发展计划（EDIDP）斥资 5 亿欧元首次支持防务工业项目；通过"防务研发预备行动"（PADR）启动 2019 年度防务研究项目征集。正当欧盟国家开始发展防务、进行安全联合之际，美国政府却指责欧洲国家的相关举动是对"持续 30 年之久的跨大西洋防务合作的严重逆转"[④]。因此，特朗普政府虽一面指责欧洲国家"搭便

① Stephen M. Walt, "Alliances in a Unipolar World," *World Politics*, Vol. 61, No. 1, 2009, p. 88.

② James D. Morrow, "Alliances and Asymmetry: An Alternative to the Capability Aggregation Model of Alliances," *American Journal of Political Science*, Vol. 35, No. 4, 1991, p. 911.

③ 房乐宪、狄重光：《欧盟安全防务建设新进展：永久结构性合作及其含义》，《当代世界与社会主义》2018 年第 3 期，第 174 页。

④ 吴敏文：《欧盟防务自主始易成难》，新华网，2021 年 6 月 9 日，http://www.xinhuanet.com/globe/2021-06/09/c_139980414.htm。

车"，一面却增加对北约的军费防务支出，增加安全类公共产品的供应，以期北约能够分担更多维系美国霸权的任务。

在国际经济领域，美国对国际公共产品供应持一种消极的态度，更倾向以双边方式为主要供应手段，并在寻求重构参与供应主体之间关系的同时塑造新的供应规则，从而构建新的更加符合美国利益的供应模式。二战后，美国通过"马歇尔计划"、布雷顿森林体系、世界银行、国际货币基金组织的建立成为经济类国际公共产品的主导供应者，在国际范围内持续地、积极地供应金融、经贸等方面的公共产品，而此时霸权护持和国际公共产品供应也形成了相互促进、相携并存的互动关系。虽然战后美国经济霸权受到布雷顿森林体系瓦解、日本经济崛起等冲击，但一方面这些冲击是存在于美国主导的西方阵营内部的，而在冷战时期，资本主义阵营内部矛盾屈从于美苏两极对峙这一主要矛盾，美国的霸权地位虽受到来自盟友、伙伴独立自主倾向的冲击但并不触及根源；另一方面这些冲击在一定意义上可视为全球经济发展或全球化带来的必然效应，而美国霸权受到的冲击也是一种霸权的自我调适。然而，进入 21 世纪以来，特别是 2008 年世界金融危机后，当西方国家在金融危机的打击下国内社会矛盾频生之时，新兴经济体却表现优异，并逐渐开始冲击美国在全球经济领域中的绝对主导地位。面对全球经济力量结构的变动，奉行"美国优先"的特朗普政府对美国外交战略进行大刀阔斧地变革，对一个开放的、相互依赖的全球经济体系能否给美国带来实质性好处深表怀疑。① 我国学者李向阳认为，特朗普政府对经济全球化的负面认知决定了美国不会再为全球经济的共同发展而提供公共产品，特朗普政府把经济全球化的利益分配看成零和博弈。② 有美国学者认为"美国优先"的核心思想是民族主义和本土主义。它的经济民族主义信条致使美国试图通过退出国际贸易、摆脱多边体制的束缚以及遏制移民流动，重新确立国内对经济的控制。③

---

① Paul K. Macdonald, "America First? Explaining Continuity and Change in Trump's Foreign Policy," *Political Science Quarterly*, Vol. 133, No. 3, 2018, p. 410.

② 李向阳：《特朗普时期的亚洲经济：挑战与变数》，《人民论坛·学术前沿》2017 年第 7 期，第 25 页。

③ Rebecca Friedman Lissner & Mira Rapp-Hooper, "The Day after Trump: American Strategy for a New International Order," *The Washington Quarterly*, Vol. 41, No. 1, 2018, p. 30.

因此，特朗普政府着力从多边贸易机制和双边经济关系两个方面进行调整。对于前者，特朗普政府在全球体系层面"试图改变现行多边贸易机制的发展方向或干脆放弃WTO"[①]。特朗普政府多次抨击世界贸易组织"不执行现有规定"，美国受到"不公平对待"。2018年8月，特朗普威胁如果世贸组织不进行整顿，美国将会选择退出。2019年3月，美国发布了《2019年贸易政策议程及2018年度报告》，将"改革WTO对发展中国家的对外问题"作为其四项改革主张之一。[②]

在地区层面，美国先是退出TPP，继而在2018年10月，美国与加拿大、墨西哥达成新的贸易协定，即《美国—墨西哥—加拿大协定》（USMCA），以取代原有的《北美自由贸易协定》（NAFTA）。在双边经济关系中，一方面，美国在全球体系内针对不同经济体就不同的经济领域加征关税。迄今，美国已对欧盟、中国、俄罗斯、日本、印度、墨西哥等分别在不同领域不同程度地征收关税。另一方面，美国与相关国家重新谈判双边贸易协定。2018年9月，美国与韩国签署了新修订的美韩自贸协定；2019年9月，美国与日本签署了两国间初步贸易协议。美国希望以此实现所谓的双边贸易收支平衡。

美国作为既有经济类国际公共产品的提供者，主要涉及三类产品的供应：其一，国际经济秩序；其二，国际经济机制；其三，国际经济规范。当下，美国对于经济类国际公共产品消极供应的根源在于确保美国相对获益的目标追求与全球经济发展自由化之间的矛盾。面对新兴经济体的群体性崛起，美国霸权受到冲击，难以单独依靠本国实力支撑多边贸易体系，甚至视多边贸易机制为美国霸权负累。因此，美国将目标转向其能够居于绝对主导地位并能拥有绝对话语权的双边贸易谈判，依靠本国相对实力在博弈中获得胜利，从而最终构建一个以美国为中心的由多重双边机制组成的贸易体系。美国自强征关税之时起就已然对国际经济的良性发展造成巨大负面冲击，更不用说美国还试图推动WTO改革，重新定义"发达国家"和"发展中国家"的标准和待遇。这折射出美国希望改变国际经济体系已

---

① 李向阳：《特朗普政府需要什么样的全球化》，《世界经济与政治》2019年第3期，第50页。

② 竺彩华：《市场、国家与国际经贸规则体系重构》，《外交评论》2019年第5期，第4页。

形成的国际共识和国际准则，更企图巩固以美国意志为中心的国际经济秩序。

在非传统安全领域，美国对国际公共产品的供应不仅持一种消极的态度，更是在多个问题领域中作为"干扰"因素存在。非传统安全领域的国际公共产品供应往往是多边合作模式，各国在其中均为地位相对平等的参与者。这种模式的建立与非传统安全领域中问题治理的性质有着直接的关系。有学者认为非传统安全问题的形成源于四个方面：国际政治秩序的长期不公正；世界经济发展的长期不平衡（贫富悬殊是矛盾和冲突的重要根源）；人类追求个人发展与自然生态系统稳定之间的长期失调；国家间交往的日益频繁与国际危机防范机制建设的缺位。这四大类因素的根除需要国际社会的共同努力，而多边合作机制的建立和发展则是问题治理的必由之路。从理性主义视角看，国家选择加入多边合作机制，最根本的出发点就是获得更大甚至最大化的收益。每一个选择加入多边合作机制的国家都有不同的成本和利益考虑，但依旧存在某些共性。每个国家都牺牲了在该领域中的行动自由（通常是理论上的），以换取一揽子好处，此类好处也包括对其他国家行动的类似限制。当某国加入的多边合作机制成为单边行动工具（如果可能的话）时，每个国家都期望在追求具体目标时获得更大的权力。① 当国际权力结构发生变动，美国绝对主导地位受到动摇的时候，美国将某些多边合作机制视为对本国行动的束缚，甚至认为在某些非传统安全问题上付出努力不符合本国利益，反而造成不必要的支出，让其他国家赢利而本国失利。特朗普政府在"美国优先"理念的指引下，对多边合作机制缺乏认同和信任②，对全球治理毫无信心，不愿承担应负的国际责任③。

美国对非传统安全类公共产品供应态度的转变突出表现在各种"退群"行为，特别是退出《巴黎气候协定》给全球气候治理带来重大挫折。在外

---

① W. Reisman, "The United States and International Institutions," *Survival*, Vol. 41, No. 4, 1999, p. 62.

② 赵明昊：《"美国优先"与特朗普政府的亚太政策取向》，《外交评论》2017 年第 4 期，第 114 页。

③ 张历历：《美国焦虑下的对外政策调整》，《人民论坛》2018 年第 29 期，第 28 页。

部看来，特朗普执政下的美国从全球气候变化政策的参与者转变成流氓国家。[①] 2017年1月，特朗普上台伊始就公开批判奥巴马政府的气候政策，宣称《总统气候行动计划》是"愚蠢且不必要的政策"，并用注重化石能源开发利用的"美国第一能源计划"取而代之；2017年3月，特朗普政府签署"能源独立"行政令，撤销了奥巴马政府的一系列能源和环保法规，其中尤为关键的是废除了奥巴马政府在2015年颁布的《清洁电力计划》；2017年6月，特朗普宣布美国将停止落实奥巴马政府时期与国际社会签订的《巴黎气候协定》；2018年8月，特朗普政府又宣布将在2020年后冻结奥巴马政府提出的旨在降低交通碳排放的燃油减排标准；2019年11月4日，美国国务卿蓬佩奥宣布，美国已正式通知联合国将退出《巴黎气候协定》，这也是全球唯一一个退出该协定的国家。

从国际层面看，美国先后从联合国教科文组织和人权理事会、万国邮政联盟等多边机构退出，引发国际社会的担忧。美国的退出行为表明其正在摆脱部分全球责任，转而支持严格且狭义的美国利益。一方面，这是对自己应肩负责任的推卸，形成国家国际角色与国际责任之间的不匹配现象，甚至造成了不好的"先例"；另一方面，这破坏了已有供应机制的效应，迫使参与供应的国家不得不调整各自的供应策略，重新调整彼此之间的角色定位和供给成本，也因此带来了不必要的交易成本。也正因此，美国逐渐成为非传统安全领域中诸多公害治理中的干扰因素，成为另一种意义上的"搭便车者"，给国际公共产品的供应造成障碍。

时至今日，形成于二战后的国际公共产品供应体系，在主要供应国美国实力受到冲击、国际权力结构调整、供应主体之间矛盾上升等因素的影响下出现了结构性调整。这种调整在不同的领域呈现不同的特征，主要是由于国际公共产品供应体系的主导者——美国，针对不同议题采取了不同的调整方式。但总体上，美国对国际公共产品供应的态度从积极主动供应向消极被动供应转变，且在公共产品的公益性和私利化之间逐步放弃公益性考量，忽视国际社会需求。

[①] Jan Selby, "The Trump Presidency, Climate Change, and the Prospect of a Disorderly Energy Transition," *Review of International Studies*, Vol. 45, No. 3, 2019, p. 473.

本章小结

本章对 21 世纪以来国际公共产品供应体系的考察以美国作为关键供应方为切入点是基于两重考量：其一，美国在既有国际公共产品供应体系处于主导地位，具有绝对化的影响力；其二，在原有国际公共产品供应体系中，供应方和需求方的地位并非对等，需求方的诉求往往被忽略或从属于供应方的利益追求。我国学者樊勇明认为，国际公共产品的供应充足与否，并不取决于国际社会的消费者，而是以能否满足霸权国家的自我利益最大化为标准的。[①] 二战后美国成为国际舞台上当仁不让的霸主，冷战的"胜利"更是让其"傲视群雄"，强大的经济、军事等硬实力和优越的软实力，加上美国对重塑国际秩序的雄心壮志，共同奠定了国际公共产品供应体系与美国霸权之间的相互依赖关系。苏珊·斯特兰奇（Susan Strange）提出，如果参与制定国际规制的国家之间的权力平衡发生变化，或者这些国家对其国家利益的认识有了变化，那么所有被称为国际规制的国际安排是很容易被摧垮的。[②] 也正因此，国际公共产品供应体系在经历半个多世纪的发展后，伴随着全球化的深入发展和国际权力结构的变动，已然面临诸多供需困境，也催生出国际社会对之进行改革的强烈愿望。

---

① 樊勇明：《西方国际政治经济学》（第二版），上海人民出版社，2006，第 59 页。
② 秦亚青：《霸权体系与国际冲突——美国在国际武装冲突中的支持行为（1945—1988）》，上海人民出版社，2008，第 228 页。

第三章　21世纪以来国际公共产品的
供给困境与解决路径

国际公共产品供应体系与美国霸权之间的紧密联系，导致在国际权力结构转变、美国国家战略调整时国际公共产品供应总体上出现了供求失调的状况。一方面是国际社会对公共产品需求的上升，新兴国家希望在国际公共产品供应中发挥更大的作用，拥有更大的话语权；另一方面，既有供应主体受国内局势变换、国家实力受损等影响，难以稳定、持续地供应高质量的国际公共产品。在这两种趋势的共同作用下，既有供应体系呈现出供应主体供应能力持续下滑的态势，陷入了供应主体缺位与产品需求上升的窘境。本章将研究国际公共产品供应方和需求方之间的矛盾，以及由霸权国美国供应政策调整在西方国际社会内部引发的连锁反应，更加全面地分析当前国际公共产品供应体系面临的危机，探究现行供应体系存在的缺陷，以期能找到解决供给困境的可行之道。

第一节　21世纪以来国际公共产品
需求变动与供应缺位

21世纪以来，伴随着全球化的加速进行，国家之间的相互依存日益加深，跨国问题乃至全球性问题增多，国际公共产品供需之间的缺口逐渐扩大。诚然，有些全球性问题的出现是人类社会活动带来的负面影响或由深层次的社会发展问题导致的，此类情况多见于全球性公共卫生、环境等非传统安全领域，如肆虐非洲的埃博拉疫情、席卷东非和南亚诸国的蝗虫灾害等。这些由公害产生的全球性问题绝非某一国或地区单独可以轻易解决的，其产生的根源也是难以根除的。此类公害影响范围之广和破坏性之大，在一定意义上也是全球化将各国命运紧密相连的一个映照。然而，国际公共产品供应体系中既有的某些重要供应主体却选择将相关公共产品私物化，将之视为本国对外战略的附属品或进行政治博弈的工具，从而使原本趋于紧张的供求关系雪上加霜。马丁·沃尔夫（Martin Wolf）曾在 2017 年提出一个具有时代性的疑问："我们正处在一个西方主导全球化和地缘政治正在终结的时代，即美国主导的冷战后单极时代的终结。问题是，接下来上演的是类似于 20 世纪前半叶二战后逆全球化和冲突频生的时期还是进入一个新时代，即由非西方国家（特别是中国和印度）在维持合作性全球秩序上发挥更大作用？"[1] 西方主要供应主体之间的矛盾及其与新兴国家之间的竞争，对国际公共产品的持续高效供应产生了严重的负面影响，而这也是当前供应体系面临的关键性障碍之一。

一 21 世纪以来国际公共产品的需求呈现上升趋势

21 世纪以来国际社会对国际公共产品的需求呈现明显的上升趋势，其中对非传统安全类公共产品的需求更是急剧上升。在非传统安全领域，国际公共产品需求的上升突出体现在国际社会应对恐怖主义威胁和解决公共卫生安全问题上。2016 年 "21 世纪国际艾滋病大会" 发布的报告提及，全球迄今已有 3500 万人死于艾滋病，每年仍然有 200 万人新感染艾滋病毒。[2]恐怖主义对国际秩序、国家安全、人民生存的威胁令人咋舌，"伊斯兰国"在其最为活跃的 2016 年，就造成 9000 余人死亡。[3] 虽然经过国际社会的努力，全球反恐形势出现好转。根据澳大利亚经济与和平研究所 2018 年发布的《2018 年全球恐怖主义指数报告》，2017 年全球共发生 8277 起恐怖袭

---

[1] Martin Wolf, "The Long and Painful Journey to World Disorder," *Financial Times*, January 5, 2017.

[2] 林利民、袁考：《当前国际安全乱象与国际安全治理的困境与出路》，《现代国际关系》2017 年第 4 期，第 26 页。

[3] 舒洪水、李燕飙：《基于大数据视角的恐怖袭击特点与趋势分析——以 GTD 中的 7133 次恐怖袭击为样本》，《情报杂志》2019 年第 11 期，第 88 页。

击，比上一年下降23%；因恐怖袭击死亡的人数为18814人，比上一年下降27%。[①] 但是，在某些地区和国家（如索马里、阿富汗等）本土恐怖主义依旧严重、难以控制的同时，"伊斯兰国"外溢效应在这些地区不断增强，全球多个地区迎来暴恐高潮。"伊斯兰国"不断加强对南亚、东南亚、非洲地区的渗透，与当地恐怖组织实现合流，严重恶化了地区安全形势。[②] 2019年4月，斯里兰卡遭遇了本国历史上最严重的恐怖袭击，253人死亡，约500人受伤。"这也是美国宣布'伊斯兰国'极端组织在叙伊两国被彻底击溃后发生的最为严重的暴力恐怖事件。"[③] 根除国际恐怖主义仍旧任重道远。

在经济领域，国际公共产品的需求上升集中体现在两个方面。其一，对制度类国际公共产品的需求上升。新兴国家为追求对全球经济秩序进行变革，推动全球经济秩序朝着更加公正、合理的方向转变，发出了对治理机制以及对既有机制的改革呼声。例如，G20、金砖国家等的出现与发展就是典型表现。其二，国际社会对全球经济体系平稳运行的需求上升。自2018年起，全球经济领域中的贸易摩擦和贸易纠纷此起彼伏，诸多经济贸易协定面临挑战。例如，2019年7月，日本政府宣布对出口韩国的三种半导体产业原材料加强管制。随后，在8月日本又宣布在简化出口审批手续的贸易对象"白色清单"中删除韩国。而美国更是与中国、俄罗斯、印度、日本、欧盟等在多个领域发生贸易争端。有学者认为，自20世纪30年代以来，全球范围内提高贸易壁垒的行为加剧了全球贸易保护主义，一个秉持自由主义的美国领导的基于规则的国际贸易机制体系才是美国的国家利益。贸易政策很少（即使有）上升为选举政治中的头等问题。在这方面，2016年美国大选中，具有明确的保护主义倾向的共和党候选人特朗普当选总统，这标志着一个潜在的转折点，美国可能会改变历经80年的自由贸易和强化

---

① 马匽：《〈2018年全球恐怖主义指数报告〉解读》，《国际研究参考》2019年第2期，第38页。

② 马匽：《〈2018年全球恐怖主义指数报告〉解读》，《国际研究参考》2019年第2期，第40页。

③ 张吉军：《"后伊斯兰国"时代的国际恐怖主义及其治理分析》，《南亚东南亚研究》2019年第6期，第26~27页。

多边合作的趋向。①

在传统安全领域，"地缘政治冲突急剧反弹，世界有朝'新冷战'方向回潮之势；与此同时，国际军备竞赛进一步抬头，国际军事安全竞争加剧，而核扩散的挑战也依然严峻"②。其一，全球军费开支增长迅速，主要大国纷纷上调开支预算，国家间军备竞赛态势萌发。2019 年斯德哥尔摩国际和平研究所的研究报告称，连续两年全球军费呈现高增长态势，2018 年全球军费总额为 1.82 万亿美元，比 2017 年高出 2.6 个百分点，增长率是 2017年同期的两倍多，是 1988 年以来的最高水平。③ 其中全球各大国的军费增加尤为明显，2019 年日本防卫费为 5.2986 万亿日元（约 477.4 亿美元），连续 7 年增加；2020 年将达到 5.31 万亿日元（约 487 亿美元），再创历史新高。2019 年德国的军费开支为 479 亿欧元（约 527 亿美元），较 2018 年增长了约 24.5%。2019 年法国国防预算是 359 亿欧元（约 422 亿美元），同比增长 5%。④ 而美国退出中导条约，打破了自冷战时期以来主要大国在该领域的默契，加之美国仅在 2018 年下半年就进行了两次中程弹道导弹试验，从而引起了国际社会对军备竞赛的担忧。

其二，大国之间地缘政治竞争越发激烈。俄罗斯和美国在中东、东欧地区的博弈使得地区局势变得愈发复杂，也加剧了各自"伙伴"或盟友之间的对立与紧张。在"伊斯兰国"在中东的势力慢慢退去后，美俄两国在叙利亚的争斗反而逐渐走到台前，俄美支持的政府军与反政府军陷入胶着。以美国为主导的北约战机和俄国战机在毗邻领空不断"接触"，相互威慑。时至今日，美国依旧认为俄罗斯通过网络等手段干涉美国内政，特别是介入 2016 年总统大选。

其三，核问题依旧是国际社会亟须解决的重要安全问题。在朝核问题

---

① Marcus Noland, "US Trade Policy in the Trump Administration," *Asian Economic Policy Review*, Vol. 13, No. 2, 2018, p. 262.

② 林利民、袁考：《当前国际安全乱象与国际安全治理的困境与出路》，《现代国际关系》2017 年第 4 期，第 23 页。

③ "World Military Expenditure Grows to $1.8 Trillion in 2018 | SIPRI," April 29, 2019, https://www.sipri.org/media/press-release/2019/world-militaryexpenditure-grows-18-trillion-2018.

④ 孟祥青、韩延哲：《2019 年国际安全形势：和平局面保持、乱象危机频发》，《当代世界》2020 年第 1 期，第 20 页。

上，自特朗普上台后，美朝两国领导人虽然经过了 2018 年 6 月新加坡会谈、2019 年 2 月越南河内会谈与 2019 年 6 月的板门店会面，但双方并未就朝核问题的解决达成实质性的解决方案，且分歧明显。伊核问题更是在特朗普政府宣布退出伊核协议后，陷入僵局。美国发起对伊朗的新一轮制裁，美伊关系又陷入冰点。

其四，大国竞争带来的地区安全环境的不稳定以及地区热点的难以降温，也使得国际社会不断找寻新的途径供应安全类国际公共产品。因此，进入 21 世纪后国际社会对安全类公共产品的需求，并非如自由主义者预想的那样，伴随着相互依赖的加深、国际机制的成熟以及观念的传播，国际社会中的冲突与矛盾应该逐渐以平稳的方式消弭，反而各类安全需求层出不穷，安全类公共产品供应缺口明显，已有产品之间的竞争和相互效应的抵消等愈加激烈。

造成国际公共产品需求上升的原因主要如下。第一，为了顺应全球化和地区一体化迅速发展的趋势，主权国家之间的政策性协调更加紧密，以促进各自和共同利益的增加。例如，全球价值链的形成，使得相关国家的政策部门在对应领域中进行政策调适，以适应生产要素在地区/全球范围内的流动，从而将本国成功地嵌入全球生产价值链，利用比较优势，获得收益并赢得发展机遇。

第二，伴随人类活动范围的扩大和人类社会的发展，不断增多的全球性问题成为摆在所有国家面前的共同挑战。人与自然之间的协调共生，在经历了工业发展后，却成为诸国政府必须携手解决的重要任务，如应对全球气候变暖、跨界水流域治理等。

第三，随着国家间交往的增加、联系的紧密，一国国内问题的跨国性扩散可能会导致区域性或全球性问题的形成。此类问题的源头在某一确定国家内部，由于危害具备的传染性、流窜性、活跃性、复杂性等，单独一国政府难以进行有效管控，从而使得危害蔓延，成为公害。例如，2009 年在墨西哥暴发的 H1N1 流感疫情，最终成为波及全球 200 多个国家和地区的全球性公共卫生事件；在非洲地区，国家面临的赤贫问题和当地居民的健康问题、粮食危机乃至教育不平等问题，往往需要国际社会的通力应对；而索马里的国内危机和政府失败，在一定程度上成为该地区海盗猖獗的刺激因素。

第四，国家在对公共池塘资源的汲取、对公域的使用上存在利益竞争，由此造成在此类公共产品供应和需求上的规则制定权之争，甚至造成国家之间的冲突。例如，针对海洋、外太空等公域，全球主要大国围绕公域治理、公域的规则制定纷纷展开竞争，希望从中获得优势性权力。

第五，国家政策和战略调整引发的对国际公共产品供应的调整诉求。一方面，在全球价值链的形成以及新兴国家的群体性崛起的背景下，新兴国家希望改变已有经济秩序中不合理的地方，提升新兴国家在全球经济体系中的地位。另一方面，由霸权国经济战略调整引发的大国贸易冲突，对经济秩序运行带来负面冲击。有学者认为，中美两国之间的贸易逆差由2000年的819亿美元急剧增加至2015年的3340亿美元。新兴力量上升的同时传统霸权却在走向下坡，这种情形不仅改变了世界经济格局，也增加了全球经济治理领域的摩擦和冲突产生的可能。①

由此可见，国际社会对国际公共产品需求的上升，既有一定的客观必然性因素——全球化的持续深入发展和由人类活动范围扩大造成的公共性问题的增多；也有国家行为体主观故意的因素，即国家在应对公害时的"搭便车"心理以及某些国家围绕公域领导权的竞争。许多国家的政策都导致了国际公共产品的产生，如气候减排、保护生物多样性等。然而，除非这些政策产生的国内利益超过政策带来的国内成本，否则各国政府几乎没有采取行动的动机。没有国际合作，诸多急需的国际公共产品仍旧供不应求。这一问题已在发展中国家气候减排的财政谈判中显现。

二 21世纪以来国际公共产品供应缺位现象明显

美国作为国际公共产品供应体系中的关键性提供者，在二战后的国际公共产品供应方面功不可没。有学者提出，通过提供国际公共产品，如全球和地区安全、公域自由和自由贸易体系，美国创建了一个以任何历史标准来衡量都是稳定和良性的全球环境，这一环境促进了人类和国家的发展。诚然，美国是供应环节中极为重要的一环，但是纵观二战后国际公共产品

---

① 王燕：《全球贸易治理的困境与改革：基于WTO的考察》，《国际经贸探索》2019年第4期，第106页。

供应体系的形成过程以及冷战后的发展，一些主要的西方国家（如德国、法国、英国等西欧国家）也承担了诸多供应责任。仅在应对全球气候变暖的议题上，西欧多国的治理意愿和积极性明显高于美国，且通常以多边合作的方式应对公害问题。但是，在21世纪已过去的20多年中，以美国为首的西方供应主体在供应国际公共产品上逐渐出现了力不从心的状况，供应主体缺位现象日渐明显。本书认为已有供应主体的缺位现象体现在两个方面上：其一，美国作为关键性供应主体的不作为和干扰供应；其二，主要西方国家虽然有供应国际公共产品的意愿，但与之前的供应行为相比往往力不从心。供应缺位是供应主体受到供应实力和供应意愿转变影响而产生的现象，是供应主体主观选择的结果。

（一）国际公共产品供应中霸权国的缺位

在国际公共产品供应体系中，霸权国的供应缺位包括以下几种情况：霸权国将供应责任转嫁给其他行为体；将公共产品私物化，忽视国际社会需求，以本国需求为单一供应指标；干扰或破坏已有国际公共产品的供应。此处的"责任"标准包含两方面的意义：一方面是相对该国既往承担的供应责任；另一方面则是该国追求的大国国际地位所匹配的国际责任。权力源自责任，而责任要求国家能够超越狭隘的自我利益。[1]

作为国际公共产品供应体系关键性提供者的美国，如前文所述，在经历2008年世界金融危机后，特别是特朗普上台后调整对外战略，已不再积极供应国际公共产品。美国供应策略的调整从短期来看，尚未达到完全意义上的供应主体缺位的标准，对美国巩固国际地位、扩大国家收益有着较为明显的改善，且短时间内并不会对美国霸权护持产生影响。但是长此以往，美国在公共产品供应上的策略调整将会影响自身持续供应的能力以及国际社会对其霸权地位合法性的认知。陷入危机的不是自由国际主义，而是美国作为自由主义国际秩序霸主的权威。[2] 拥有霸权的国家负有一项特殊

---

① 〔美〕约瑟夫·约菲：《对历史与理论的挑战：作为"最后超级大国"的美国》，选自〔美〕约翰·伊肯伯里主编《美国无敌：均势的未来》，韩召颖译，北京大学出版社，2005，第181页。

② G. John Ikenberry, "The Future of Liberal World Order," *Japanese Journal of Political Science*, Vol. 16, No. 3, 2015, p. 451.

的义务——服务世界。其拥有的霸权越大，其推进全球繁荣和安全的义务就越大，这种推进既要确实有效，也要表现在外。在那些重大问题上，美国忽视了它的责任。因此，作为国际秩序的建立者和维护者，它面临失去自身合法性的危险。①

从长远看，美国的供应能力将会受到折损。供应能力虽然是建立在供应实力基础之上的，但两者之间并非因果关系。"在国际社会，一国的国际行为实力并不直接等于具有全球治理的能力和方法。"② 国家供应国际公共产品的能力有两个重要的影响因素：持续度和认可度。前者是一国能否持续、稳定地供应；后者则涉及国家供应的产品在国际社会的认可度，即能否真正满足其他国家的需求。只有满足这两点，一国才真正具备了供应能力，也能将国际公共产品的供应与本国国际地位的合法性联系到一起。从美国霸权护持的历史看，美国学者历来认为二者之间存在紧密的联系。约瑟夫·约菲（Josef Joffe）就认为美国提供公共产品的行为很好地维护了美国的霸权地位，使其他国家不会采取针对美国的制衡策略。"美国以公共物品提供者的身份支配着世界，美国提供的公共物品既加强了美国的地位，又满足了其他国家的需要……只要美国依然是全球/地区公共物品的提供者，第二、三、四……号大国就会宁愿同头号大国合作，而不是结成反美联盟。"③

显然，奉行"美国优先"的特朗普政府将本国私利凌驾于盟友和伙伴乃至全球的利益之上，有损于全球公利的实现，影响到美国盟友对其领导地位的信心，从而开始质疑美国对外行为的合法性。托拜厄斯·哈里斯（Tobias Harris）和杰弗里·W·霍恩（Jeffrey W. Hornung）在《国家利益》（*The National Interest*）杂志上撰文指出，特朗普的观点是对的，美军的确保卫了日本，但是也正因为日本愿意接纳如此多的美国军队，美国才有能力在该地区保持权力、对地区突发事务做出反应、威慑对手并使盟友对美国

---

① 〔美〕韩德：《美利坚独步天下——美国是如何获得和动用它的世界优势的》，马荣久等译，上海人民出版社，2011，第343页。

② 陶坚编著《全球经济治理与中国对外经济关系》，知识产权出版社，2016，第61页。

③ 〔美〕约瑟夫·约菲：《对历史与理论的挑战：作为"最后超级大国"的美国》，选自〔美〕约翰·伊肯伯里主编《美国无敌：均势的未来》，韩召颖译，北京大学出版社，2005，第178页。

的保卫充满信心。不幸的是，特朗普并没有意识到美国在亚洲的军事存在在很大程度上依赖于日本的支持。[1] 美国前国防部部长詹姆斯·马蒂斯（James Norman Mattis）明确表示，美国将会履行自己的责任，但如果相关国家不希望看到美国降低对联盟的承诺，那么就需要对共同防务表示支持。[2]

美国对盟友的责任转嫁，已在盟友间引起了不满情绪。已经离任的北约秘书长安诺斯·福格·拉斯穆森（Anders Fogh Rasmussen）在《世界需要一名警察》（*The World Needs A Police*）一书的序言中提及了对美国全球领导地位的质疑："这一职位有能力、可靠的和令人满意的候选人是美国。我们需要美国坚定的全球领导力；但问题是，特朗普领导下的美国是否愿意并有能力承担这一角色，以及其他国家尤其是北约盟国是否会再次接受美国的领导地位。"[3] 受到孤立主义抬头的影响，美国政府不断要求盟友分担军费，并认为盟友一直在搭美国"便车"。在国际舞台上，特朗普政府先后退出 TPP、《巴黎气候协定》、伊核协议等，退出行为在损害美国声誉的同时也切实损害了盟友的利益。澳大利亚前总理保罗·基廷（Paul Keating）就提出，作为一个非亚洲大国，美国不能继续作为亚洲繁荣的战略担保人；尽管美国依旧是最强大和最具影响力的大国，但是美国在军事、经济和意识形态上的优势正在衰退，致力于美国权力目标的全球机制越来越少。[4] 夏威夷东西方研究中心的亚洲安全专家罗伊（Denny Roy）则认为，受到中国的影响，维持美国在亚太地区的主导地位是一个日益困难的经济负担；保持地区盟友、伙伴对美国可靠性、领导力和持久性的信心也正变得困难。[5]

---

[1] Michael Clarke and Anthony Ricketts, "Donald Trump and American Foreign Policy: The Return of the Jacksonian Tradition," *Comparative Strategy*, Vol. 36, No. 4, 2017, p. 371.

[2] Carla Norrlof, "Hegemony and Inequality: Trump and the Liberal Playbook," *International Affairs*, Vol. 94, No. 1, 2018, p. 66.

[3] Joyce P. Kaufman, "The US Perspective on NATO under Trump: Lessons of the Past and Prospects for the Future," *International Affairs*, Vol. 93, No. 2, 2017, p. 252.

[4] Ramesh Thakur and Ashok Sharma, "India in Australia's Strategic Framing in the Indo-Pacific," *Strategic Analysis*, Vol. 42, No. 2, 2018, p. 70.

[5] Denny Roy, "China's Military Rise Erodes American Leadership in Asia," *The Hill*, November 29, 2017, http://thehill.com/opinion/international/362382-chinas-military-rise-erodes-americas-power-in-asia.

另外，美国对公共产品供应策略的调整对其国际地位的影响，不仅体现在盟友层面，还体现在此举引发了国际社会对其霸权地位合法性的质疑。特朗普政府上任后的对外行为彰显出他对 TPP 等多边协定的怀疑态度，转而采取美国优先的方式，青睐双边协定。美国政府似乎认为经济开放和全球化对美国就业有害，并转向保护主义，退出 TPP 等条约。而在东亚地区国家看来，这一行为展现出美国对多边机制缺乏足够的尊重，并加深了东亚国家对美国领导力的怀疑。① 大国获得国际地位合法性需遵循三个原则：与国际社会拥有共同的共享价值、提供公共产品以及遵守国际法和国际规范。② 西蒙·赖克（Simon Reich）和理查德·勒博（Richard Ned Lebow）认为美国对全球的秩序与稳定构成威胁，而全球的秩序与稳定恰恰又是美国存在的支柱之一……霸权是建立在合法性与权力之上的。③ 2018 年季北慈（Bates Gill）和本杰明·施瑞（Benjamin Schreer）在他们的文章中写道："尽管已有秩序存在诸多不足，但美国对自由主义国际秩序的根本性保障历来毋庸置疑，直到特朗普政府上台。现在，美国正面临失去其'不可或缺的超级大国'地位的危急风险。"④

诚然，一国对国际公共产品的供应必然有其国家利益的考量，也并非完全为了国际公益的实现。国家在提供公共产品时必然有相应的成本—收益考虑。但是，公共产品的"同等可得"并不意味着不同消费者对该产品的边际评价一致。⑤ 一般而言，具有权力优势的国家往往从中获利更多。马斯坦杜诺（Michael Mastanduno）认为，一个主导国家可以既是"体系制造者"，也是"特权持有者"。它可以在同一时间既提供公共产品又利用其占据优势的权力地位来获取狭隘的利益。同一时间，它既需要与其他国家的

① Takashi Terada, "The Competing U. S. and Chinese Models for an East Asian Economic Order," *Asia Policy*, Vol. 13, No. 2, 2018, p. 19.

② 邢悦:《崛起国如何获得国际支持——以美国对华门户开放政策为案例的研究》,《国际政治科学》2016 年第 3 期, 第 4 页。

③ 〔美〕西蒙·赖克、〔美〕理查德·内德·勒博:《告别霸权!——全球体系中的权力与影响力》, 陈锴译, 上海人民出版社, 2017, 第 23 页。

④ Bates Gill and Benjamin Schreer, "Countering China's 'United Front'," *The Washington Quarterly*, Vol. 41, No. 2, 2018, p. 163.

⑤ 〔美〕詹姆斯·M. 布坎南:《公共物品的需求与供给》, 马珺译, 上海人民出版社, 2009, 第 50 页。

合作，又寻求将做出调整的负担强加到这些国家上，并获得不同程度的成功。[①]　特朗普执政下的美国以美国私利重塑国际公共产品供应体系。霸权国的这种供应缺位将折损其长期的供应能力，削减国际社会对其国际地位的认可，降低其他行为体对其国家对外行为的接受度，最终必然动摇霸权护持的根基。然而，二战后形成的国际公共产品供应体系与美国霸权之间存在紧密的联系，也由此造成了供应体系的困境：美国供应缺位，供应体系也面临转型的挑战；私物化的公共产品又成为美国制衡新兴供应主体和维系既有体系的工具，从而对国际公共产品供应体系的调整造成障碍。

（二）欧盟在国际公共产品供应中的缺位

欧盟在国际公共产品供应中的缺位，主要是指在公害问题治理上的力不从心以及已然萌发的对某些国际公共产品供应的消极态势。欧盟作为当今世界最为重要、影响力巨大的非国家行为体之一，却面临自煤钢共同体形成以来的严峻挑战，首先就是欧盟关键性成员之一的英国宣布脱欧。我国学者庞中英和王瑞平认为，长期以来，欧盟在全球经济治理中具有重要影响力，但有两大因素正在改变其作用：一是欧洲地区一体化出现的危机正在削弱欧盟在全球治理中的影响力，限制其效能的发挥；二是国际政治经济体系中的权力转移，尤其是新兴大国在全球治理中作用的提升和参与能力的增强，将在一定程度上导致欧盟在全球治理中地位的相对下降。[②]　本部分关注的是欧盟自身在国际公共产品供应中受到的制约，而非外部竞争带来的冲击。

欧盟在国际公共产品供应中的缺位主要体现在三方面。首先，面对地区内部出现的治理危机，欧盟呈现出应对不力的状况，治理效果受到质疑。2008 年世界金融危机后，欧盟逐渐陷入了欧债危机、难民危机、乌克兰危机、恐怖主义袭击增多等多重危机。然而欧盟在这些问题上却无法高效地应对，社会问题层出不穷，欧盟国家在处理相应问题上的分歧也日渐明显。

---

① 〔美〕约翰·伊肯伯里：《自由主义利维坦——美利坚世界秩序的起源、危机和转型》，赵明昊译，上海人民出版社，2013，第 127 页。

② 庞中英、王瑞平：《相互治理进程——欧洲与全球治理的转型》，《世界经济与政治》2002年第 11 期，第 50~63 页。

在欧洲难民危机中，大量外国难民的涌入极大地冲击着欧洲各国的社会稳定，给政府治理能力和欧洲各国间的合作带来挑战，同时也影响着各国国内就业市场，引发了重大的社会危机。难民的集聚，也给欧洲社会的宗教、文化带来了冲击。此外，欧洲地区经济发展波折不断。2019年第三季度，"欧盟和欧元区的 GDP 同比增长 1.3% 和 1.2%，其中，欧盟增速为 23 个季度以来最低，欧元区增速则与上个季度持平，也处于 2014 年以来的低值"①。欧盟国家内部的贫富分化现象日趋严重，在希腊和西班牙这两个国家，受贫困或社会排斥冲击的人数占比分别达到 28.6% 和 35.7%。② 目前希腊的青年失业率一直徘徊在 35% 左右，法国、瑞典的青年失业率则在 20% 上下，欧盟青年的整体失业率约为 14%。③ 这使得欧洲国家民众开始对欧盟的信心下降，对欧盟的政策和协调能力充满怀疑。

同时，欧洲地区还面临另外一种直接威胁欧洲国家社会秩序与稳定的安全挑战——恐怖主义扩散。其与难民问题交织在一起，已经成为摆在欧洲众多国家面前的棘手问题，需要欧洲各国合作解决。随着"伊斯兰国"在中东地区的势力日渐式微，恐怖主义分子开始在世界范围内分散，而欧洲成为其重点目标。自 2015 年巴黎恐怖袭击事件后，"伊斯兰国"认领案件呈常态化趋势。恐怖组织直接策划或煽动其成员在欧洲人口密集的城市和交通枢纽发动针对平民、无特定目标、手段简易、杀伤力强、灵活机动性大的"独狼"式袭击。仅 2017 年，欧洲就发生了至少 33 起此类型的恐怖袭击事件，其中法国 11 起、英国 6 起。④ 除了外部输入、恐怖主义分子回流，难民危机滋生的新问题也是欧洲恐怖袭击事件增加的重要因素。"难民危机激发了欧洲各国的排外主义和反穆斯林化社会运动，而排外主义和反穆斯林化运动又反过来刺激了欧洲各国穆斯林族群中的激进分子同情或加入到'伊斯兰国'恐怖组织，从而滋生了本土的恐怖主义势力，直接从

① 王苇航：《2020 年预算案能否提振欧盟经济》，《中国财经报》2019 年 12 月 7 日，第 6 版。
② 郑春荣：《欧盟逆全球化思潮涌动的原因与表现》，《国际展望》2017 年第 1 期，第 40 页。
③ "青年失业率 - 国家列表 - 欧洲"，*Trading Economics*，https://tradingeconomics.com/about - te. aspx。
④ 周秋君：《恐怖主义在欧洲发展的新态势及其原因分析》，《社会科学》2019 年第 2 期，第 32 页。

事针对欧洲国家的恐怖主义袭击活动。"①

　　源自欧盟主要国家社会内部的"逆全球化"思潮冲击着欧洲一体化道路，影响欧盟参与全球治理的能力。欧洲地区极右翼力量在政坛的崛起，使欧洲诸国政治生态发生变化，给各国积极应对地区危机带来了负面影响。欧洲国家近年来受各种社会问题困扰，在诸多危机叠加的压力之下，原本较为温和的政治生态系统逐渐被破坏。民粹主义在欧洲民众中开始拥有市场，极端政党逐步在欧洲政坛获得发展空间。极右翼政党利用民众对欧洲社会危机的担忧、对本国执政党和政府的不满、对全球化带来的身份认同丧失的恐惧等，逐渐拥有话语权并开始影响政治议程，在各国政治生态中成为不可忽视的力量。2015 年，持"疑欧"倾向的波兰法律与公正党在议会选举中大获全胜，终结了波兰公民纲领党 8 年之久的执政生涯，成为波兰自 20 世纪 90 年代转轨后第一个单独执政的政党；2017 年，宣扬退出欧元区、重回马克时代的德国极右翼选择党在大选中首次进入联邦议会并成为第三大党；鼓吹"法国人优先、法兰西第一"的法国极右翼政党"国民阵线"领导人勒庞剑指法国总统职位，虽败于马克龙，但在 2019 年 5 月欧洲议会举行的大选中，勒庞率领的国民阵线得票率位居法国第一，而马克龙所领导的共和前进党则位居第二；2018 年的意大利大选中"五星运动"成为议会第一大党，其旗帜鲜明地主张要求退出欧元区。这些极右翼政党一般具有强烈的民粹主义和反移民倾向，对经济全球化的态度也不如中左翼政党积极。② 在这些极右翼力量对欧洲政坛产生影响后，欧洲一体化之路坎坷不断，国家间的政策协调和经济合作也面临挑战。

　　其次，虽然受到欧盟内部政治生态变化、英国脱欧等因素的影响，但在气候治理上欧盟依旧是关键性的治理主体。作为公认的"气候领袖"，在美国特朗普政府退出《巴黎气候协定》之际，欧盟明确将会进一步采取行动推动《巴黎气候协定》的落实，并且坚信全球将继续依赖欧盟的领导去

---

① 宋全成：《难民危机助推欧洲恐怖主义——欧洲恐怖主义的新进展、特征及其与难民危机的内在关联》，《当代世界社会主义问题》2018 年第 4 期，第 150 页。

② 彭刚、胡晓涛：《欧美逆全球化背景下国际经济格局调整》，《政治经济学评论》2019 年第 1 期，第 196 页。

应对气候变化。① 2020 年 3 月 4 日，欧盟委员会提交了《欧洲气候法案》，该法案提出到 2050 年要将欧洲温室气体排放量控制在零水平，即从法律层面确保欧洲到 2050 年成为首个"气候中性"大陆。

但也要注意到，欧盟虽然仍在全球气候治理领域发挥着举足轻重的作用，但逐渐开始对共同但有区别的责任原则进行重新解读，认为由于新兴国家实力的迅速增长，不能再以过去的标准要求它们，而应该增加这些国家在减少碳排放上的义务与责任分担，增加其对减排问题的付出。对于未来减排，欧盟希望通过设计一个统一的表格，在 2020 年以同样的标准对发展中国家和发达国家的减排情况进行复盘，模糊发达国家的历史责任。在更新国家自主贡献目标时，欧美企图参照 WTO 改革，推动发展中国家"毕业标准"，中国的发展中国家地位面临"被毕业"的风险。②

另外，欧盟在气候治理上的作为也遭受来自内部的挑战，这点在卡托维兹会议上体现得尤为明显。"会场外，波兰煤炭工人和煤炭产业要求'公平正义'，法国'黄马甲'运动迫使总统让步；会场内，波兰主席团提出了'西西里亚团结和公平转型宣言'，呼吁转型过程中谁都不能落下、谁都不能被伤害，而在提升力度方面不置一词。"③ 除此之外，欧盟重要成员国也希望通过在全球气候治理中掌握主动权、扩大话语权，提升本国的大国地位。例如，法国早就希冀成为全球环境领域中的"领导者"，尤其在美国缺位的情况下，法国可以扩大本国影响、提升国际地位。法国确定了"节能减排"原则下的气候治理方案，将能源政策与气候政策统一起来，提出了包括循环经济、就业与生态转型、节水政策、海洋多样性保护、环保教育五大重点的行动计划。该行动计划已然突破了欧盟的旧有框架束缚，从中可看出法国希望彰显本国独立领导力的努力。④

---

① 李慧明：《特朗普政府"去气候化"行动背景下欧盟的气候政策分析》，《欧洲研究》2018 年第 5 期；孙悦、于潇：《人类命运共同体视域下中国推动全球气候治理转型的研究》，《东北亚论坛》2019 年第 6 期。

② 韩一元：《〈巴黎协定〉以来的全球气候治理进程》，《国际研究参考》2019 年第 11 期，第 4 页。

③ 朱松丽：《从巴黎到卡托维兹：全球气候治理中的统一和分裂》，《气候变化研究进展》2019 年第 2 期，第 209 页。

④ 吴志成、温豪：《法国的全球治理理念与战略阐析》，《教学与研究》2019 年第 7 期，第 90 页。

最后，鉴于诸多欧洲国家为北约成员国，与美国存在军事同盟关系，这些国家在安全议题上的对外行为不得不在一定程度上受到美国的影响，需要做出相应的配合。2016年米尔斯海默和斯蒂芬·沃尔特认为美国应该将战略重心放在真正需要专注的问题上，建议采取离岸平衡战略，保持美国在西半球的主导地位，遏制欧洲、东北亚和波斯湾可能出现的潜在霸主。美国不应充当世界警察，而应该鼓励其他国家主动监视崛起的大国，美国仅应当在必要之时采取干预。① 特朗普上台后，在处理盟友关系时也处处以"美国第一"为标准，一是对盟友提出军事责任分担要求；二是希望盟友在遏制美国所认为的"修正主义"国家时能够更加配合；三是在安全议题上忽视盟友的利益，这点尤其体现在美国退出伊核协议给欧洲盟友在经济和安全上带来的双重损失上。从经济的角度看，伊核协议签署后，伊朗与法国的贸易额从制裁前的5亿欧元增长到2017年的38亿欧元；就在美国退出协议前期，道达尔公司还与伊朗签署了48亿美元大单，开发伊朗南帕尔斯天然气田。② 德国也不甘落后，在对伊朗制裁正式取消前，时任副总理兼经济和能源部部长的加布里尔就率经贸代表团访问伊朗，以抢先布局占得商机。有德国媒体曾预计，伊朗将是德国未来对外贸易的最大增长点；取消制裁后，欧盟与伊朗之间的贸易额在短期内也迅速增长了两倍。③ 在安全问题上，伊核协议的存在一方面可以防控核武器扩散，另一方面在稳定伊朗局势的同时亦可减轻欧盟相关国家在中东地区稳定、难民涌入等方面的压力。但是，在2018年5月美国退出伊核协议并重启对伊朗的制裁后，欧盟国家不得不重新衡量与伊朗的关系并评估未来经济前景，众多欧洲企业纷纷撤离伊朗，原有项目难以为继，其中就包括道达尔公司的伊朗南帕尔斯天然气田项目。而北约国家希望通过自身力量为欧洲地区提供安全保障之举，也引发了美国政府的强烈不满。法国总统马克龙提出了意图减少对美国军事依赖的"欧洲干预倡议"，呼吁欧洲国家建立一支真正属于欧洲的"欧洲军"，但该倡议是在北约框架之外的，是独立于美国军事安全保障体

---

① John J. Mearsheimer and Stephen M. Walt, "The Case for Offshore Balancing: A Superior U. S. Grand Strategy," *Foreign Affairs*, Vol. 95, No. 4, 2016, pp. 71-72.

② 母耕源：《法国对伊朗的政策演变及其对伊核问题的影响》，《区域与全球发展》2018年第6期，第13页。

③ 姜锋：《欧盟成了美伊夹板中的"人质"》，《环球时报》2019年5月22日，第14版。

系的，也是法国探索欧洲防务独立的一条新路径。然而，该倡议在欧洲内部实施亦面临众多障碍，而美国更是对"欧洲军"表示强烈反对。因此，总体看来，在国际（地区）安全类公共产品供应上，欧盟诸国期望有所突破，但目前由于同盟关系的存续、北约国家对美国的依赖等，欧盟仍然无法改变美国对其的影响。

美国著名的《北大西洋》杂志的主编、保守派作家大卫·弗鲁姆（David Frum）哀叹特朗普损害了美国最深刻、最广泛认同的外交政策利益。[①] 托马斯·赖特（Thomas Wright）表示，特朗普是战后第一位反对自由主义国际秩序的总统，他寻求的是美国优先的外交政策。[②] 不论特朗普是否真正地反对自由主义国际秩序，其主张与政策都对冷战后自由主义国际秩序造成了重大冲击。作为霸权国的美国和主要供应主体的欧盟受到主观和客观因素制约，都出现了供应缺位的现象。我国学者张宇燕在分析全球治理困境成因时，认为其中一个重要的原因就是：人类对全球治理需求的增加与全球治理或全球公共产品供给不足的矛盾日益凸显。[③] 这也折射出国际公共产品供应体系中的最关键、最严重的困境：国际社会对公共产品需求上升的同时面临供应缺位现象。解决这一难题要求国际社会集体正视、共同协力。

第二节　21 世纪以来国际公共产品供给
困境的解决之道

国际公共产品供应体系在经历冷战时期的建立、冷战后至 2008 年世界金融危机的发展后，时至今日出现了供需之间的显著裂痕：既有供应主体供应缺位现象明显，国际社会对高质量公共产品的需求却呈现上升态势；

---

① David Frum, "Trump's Trip Was a Catastrophe for U. S. -Europe Relations," *The Atlantic*, May 28, 2017, https: //www. theatlantic. com/international/archive/2017/05/trump - nato - germany/528429/.

② Thomas Wright, "Trump Takes Allies Back to 19th Century Global Order," *Brookings*, May 21, 2017, https: //www. brookings. edu/blog/order - from - chaos/2017/03/21/trump - takes - allies - back-to-19thcentury-global-order/.

③ 张宇燕：《全球治理的中国视角》，《世界经济与政治》2016 年第 9 期，第 6 页。

新兴国家希望国际公共产品的供应更加关注本国需求，而非单纯将既有供应方的需求作为影响产品供应的决定因素。约瑟夫·E.斯蒂格利茨（Joseph E. Stiglitz）在其著作《全球化逆潮》中提出了"全球体系再平衡"的概念，认为随着新兴国家在全球化和金融机构问题上的声音与经济现实之间的脱节越来越严重，再平衡的需求变得更加明显。① 如果将"全球体系再平衡"的理念运用到对国际公共产品的供应中，就是对供应体系进行调整，以期容纳新的供应力量；改善供应缺位的现象，减少对国际公共产品供应体系的破坏；平衡需求和供应之间的关系，对现行体系中的供应模式、供应手段等进行改革。若要着手解决国际公共产品供应中的困境，就应改善这三方面，而最关键的方式就是借助国际机制的力量，通过对相应领域国际机制的改革、调整和补充等来克服当前国际公共产品供应体系出现的困境。

一　国际机制与国际公共产品供应

我国学者秦亚青将全球治理失灵解读为国际规则体系不能有效管理全球事务，不能应对全球性挑战，致使全球问题不断产生和积累，出现世界秩序失调的状态。② 当今世界处于"百年未有之大变局"，国际权力结构发生剧烈变化，国际形势风云变动，国际社会在探求公共产品供应体系困境的破解之道时，应当将目光聚焦在国际机制上。

国际机制在国际公共产品供应中的重要作用与其自身所具备的双重属性有关。国际机制既是供应国际公共产品的重要工具，也是国际社会所渴求的公共产品；国际机制既可以有利于实现供应国地位的合法化，同时也将对参与供应的国家施加限制。国际机制的制约作用首先来自制度的权威性，国际机制是国际体系中的成员彼此认可或达成一致后的规则，代表了某个领域的行为准则。所以，对参与机制的国家来说，国际机制有着权威性。③ 这里需要说明一点是，本书未将国际机制与全球治理机制明确区分，

---

① 〔美〕约瑟夫·E.斯蒂格利茨：《全球化逆潮》，李杨、唐克、章添香等译，机械工业出版社，2019。
② 秦亚青：《全球治理失灵与秩序理念的重建》，《世界经济与政治》2013 年第 4 期，第 5 页。
③ 秦亚青：《霸权体系与国际冲突——美国在国际武装冲突中的支持行为（1945—1988）》，上海人民出版社，2008，第 68 页。

虽然有学者认为两者存在差异性：国际机制侧重于特定领域的问题，全球治理机制则不局限在某一单一领域；前者一般多为正式的制度安排，后者则囊括了对非正式、非权威因素的关注；前者的行为主体多为国家政府等，非政府组织等社会性力量并未纳入机制创建的考量，而后者则将全球非政府组织等考虑在内。① 但本书认为，在国际公共产品供应领域中，国际机制和全球治理机制的作用机理并无二致，扮演的角色与发挥的作用也无差异。

国际机制本身就是国际社会中的一种重要的公共产品，具有非竞争性和（一定程度的）非排他性。国家加入国际机制，即消费或获取该公共产品，便可享受由此产品带来的各种好处和服务，由此也体现了该国际机制作为公共产品的使用价值。首先，国际机制可以减少国家之间的信息不对称，为国家搭建信息交流的平台。某些专门性的国际组织还向其成员国提供专业性知识和信息。例如，世界卫生组织（WHO）通过监测、关注、搜集区域与全球有关疾病和卫生状况的信息，针对某些疾病的治疗、疫情的发展等提供有针对性的建议，供有关国家政府作为制定应对政策的重要参考。其次，国际机制还可以制定规则以减少交易和信息成本。② 国际机制制定明确行为体之间交往与合作的规则，国家加入国际机制后熟悉并遵守规则，明确各自的行为方式以便"按章办事"，从而减少了国际社会中的不确定性因素，提高了国家对彼此行为的可预期性，有利于降低国家之间的冲突风险。最后，国际机制（国际组织）中的国家通过国际机制接受新的规范、价值和利益观念进而被社会化。③ 国家通过习得新规范进而内化，从而改变原本的国家利益认知，导致国家对外行为的改变。在系统层次上，国家间的规范能使国家对多边主义产生共同的预期。④ 在习得规范后形成的共同预期、共同认知有助于国家之间形成对彼此的良性判断。

---

① 王明国：《机制碎片化及其对全球治理的影响》，《太平洋学报》2014 年第 1 期，第 9 页。

② 〔美〕肯尼思·奥耶编《无政府状态下的合作》，田野、辛平译，上海人民出版社，2010，第 18 页。

③ 〔美〕玛莎·芬尼莫尔：《国际社会中的国家利益》，袁正清译，上海人民出版社，2012，第 4 页。

④ 〔美〕玛莎·芬尼莫尔：《国际社会中的国家利益》，袁正清译，上海人民出版社，2012，第 134 页。

国际机制对国家行为具有一定的约束力，可以改变国家对预期目标的成本—收益考量，因此有利于克服集体行动困境，抑制国家的违约行为。理性的国家在公共产品供应过程中，出于"担心"（自己供应了，别人不供应，让他人坐享其成，即"被搭便车"）和"贪心"（自己参与供应与否都可享受产品，于是就选择不为公共产品的供应做出贡献，即"搭便车"）这两种考量，往往导致公共产品的供应难以成行。国际机制在通过制定规则来约束国家行为的同时也明确成本分担和责任义务等。所有制度在实施时，人们都会这样做——通过使制度符合各国的利益从而使各国为此而改变自己的行为。为做到这一点，他们削弱了阻碍全球公共产品供给的因素的影响并加强了促进供给的动机。①

此外，国际机制本身所具备的惩戒功能对国家形成约束。在国际公共产品的供应过程中，如果潜在的"搭便车者"知道自己在未来将失去收益，而失去的收益将超过目前"搭便车"的短期收益，那么尝试"搭便车"就没有意义了。如果没有某种可信的报复机制，长期有效的双边合作就不可能在反复出现的囚徒困境中实现。② 国际机制的存在在一定程度上承担着"可信惩戒"的职责。

国际机制的惩戒功能体现在以下三个方面。其一，"声誉"的珍视和"先例"的担忧。良好的声誉可以让本国与他国在交往中更加顺利，降低合作过程中的交易成本。同时对国家而言，"国际威望（国际声誉）是'软实力'的重要组成部分"③。先例的担忧促使国家忧虑其他国家效仿其行为，从而对本国可能破坏合作的自私行为采取更为审慎的态度。其二，国际机制的交错相连，增加了国家在行动前的"有益的谨慎"。盘根错节的利益关系，对国家间的摩擦与可能的背叛形成了"制动阀"。"国际制度可被用为将各国捆绑在一起的战略，以缓和安全困境，可遏制发起制衡的动机。"④

---

① 〔美〕斯科特·巴雷特：《合作的动力——为何提供全球公共产品》，黄智虎译，上海人民出版社，2012，第19页。

② J. Samuel Barkin, "Time Horizons and Multilateral Enforcement in International Cooperation," *International Studies Quarterly*, Vol. 48, No. 2, 2004, p.372.

③ 李巍：《制度之战：战略竞争时代的中美关系》，社会科学文献出版社，2017，第72页。

④ 〔美〕约翰·伊肯伯里：《大战胜利之后：制度、战略约束与战后秩序重建》，门洪华译，北京大学出版社，2008，第12页。

其三，国际机制具有锁定功能。国际机制的锁定功能是指国际机制的建立往往反映和体现当时的权力结构和利益格局，通过国际机制，各国（尤其是大国）将有利于本国的权益结构固定化，进而延续下来。例如，在联合国安理会中常任理事国由美中英法俄五大国担任。该机制反映了二战结束时的国际格局基本面貌，同时也赋予了这五个大国相对于其他国家的不同权利，并将之通过机制方式固定下来。机制具有锁定功能的原因在于回报增加现象，现有机制在运作过程中就已取得了学习效应以及机制变革的成本。[①] 因此，国家尤其是大国在退出或破坏机制之时，就需要充分考量机制固定的权益和可能的收益丧失问题。

国际机制也是国际公共产品重要的供给主体。莉萨·马丁（Lisa L. Martin）认为国际货币基金组织被成员国授予了相当大的自主性，致力于提供国际公共产品，并不单纯是国家外交政策的工具。[②] 国际机制固然在建立之初受到当时权力政治影响，并且是非中性的，但是不可否认的是，国际机制一旦建立就具有了相对于权力政治的独立性。国家利益在机制的确立过程中是至关重要的，对机制的形成和塑造产生了深远影响，但合作机制一经形成，由相互依赖所造成的迫切需求就会最终抑制政治利益的扩张。基欧汉就认为，国际机制是"对相互依赖产生影响的一系列指导性安排"，这些安排可能是由某个霸权国家确定的，但所代表的并不仅仅是某个国家的利益，其一经确立就具有了一定的自主性。玛莎·芬尼莫尔（Martha Finnemore）认为国际组织是国际准则的指导者，联合国教科文组织就是此类专门性组织的代表。[③]

当前，国际组织已然是全球治理的重要主体，能够较为有效地应对全球公共性问题。在 2008 年世界金融危机爆发时，二十国集团在华盛顿召开

---

① 〔美〕约翰·伊肯伯里：《民主、制度与美国的自我克制》，选自约翰·伊肯伯里主编《美国无敌：均势的未来》，韩召颖译，北京大学出版社，2005，第 231 页。

② Lisa L. Martin, "Distribution, Information, and Delegation to International Organizations: The Case of IMF Conditionality," in Darren G. Hawkins, David A. Lake, Daniel L. Nielson, Michael J. Tierney, eds., *Delegation and Agency in International Organizations*, New York: Cambridge University Press, 2006, pp. 140-164.

③ 〔美〕玛莎·芬尼莫尔：《国际组织是国际准则的指导者：联合国教育、科学和文化组织与科学政策》，选自〔美〕莉萨·马丁、〔美〕贝思·西蒙斯编《国际制度》，黄仁伟、蔡鹏鸿等译，上海人民出版社，2006，第 65 页。

了以"金融市场和世界经济"为主题，整合世界银行、国际货币基金组织、世界贸易组织、八国集团、金砖国家等的国际会议，以期共同解决在金融危机冲击下的金融、经济以及贸易领域的各种棘手问题。在气候治理领域，非政府组织与中央政府、企业、地方政府和其他主体等构建的全球气候治理伙伴关系网络正在兴起并持续发展，全球气候治理伙伴关系网络发展势头强劲，并正在形成一种全新的气候治理模式。① 在应对全球粮食危机上，世界粮食安全委员会、联合国、世界银行、二十国集团等都参与其中。

总之，国际机制既是重要的公共产品，能够为国家提供重要的公共服务；也是国际公共产品得以顺利供应的重要保障之一，能够在一定程度上抑制"搭便车"和退出行为，克服集体行动困境；更是国际公共产品重要的供应主体，在众多领域，尤其是非传统安全领域公共产品供应中扮演着重要角色。

二　21 世纪以来国际机制面临的挑战

国际机制在国际公共产品供应领域中具有得天独厚的优势，提升国际机制的合法性和有效性是应对当前国际公共产品供应体系困境的重要方式，但是在全球化深入发展、国际权力结构调整、全球性问题层出不穷的今天，既有的国际机制在处理危机的效力、代表性的广泛度、同类机制之间的竞争化等方面的问题日益突出。

第一，国际机制碎片化的趋势愈发加剧。早在 2013 年就有学者指出，当前全球治理体系参与者数量的不断增加以及全球治理基础性机制的碎片化趋势共同造成了一种僵局，而这种僵局已成为多边体系的常态。② 阿米塔·阿查亚（Amitav Acharya）关注到在全球层面的国际机制逐渐陷入困境之时，地区层面的机制却层出不穷。面对世贸组织多哈回合谈判、哥本哈根气候谈判等全球层面的合作僵局，地区层面的小多边机制正呈现兴起之势。在金融领域，多边发展银行（金砖国家新开发银行、亚洲基础设施投

---

① 于宏源：《全球气候治理伙伴关系网络与非政府组织的作用》，《太平洋学报》2019 年第 11 期，第 14~25 页。

② Thomas Hale, David Held and Kevin Young, "Gridlock: From Self-reinforcing Interdependence to Second-order Cooperation Problems," *Global Policy*, Vol. 4, No. 3, 2013, pp. 223–235.

资银行等）相继成立。在贸易领域，《全面与进步跨太平洋伙伴关系协定》（CPTPP）已正式生效，《跨大西洋贸易与投资伙伴关系协定》（TTIP）等大型区域贸易协定谈判也在进行中。一系列区域组织的兴起使国际制度体系的碎片化现象更加突出。① 在传统安全领域，国际机制碎片化现象更为突出。仅在东南亚地区就出现了机制间的三种共存关系：平行关系，机制之间相互独立、因议题领域不同而设；嵌套关系，以某一安全机制为中心向外延伸出不同形式的机制；交叠关系，在某一领域内机制之间密度高、重合性强。②

国际机制碎片化的直接后果是国际机制的"拥堵"，产生"意大利面条碗效应"，形成机制之间的竞争关系，降低机制的效力。从国际公共产品供应的角度看，国际机制的碎片化趋势在短期内将会给更多的国家带来不同的公共产品，在一定程度上满足一些国家行为主体的眼前利益诉求；但从中长期看，有可能形成不同的俱乐部集团，公共产品的排他性提高，成为国家间权力竞争的附属品，从而不利于国际公共产品供应困境的解决。

第二，国际机制日益面临合法性丧失的窘境。目前国际机制在合法性问题上受到的挑战主要集中在效力下降、代表性不足、霸权退出三大方面。其一，既有机制在处理全球性问题时出现效力下降的状况。2008 年世界金融危机以来，全球治理陷入政策失灵的困境，特别是由于新兴国家在全球治理机构中的代表性不足，诸多多边机制正面临合法性丧失的风险。2010年联合国发布了《2010 年世界经济与社会概览：重探全球发展之路》报告，指出 2008~2009 年全球经济危机暴露了金融市场运作的体制性失效问题以及经济决策核心的严重缺陷，而且经济危机和金融危机是紧随其他几场危机而爆发的。粮食、能源、气候变化等危机接踵而至，暴露了全球治理机制在这些挑战面前存在的严重弱点。③ 面对此种情况，欧洲智库布勒哲尔研究中心主任让·皮萨尼-费里（Jean Pisani-Ferry）指出，近年来国际社会对全球治理的需求并未减少，但对具有约束力的多边安排的支持却有所减少，

① Amitav Acharya, "The Future of Global Governance: Fragmentation May be Inevitable and Creative," *Global Governance*, Vol. 22, No. 4, 2016, pp. 453~460.

② 韦红、尹楠楠：《东南亚安全合作机制碎片化问题研究》，《太平洋学报》2018 年第 8 期，第 16~17 页。

③ 卢静：《当前全球治理的制度困境及其改革》，《外交评论》2014 年第 1 期，第 107 页。

因而当前迫切需要一种能更好地适应参与者多样性、提供更高的灵活性和更少依赖于强制的全球治理体系来改变这一现状。

其二，新兴国家希望在国际舞台上拥有与自身实力相匹配的话语权，但既有国际机制在反映新兴国家诉求上存在缺陷。在国际舞台上，新兴大国的群体性崛起是全球治理体系变革的重要动因。权力结构的变化引发了全球治理机构的合法性和有效性危机，全球治理的议题和对象也随之发生变化。[①] 有学者提出，这种制度困境已非通过简单的技术补救措施就能解决的问题，而是需要全球治理体系的整体性变革和调整。他们呼吁多边主义的发展需要更加注重包容性，提高新兴国家在多边机构中的发言权和影响力。[②] 新兴经济体要求在全球治理中拥有更大的话语权，因而积极推动对现有国际组织进行改革，以更好地反映自身日益增长的经济实力。美国学者黛博拉·拉森（Deborah W. Larson）认为金砖国家机制源于对已有经济和金融体系未能容纳新势力的不满，但这并不意味着机制之间有冲突，新机制与既有机制产生了互补的效果，其中一个体现就是金砖国家的个别成员继续向世界银行、国际货币基金组织和亚洲开发银行注资。[③]

其三，作为战后国际机制重要创建者的美国，其"退群"行为直接对国际机制的合法性产生负面效应。"美国的世界经济霸权建立在全球自由经济机制基础之上，其核心内容是各国按照比较优势原则从事国际贸易，输出或接受跨国投资，以此形成世界经济体系，这种经济体系又必须由新的国际权力结构加以保障。"[④] 但是特朗普在上台后，却认为当今的国际经济机制对美国霸权护持产生了消极影响，需要加以修正。斯图尔特·帕特里克（Stewart Patrick）警告称，特朗普的当选将危及自由主义国际秩序。目前美国已经退出一些国际协议，这表明美国在理念和行动上都在退出多边主义。特朗普认为并坚信这个残酷的现实，即自由贸易体制并没有让足够多的美国公民受益。在全球范围内，美国与其盟友不再是自由主义体系中

① Craig N. Murphy, "Global Governance over the Long Haul," *International Studies Quarterly*, Vol. 58, No. 1, 2014, pp. 216-218.

② Michael Zürn, "Contested Global Governance," *Global Policy*, Vol. 9, No. 1, 2018, pp. 138-145.

③ Deborah Welch Larson, "New Perspectives on Rising Powers and Global Governance: Status and Clubs," *International Studies Review*, Vol. 20, No. 2, pp. 247-254.

④ 门洪华：《霸权之翼：美国国际制度战略》，北京大学出版社，2005，第113页。

经济和政治治理的榜样。① 一方面，美国政府的"退群"行为对国际机制秉持的多边主义理念造成冲击，并在国际社会中形成连锁反应，尤其是促进了西欧国家内部民粹主义势力的发展；另一方面，作为当今世界最大的经济体和唯一的霸权国，美国对全球机制的怀疑本身就是对国际机制合法性及其效力的重大打击，也为其他成员国推动多边主义、维护国际机制的有效运转造成了障碍。

第三，国际机制的领导权之争逐渐激烈化。在提升国际机制包容性以及新兴经济体话语权方面，美国为首的相关国家的阻碍对此构成挑战。特朗普政府虽然对国际机制抱有成见，但其目标是将国际机制按照美国的意愿重新修正，而非完全地摒弃不用、置之不理。这是因为国际制度本身就是一种权力的来源。② 当权力通过秩序本身的规则和原则体现出来时，权力才是最深厚和最持久的。③ 二战后逐渐形成的国际秩序以及国际公共产品供应体系，在一定意义上就是美国霸权的外化表现，也是美国霸权护持的重要工具。美国往往将对其霸权的挑战视为对战后自由主义国际秩序的破坏。"新兴国家崛起对美国在全球治理体系中的作用造成冲击，并已开始推进自己的全球秩序理念和议程，实力遭到削弱的美国将会发现其更难捍卫既有体系。"④ G20 在全球治理体系的兴起，往往被视作中国和其他主要新兴经济体坚持在国际经济事务中追求更大发言权的体现。克里斯托弗·莱恩（Christopher Layne）认为 G20 的出现证实了国际体系中的三个趋势：权力让与新兴国家（特别是中国）的必要性证实了美国的相对实力的衰落；G20 被授予更大的权责证实了权力从欧洲—大西洋向亚洲的转移；G20 崛起为国际经济事务管理中心证明，（由于大衰退）美国和欧盟的威望在国际经济体系中急剧下滑。⑤

---

① Constance Duncombe and Tim Dunne, "After Liberal World Order," *International Affairs*, Vol. 94. No. 1, 2018, pp. 27-28.

② 李巍：《制度之战：战略竞争时代的中美关系》，社会科学文献出版社，2017，第 70 页

③ 李巍：《制度之战：战略竞争时代的中美关系》，社会科学文献出版社，2017，第 232 页。

④ Constance Duncombe and Tim Dunne, "After Liberal World Order," *International Affairs*, Vol. 94. No. 1, 2018, pp. 25-42.

⑤ Christopher Layne, "The US-Chinese Power Shift and the End of the Pax Americana," *International Affair*, Vol. 94, No. 1, 2018, p. 100.

新兴国家提升自身在既有机制话语权的呼声引起了美国等西方国家的反对，而新兴国家主导和建立的新机制又引发了国际社会的担忧。在地区层面上，鉴于美国在亚洲退出 TPP 且对地区安排减少了关注，有学者就认为如果美国不参与亚洲贸易多边主义，可能会造成一个经济权力真空，中国可以通过注入更多资本来扩大自己的影响力，从而实现政治影响力的最大化。新兴国家正通过加快建设自己的网络，包括围绕传统的西方主导的权力结构，来应对在全球体系中缺乏领导力的问题。[①] 也许正如施韦勒（Randall L. Schweller）等所认为的，国际体系的未来在很大程度上取决于新兴大国（尤其是中国）决定扮演何种角色。它们可以选择成为：支持者，它们认为自身承担了公平的义务份额而这与共同管理的不断发展但本质没有发生改变的国际秩序紧密相连；阻挠者（spoilers），它们将寻求摧毁现有秩序并以完全不同的方式建立新秩序；逃避者，它们想要拥有特权，却又不愿意为全球治理付出努力。[②] 新兴国家在面对国际机制合法性、有效性、代表性、包容性下降而权力竞争、破碎化趋势加强时的反应将会对现有国际机制的格局产生极为深远的影响。

政府间国际组织建立在国家协议的基础上，对成员施加影响主要依靠各国赋予的"权威"，包括授予性权威、道义权威和专家权威。[③] 当成员国对国际机制的合法性产生怀疑、新兴国家追求平等话语权提升受阻时，国际机制的碎片化和竞争化成为国家间权力和利益博弈的体现，国际机制的合法性危机越发严峻。

三　国际机制合法性和有效性的提升：国际公共产品供应困境的解决之道

在公共产品供应领域中，国际机制所具备的双重属性——既是一种重要的国际公共产品，也是提供国际公共产品的重要工具，以及其具备的约

---

① Takashi Terada, "The Competing U. S. and Chinese Models for an East Asian Economic Order," *Asia Policy*, Vol. 13, No. 2, 2018, p. 24.

② Randall L. Schweller, Xiaoyu Pu, "After Unipolarity: China's Visions of International Order in an Era of U. S. Decline," *International Security*, Vol. 36, No. 1, 2011, p. 42.

③ 〔美〕迈克尔·巴尼特、〔美〕玛莎·芬尼莫尔：《为世界定规则——全球政治中的国际组织》，薄燕译，上海人民出版社，2009，第 29 页。

束性、规范性等特点，使之成为国际公共产品最重要的供应方式。然而在进入 21 世纪后，受到国际权力结构调整、美国特朗普政府"美国优先"对外政策以及欧洲国家内部民粹主义泛起等的冲击，国际机制的合法性和有效性面临多重挑战。而提升国际机制的合法性和有效性，是解决当前国际公共产品供应中供求失调、既有供应主体缺位的重要途径。

国际机制的合法性往往来自三个层面。第一，国际机制的合法性源自国家间的认同和共识。兰德尔·施韦勒（Randell Schweller）在谈及秩序的合法性时指出，"合法性并不必然指正义本身，而是指一种国际共识，大国间关于可行安排的性质以及可允许的外交政策的目标与手段的共识"[①]。国家对国际机制合法性的共识大多与以下因素有关。一是代表性。国际机制合法性的共识是建立在代表性和包容性之上的。共识往往意味着各个国家认同的国际机制能够在一定程度上代表着本国利益，反映本国诉求；国际机制的成员应当具备广泛性，并对其他国家不排斥。二是专业性。国家对国际机制合法性的共识是建立在其专业性之上的。例如，国际水文组织（IHO）制定和推动了水道测量和海图绘制的相关标准，而这些标准通常被世界上多数国家所采用。三是客观性。国家对国际组织的认同有时源自国际组织提供信息的客观性、处理矛盾纷争时的客观性和相对中立性。诚然，要求国际机制在处理国家间争端时全然的客观中立是不太现实的。这是因为国际机制也并非完全中性的，在一定意义上其建立和发展也是权力政治博弈的结果，难以从根本上彻底超脱于国家间的利益纠葛。但是，国际机制可以发挥制衡性的作用，防止国家间冲突滑向权力争斗，甚至在必要时干涉冲突。例如，联合国向冲突地区派出的维和部队，对于防止冲突大幅度升级、降低对平民的伤害、维持地区稳定起到了积极作用。

第二，国际机制的合法性源自国家的同意。国家同意将主权让渡给某个国际组织，从而赋予其相应的权力，并接受国际组织的约束，在这个过程中，权威发生了转移，由主权国家转移到了超国家的国家机构。比较有代表性的例子即欧盟。权威转移是地区一体化和地区主义发展过程中的一种必然现象。厄恩斯特·哈斯（Ernst Haas）将一体化界定为过程，在这个

---

① 〔美〕兰德尔·施韦勒：《没有应答的威胁：均势的政治制约》，刘丰、陈永译，北京大学出版社，2015，第 33 页。

过程中，若干不同民族实体内的政治行为者被说服将其忠诚、期望和政治行动转向一个新的中心机构，这一新的中心机构拥有或要求对原来就已存在的民族国家行使司法管辖权。而政治一体化的最终结果就是建立一个置于原来已经存在的政治共同体之上的新的政治共同体。一体化所形成的国际机构，其最坚实的基础就是成员的同意与权威的自愿让渡，从而肩负起了类似国家的职责。

第三，国际机制的合法性来源于有效性。"合法性的一大来源是治理的有效性，而在国际政治中有效治理突出体现在一个候选大国对周边国际危机或全球危机的积极管理或化解。"① 国际制度的有效性是一个程度大小的问题，而不是一个"不全则无"的问题。② 理性主义认为，国家之所以加入国际机制并愿意受其约束是出于成本—收益的考虑。当国际机制能够满足国家的需求、提供其所需的服务时，国家就会自愿留在机制内，并服从其安排。国际机制有效性的判定一方面根据其应对危机、处理问题的能力；另一方面则是根据其效率，即是否能够快速地制定应对问题的方案并能顺利采取行动。前者关注"是否可以"，后者关注"多久可以"。但一般而言，制度的合法性与制度的有效性之间会存在一定的冲突。③ 这种冲突是国际机制提升代表性的必然产物——代表性越强意味着加入国家数目的增多，那么国家诉求异质化的程度越高，协调国家行动的难度越大，从而国际机制的效率就越低。例如，关贸总协定在发展历程中，共历经 8 轮谈判，谈判参与国由最初的 23 个（日内瓦回合谈判），增加到 128 个（乌拉圭回合谈判），谈判时长也逐渐增加，日内瓦回合谈判当年（1947）即完成，而乌拉圭回合谈判却历经 8 年（1986~1994）才结束。

21 世纪以来国际公共产品供应体系呈现的困境，无法依赖单个大国独自应对，这既是由于全球性问题性质复杂、解决难度大等，也是由于既有供应主体供应意愿下降，更是因为国际权力结构变动，国际公共产品供应成为大国博弈的焦点等。同时，在应对国际公共产品供应体系的困局时，

---

① 郭树勇：《大国成长的逻辑：西方大国崛起的国际政治社会学分析》，北京大学出版社，2006，第 220 页。

② 门洪华：《霸权之翼：美国国际制度战略》，北京大学出版社，2005，第 38 页。

③ 李巍：《制度之战：战略竞争时代的中美关系》，社会科学文献出版社，2017，第 174 页。

首先应思考如何满足国际社会新的需求、如何解决供求失调的问题，以及激发既有供应主体的供应意愿并且将其退缩供应的影响降至最低。鉴于此，从公共产品供应的视角，需要从如下几个层面着手应对国际机制的合法性危机。

首先，对既有国际机制进行调整与改革，提升新兴经济体在国际机制中的话语权。提升新兴经济体在国际机制中的话语权并不意味着供应角色的完全转变，更不意味着新兴经济体要成为国际公共产品供应体系中的提供者，而是在生产过程中向需求方倾斜，在一定程度上改变现有供应体系供应方占据绝对主导地位的局面。二战后形成的国际公共产品供应体系从本质看，是建立在美国霸权基础之上的，而其中重要的国际机制更是以美国的设计为蓝本构造的，如脱胎于"怀特计划"的国际货币基金组织自成立伊始便奠定了美国金融霸权的根基。也正因此，非西方国家在国际公共产品供应体系中往往处于附属地位，或成为被动的接受者或成为成本分担者。而西方发达国家却不愿意将自身拥有的制度主导权与新兴经济体分享，更不用说将主导权让渡，由此导致世界贸易组织、国际货币基金组织等多边主义机制的改革陷入僵局，难以向前推进。也正因此造成了国际机制提供公共产品的能力出现下滑以及其作为国际公共产品本身的使用价值的下降。虽然国际机制改革面临重重障碍，但是为了更好地解决新兴国家对公共产品需求上升的问题，国际机制的改革势在必行。国际公共产品供应体系需能够包容和协调更多需求。

其次，新兴国家需要加大对国际机制平台的投入。新兴国家需要主动改变自身在国际公共产品供应中的不利地位，改变在供应—需求链条中的被动局面。在已有国际机制中，新兴国家主动承担与自身国际地位相匹配的国际责任，在积极履行国际义务的同时，努力提高在国际公共产品供应中的责任占比，提高本国对供应产品的影响力。新兴国家是全球治理变革的积极力量，正在全球治理各领域承担更大的责任，积极供应国际公共产品。① 斯奈德尔指出，只要新兴大国形成一个对维持秩序感兴趣的 K 集团，

---

① Julian Culp, "How Irresponsible are Rising Powers?" *Third World Quarterly*, Vol. 37, No. 9, 2016, pp. 1525–1536.

公共产品的供应就能够保持下去。① 新兴国家在现有体系内对国际机制进行了调整，其出发点是寻求对自身需求的满足而非进行根本性变革。崛起国并没有试图推翻现有国际秩序，而是在其内部通过新的国际机制建立平行式体系，在新的机制内崛起国将享有相对于在二战后建立的由西方国家主导的国际组织中更大的影响力和更高的地位。② 米尔斯·凯勒（Miles Kahler）就认为中国、印度、巴西等新兴经济体是现有全球经济治理体系的受益者，因此这些国家并没有挑战现有经济体系的动力和内在需求，但它们同时具有改革经济治理机制的各自偏好和不同需求，将会在已有的国际经济组织内谋求更多的权力和有利于自身的议程设置。③ 另外，在应对全球性挑战时，新兴国家加强合作，努力提高新兴国家主导机制的影响力。新兴国家之间的联合源自公共产品供应体系中既有供应主体的供应意愿下降、供应能力下滑，这需要新兴国家发挥更大的作用。2020 年 3 月 26 日，为了应对新冠肺炎疫情在全球的扩散，G20 第一次以视频会议的方式召开，向世界传达抗击疫情的决心和希望。同时，全球化的发展、生产价值链的形成、国际权力结构的调整等，都在一定程度上使区域性治理和区域性合作变得尤为重要。拉杰·德塞（Raj M. Desai）和詹姆斯·弗里兰（James R. Vreeland）提出，当前国际经济治理格局的调整反映了新兴经济体实力和影响力的增长，但是由于经济体之间的差异和国家间相互依赖程度的加深，区域性经济治理要比全球性经济治理更为有效。④ 在地区层面上，新兴国家往往是该区域实力较强、影响力较大、对地区事务具有较大话语权的国家。受到地缘亲近性、国家间利益诉求的同质性、权力结构优势等影响，相对于全球层面国际公共产品的供应，新兴国家较容易成为本区域的地区公共产品提供者。斯特凡·克林格比尔（Stephan Klingebiel）就关注到，新兴国家在

①　Bentley B. Allan, Srdjan Vucetic and Ted Hopf, "The Distribution of Identity and the Future of International Order: China's Hegemonic Prospects," *International Organization*, Vol. 72, No. 4, 2018, p. 853.

②　Deborah Welch Larson, "New Perspectives on Rising Powers and Global Governance: Status and Clubs," *International Studies Review*, Vol. 20, No. 2, 2018, p. 249.

③　Miles Kahler, "Rising Powers and Global Governance: Negotiating Change in a Resilient Status Quo," *International Affairs*, Vol. 89, No. 3, 2013, pp. 711-729.

④　Raj M. Desai and James R. Vreeland, "Global Governance in a Multipolar World: The Case for Regional Monetary Funds," *International Studies Review*, Vol. 13, No. 1, 2011, pp. 109-121.

提供国际公共产品时,一方面承担相应的基本责任,另一方面与高收入国家相比,新兴大国在实际提供跨国公共产品方面的能力有限(如推动国际制度制定规范和标准的能力有限)。作为新兴国家的南非在很多领域就不是提供全球性公共产品而是趋向于提供区域性公共产品,如非洲和平与安全框架、非洲同行审查机制、区域基础设施倡议等。[1]

再次,国际社会需要加大对退出国际机制等干扰乃至破坏国际公共产品供应的行为的抵制与预防力度。国际社会需接受在美国退出某些机制后要推动公共产品继续供应的现状,这也将在今后成为一种常态化趋势。其他国家正迅速摆脱对美国的传统依赖,例如,在没有美国参与的情况下,国际社会仍然在持续推动《巴黎气候协定》的落实;TPP 的 11 个成员国在没有美国参与的情况下将区域经济协定向前推进。[2] 而对退出行为的抵制主要体现在规范和(地位)认同层面。威廉·沃尔福思提出大国的标准有三:"第一,有资格参与一些精英式的国际组织和活动;第二,有能力举办大国间的国际会议;第三,对于维护和平或者国际体系的其他规范的集体努力的领导权。"[3] 地区领导权包括软权力和吸引性力量,正如硬性的军事性权力一般。[4] 物质能力本身不能决定地区大国的区域安全治理水平。[5] 大国地位的获得并不仅仅依赖于硬权力,还来源于软权力以及其他国家对其地位的认可。著名经济学家约翰·海萨尼(John C. Harsanyi)表示,除了经济回

---

[1] Stephan Klingebiel, "Transnational Public Goods Provision: The Increasing Role of Rising Powers and the Case of South Africa," *Third World Quarterly*, Vol. 39, No. 1, 2018, p. 183.

[2] C. Fred Bergsten, "China and the United States: The Contest for Global Economic Leadership," *China & World Economy*, Vol. 26, No. 5, 2018, p. 18.

[3] 〔美〕理查德·内德·勒博:《国家为何而战?——过去与未来的战争动机》,陈定定、段啸林、赵洋译,上海人民出版社,2014,第 101 页。

[4] Ely Ratner and Samir Kumar, "The United States is Losing Asia to China," *Foreign Policy*, May 12, 2017, https://foreignpolicy.com/2017/05/12/the-united-states-is-losing-asia-to-china/; Richard Haass, "America and the Great Abdication," *The Atlantic*, December 28, 2017, https://www.theatlantic.com/international/archive/2017/12/america-abdication-trump-foreign-policy/549296/.

[5] Elisa Lopez-Lucia, "Regional Powers and Regional Security Governance: An Interpretive Perspective on the Policies of Nigeria and Brazil," *International Relations*, Vol. 29, No. 3, 2015, pp. 348–362.

报，社会地位也是社会行动最重要的刺激因素和驱动力。[①] 这里探讨的对退出行为的制约是针对国际体系中的大国的，是指国际社会对大国国际地位的怀疑。当国家退出重要的国际机制并在国际公共产品供应中以消极态度应对时，其他国家应采取弥补措施防止既有供应链条的崩溃。公共产品公共性不完全、国家异质性和利益相关性等特征使国际合作成为可能，而且合作具有非平衡性和层叠性的特点。[②] 这就意味着其他国家可以通过多边合作的方式降低大国退出带来的负面影响，也可以利用公共产品供应间的各领域的层叠效应制约退出国家的破坏行为。当然，随之而来的就是对退出国际机制国家的国际领导权的怀疑。

最后，新兴经济体应该主动在国际公共产品供应中发挥更大的作用。新兴国家可以利用本国在地区层面的影响力和本国所具备的供应实力，积极地为国际社会供应力所能及的产品。囿于自身供应实力，相对于霸权国和全球性的国际组织，新兴国家在国际公共产品供应中更应侧重地区层面的公共产品供应。在供应方式的选择上应以多边合作为主，借助必要的国际机制平台，但同时也应排除单个国家的独自供应行为。所有产品的供应都必然是建立在国际（地区）社会需求与本国利益权衡基础之上的，既能保证对本国利益一定程度的满足，也能大体实现国际社会对公共产品的诉求。

新兴国家对本地区公共产品的供应，将在很大程度上改善国际公共产品供需失调的状况。由于美国霸权力量的相对衰落、全球治理难题的增加、新公共产品需求的增加以及观念创新的滞后等，当今国际社会物质与理念层面的国际公共产品提供均难以为继。[③] 但这种困境更多出现在全球层面，地区层面的公共产品却可以实现相对有效供应。一般而言，存在四个主要标准以衡量地区公共产品的供给效果：安全合作需求能否满足、成本分担

---

①　William C. Wohlforth, "Unipolarity, Status Competition, and Great Power War," *World Politics*, Vol. 61, No. 1, 2009, p. 29.

②　庞珣：《国际公共产品中集体行动困境的克服》，《世界经济与政治》2012 年第 7 期，第42 页。

③　王双：《国际公共产品与中国软实力》，《世界经济与政治论坛》2011 年第 4 期，第 15 ~ 28 页。

是否公正、生产绩效是否优良及利益分享是否公平。① 我国学者陈翔认为，随着安全公共产品"供应赤字"的加剧和安全地区主义的发展，小国集团作为区域安全公共产品供应主体的角色将日渐凸显。② 对于成本分担、利益分享和生产绩效的问题，由于地区内国家数目相对较少、利益关联性大、问题威胁紧迫性强等，相对于全球层面，地区国家之间更易产生合作。因此，在应对国际公共产品供应体系困境时，新兴大国应注重发挥本国的影响力，积极供应国际公共产品，而供应的重点也可从全球层面向地区层面倾斜，重点供应与本国供应能力相匹配的公共产品。

总之，21 世纪后国际公共产品供应体系困境的出现是多重因素共同造成的结果：既是客观的全球化深入发展引发的全球性问题大量增生与新兴国家对公共产品需求提升的要求，也是主观的既有供应主体供应意愿下滑、供应缺位的矛盾等。在霸权国供应能力下滑、供应意愿下降、转变供应方式之时，若依赖于既有的霸权主导供应模式来解决国际公共产品供应困境，将难以真正应对当前的挑战。

国际机制既是国际社会的重要公共产品，也是提供公共产品的重要工具，这种双重属性使其成为破解供应困境的基础，而关键性的途径就是提升国际机制的合法性和有效性。对国际社会而言，一方面是提升新兴国家在已有国际机制中的话语权，另一方面新兴国家也需着手解决自身与地区对公共产品的需求问题。国际公共产品的供需矛盾在短时间内无法从根本上解决，这与其受到的国际权力结构制约和全球性问题的复杂性有很大关系。国际社会可以在加大对区域性国际公共产品供应倾斜的基础上，弥补供应体系的不足与缺陷。但供应的区域性国际公共产品不应是人为设置的、非地缘的俱乐部公共产品，且要以包容与开放的态度，注重以多边合作的方式集体供应。

---

① 吕普生：《纯公共物品供给模式研究：以中国义务教育为例》，北京大学出版社，2013，第 345～346 页。
② 陈翔：《小国集团有效供给区域安全公共产品的逻辑——以东盟为例》，《外交评论》2018 年第 5 期，第 132～156 页。

本章小结

本章对 21 世纪以来国际公共产品供应困境的具体表现做出分析，并结合国际机制的双重属性，认为提高国际机制的合法性和有效性将是当下破解供给困境的重要途径。克雷格·墨菲（Craig Murphy）曾发问：为什么全球治理如此糟糕？换句话说，是什么导致全球舞台上实现集体行动变得如此复杂？我们如何解释当今全球治理中存在的诸多问题？国际关系传统智慧针对这些疑问给出了至少三种较具普遍性的答案：第一，在无政府状态背景下，国际舞台上主权国家的政治意愿匮乏，这阻碍了果断和及时行动；第二，当代全球治理中的关键性全球行为体——国际组织，往往被官僚主义所困扰，致使其在一定程度上效率低下；第三，全球问题的特性——这些问题绝大多数是跨国界的并且成为合作困局的牺牲品——将公共产品供应的复杂性提到了前所未有的高度。[1] 而这三种答案也是国际社会应对国际公共产品供应困境道路上的重大挑战。

本书认为，鉴于既有供应主体（欧美等西方大国）在供应领域中的缺位趋势愈发明显，新兴大国可以尝试在地区公共产品供应中发挥关键性作用，优先解决本国周边地区的供给问题。而在这一过程中，地区大国与（全球）体系层面大国之间的利益协调需要被格外重视。布莱恩·埃菲德（Brian Efird）、库格勒（Jacek Kugler）和盖斯派尔·吉纳（Gaspare Genna）认为，"美国和中国之间在偏好上的协调对于防止战争并获得结构性的、稳定的和平非常重要。如果美国和中国都对现状感到满意，那么在 2050 年之前双方就有很大可能性推进高层次的合作，避免战争的发生。相反，如果两国都对彼此不满，那么两个核心国家之间仍然可能爆发一场大战。因此，中国选择做战略合作者还是战略挑战者，后果会极为不同。后一种情况将会导致一场新的冷战，结果可能比美苏之间的对抗更为严重"[2]。我国学者张春认为，在亚太地区，中美两国应该主动接受地区公共产品供应体系既

---

[1] Vincent Pouliot and Jean-Philippe Thérien, "Global Governance: A Struggle over Universal Values," *International Studies Review*, Vol. 20, No. 1, 2018, p.56.

[2] 赵全胜：《大国政治与外交》，世界知识出版社，2009，第 92 页。

有成果，放弃传统的领导权竞争思维，确立领导权分享思维。① 因此，不论是（全球）体系层面还是地区层面，国际公共产品供应体系的调整都将经历一个相对较长的时期，也是一个国际社会探索人类命运共同体未来更好的发展道路的过程，其中必然充斥着各种纷争与矛盾，也将考验各国与人类的智慧。

---

① 张春：《国际公共产品的供应竞争及其出路——亚太地区二元格局与中美新型大国关系建构》，《当代亚太》2014 年第 6 期，第 68 页。

第四章　中国参与国际公共产品供给：
演进与动因

如前文所述，受国际公共产品供应不足以及霸权国将国际公共产品"私物化"的影响，既有国际公共产品供应体系日益呈现供应主体供应能力持续下滑的态势，陷入了供应主体缺位与产品需求上升的窘境。尤其在当前世界面临和平赤字、发展赤字、治理赤字等全球性问题的严峻挑战背景下，国际公共产品供给不足的困境更加明显，地区和全球的"治理缺位""治理失灵"现象频频出现。国际社会迫切希望中国参与全球治理进程，并向国际社会提供经济、安全、制度、观念等不同类别的国际公共产品。中国从自身国家利益和实际能力出发，积极参与全球治理和提供国际公共产品，充分展现了国际社会中的负责任大国形象。本章在梳理新中国成立以来中国在国际公共产品供给体系中角色认知变化历程的基础上，对党的十八大以来中国供给国际公共产品的角色转变、原因及其相关实践进行阐释与分析。

第一节　国际公共产品供给中的中国角色：
从参与者到供应者

伴随着中国综合国力的持续提升以及中国与世界互动关系的不断深化，中国在国际公共产品供给体系中所扮演的角色经历了从初期的"旁观者"到后来的"参与者"再到当前的"引领式供应者"的转变。从国内层面看，中国发展带来的综合国力大幅提升使中国具备了提供国际公共产品的物质基础和主观意愿。而从国际层面看，当一国的国家实力和供应能力足够强大时，国际社会就会要求其承担相应的国际责任。在气候变化、大规模传染疾病、恐怖主义等全球性公共问题日益凸显的当下，国际社会希望中国参与和引领全球治理以及国际公共产品供给的呼声日益高涨。这一来自"他者"的角色期待使得中国也需要根据自身定位和国际社会他者身份反馈重新塑造自己在全球治理中的角色身份，积极提供国际公共产品和参与全球治理，以更好地回应国际社会的期待。在中国特色社会主义进入新时代的历史方位下，中国政府对自身在国际公共产品供给体系中扮演角色的认知发生了从"参与者"到"引领式供应者"的转变，开始积极参与全球治理，践行国际社会中的负责任大国承诺，向国际社会供给国际公共产品。

一 国际公共产品供给中的中国角色变化

（一）国际公共产品供给中的角色定位

根据建构主义理论，角色身份属于国家行为体在与国际社会的他国互动中建构的外生社会性身份。角色身份并不由国家行为体的内在属性决定，而只能在国际社会中通过与"他者"的互动关系建构。正如温特所言，角色身份通过与他者的互动关系进行建构，一国凭借自我内生特质是无法获得国际社会对该国扮演角色的认同的。[①] 在国际政治范畴中，国家的角色身份受国际社会中自我角色认知和其他国家对其的身份认知与预期的交互影响，是一国在与他国的互动过程中形成的自身在国际社会中所扮演角色的认知。

国际体系中的大国一般是国际公共产品供给体系中的主要供给方。受自身供给意愿和供给能力差异影响，国家在国际公共产品供给体系中扮演着不同的角色。对供给者身份的划分与判定，一般可以从供给意愿与供给能力两个层面进行考察。"供给意愿"是指一种主观信念，体现了一国是否愿意供应公共产品。根据一国供给国际公产品意愿的强弱，我们可以将其

---

① 〔美〕亚历山大·温特：《国际政治的社会理论》，秦亚青译，上海人民出版社，2000，第282页。

划分为供给意愿高和供给意愿低两种情况。供给能力则是指一国是否有足够的资源来承担供给公共产品的成本支出，并能承受由供给公共产品带来的"搭便车"情况。一国供给国际公共产品能力的强弱主要取决于持续度和认可度两方面因素。如果一国能够持续性地向国际社会供应国际公共产品，且供给的产品被"需求方"所接受，则说明该国具有较强的国际公共产品供给能力。反之，如果一国无法持续性地向国际社会提供公共产品，无法有效地满足"需求方"的需求，则说明该国供应国际公共产品的能力较弱。

根据供给国际公共产品能力和意愿的变化，一国在国际公共产品供给体系中扮演的角色大致可划分为搭便车者或旁观者、参与者、供应者三种类型（见表4-1）。[①]

表4-1　一国在国际公共产品供给体系中的角色分类

		供给能力	
		强	弱
供给意愿	高	供应者（引领式供应者、主导式供应者）	参与者
	低	参与者	搭便车者或旁观者

资料来源：作者自制。

在现实中，国际公共产品的供应者和参与者的界限不是那么明显，一国经常会充当两种角色，甚至有时候会扮演介于供应者和参与者之间的中间角色（引领式参与者），发挥着引导供给而非霸权式主导供给的作用。一般而言，当一国供给国际公共产品的能力较强和供给意愿较高时，该国往往扮演着供应者的角色。当一国供给公共产品的能力弱但供给意愿高或能力强但意愿低时，该国往往扮演着国际公共产品供给的参与者角色，即积极参与公共产品生产过程，但并未起着主导供应或引领供应的作用。而当一国供给国际公共产品的意愿较低与能力较弱时，该国对供给国际公共产

[①]　本书对国际公共产品供给体系中的角色的划分参考了刘雨辰《从参与者到倡导者：中国供给国际公共产品的身份变迁》，《太平洋学报》2015年第9期，第77页。

品的贡献很小，属于国际公共产品供给体系中的搭便车者（多为中小国家）或旁观者（多为大国）。需要指出的是，在现实中，一国在公共产品供给体系中的上述角色分类是基于供给实力和供给意愿极值的判定结果，在现实中，不同国家供给意愿和能力的不同，也会使该国的角色定位表现出一些新的特征。

（二）中国在国际公共产品供给中的角色变化

中国在向他国供给国际公共产品的实践中逐渐形成对自身在国际公共产品供给体系中的角色认知，进而影响着国家利益界定和对外政策行为的相应调整。在融入国际社会后，中国开始积极参与全球治理和国际公共产品的供给。纵观中国在国际公共产品供给体系中的角色变化过程，大体上经历了从"旁观者"到"参与者"再到"引领式供应者"的三个阶段。

第一阶段是中华人民共和国成立后到20世纪80年代末，这一时期中国尚未融入主流国际体系，大部分时间被排除在国际公共产品供求体系之外。该时期中国集中精力进行社会主义建设，游离于国际社会和主流国际体系之外，并未实质性地参与国际公共产品供给。受中国尚未完全融入国际社会的影响，该时期中国并未参与全球治理和国际公共产品供给，因而属于"旁观者"角色。这一时期中国对外政策行为带有明显的意识形态导向，虽然曾向越南、朝鲜等社会主义国家提供过大量无偿的经济援助，但这些援助具有明确的指向性，并不能使该地区的其他国家受益，因而不具有公共产品受益的非排他性和消费的非竞争性特征。

第二阶段是20世纪80年代末到2012年，该时期中国作为国际公共产品的参与者开始更多参与以联合国为核心的全球治理体系，同国际社会的互动日益增多。这一时期，中国在西方国家主导的全球治理体系和机制中虽然仍以参与和跟随为主，但也开始尝试在周边地区供给区域性的安全类和经济类国际公共产品。在安全类公共产品供给方面，"世界和平"是联合国框架内国际社会各国共同供给和维护的、具有非竞争性和非排他性的全球性安全类公共产品。随着中国承担供给安全类公共产品能力和意愿的提升，中国开始以参与联合国维和行动的方式参与国际公共产品的生产。1990年4月，中国军队向联合国停战监督组织派遣5名军事观察员，开启了中国参与联合国维和行动的历程。1992 年，中国又首次派遣成建制的 400 人工程兵部队参加联合国柬埔寨维和任务。自 2000 年以来，随着中国综合国力和参与维和意愿的提升，中国赴联合国进行维和任务的人员规模不断扩大。① 1996 年 4 月，由中国发起，俄罗斯、哈萨克斯坦、吉尔吉斯斯坦、塔吉克斯坦参加的上海合作组织正式成立，其成为中国与周边国家共同应对安全威胁和进行经济合作的多边合作机制。上海合作组织在安全与经济合作两大基础上不断进行功能扩溢和成员扩大，已经成为欧亚地区和平稳定的"压舱石"，是中国倡议并与相关国家共同生产和供应的综合性国际公共产品。②

在经济类公共产品供给方面，以 1997 年亚洲金融危机为契机，中国开始陆续为亚洲国家提供有助于其国内金融市场平稳发展的公共产品。例如，2000 年 5 月，中国同日本、韩国和东盟国家在东盟 "10+3" 财长会议上共同通过了 "清迈倡议"。③ 一方面 "清迈倡议" 作为中国同周边国家合作供给经济类公共产品的最初尝试，完善了东盟货币互换安排，将东盟内部原有的货币互换机制扩展到中、日、韩三国；另一方面中国通过东盟等在 "10+3" 范围内建立货币互换网络，为维护亚太地区金融市场稳定做出重要贡献。

在 2008 年世界金融危机后，国际公共产品供给体系出现了两大变化。一是随着中国等新兴国家的群体性崛起，新兴国家开始从国际公共产品的消费方转为供给方，积极向国际社会提供公共产品。二是全球互联网等基于市场规律建立起来的准公共产品市场正在迅速发展，成为国际公共产品供给体系中的重要组成部分。在这一进程中，中国意识到自身的国际责任和义务，开始主动参与全球治理和国际公共产品的供给。特别是在金融危机爆发后，中国开始积极承担相应的国际责任，在国际经济治理、全球气候变化、国际贸易、联合国维和行动、反恐、国际援助等领域发挥着越来

---

① 吴志成、李金潼：《国际公共产品供给的中国视角与实践》，《政治学研究》2014 年第 5 期，第 119 页。

② 胡键：《"一带一路"的国际公共产品功能与中国软实力的提升》，《国外社会科学》2020 年第 3 期，第 12 页。

③ 陈凌岚、沈红芳：《东亚货币金融合作的深化：从"清迈倡议"到"清迈倡议多边化"》，《东南亚纵横》2011 年第 5 期，第 36~40 页。

越重要的作用。此外，中国还与周边地区国家加强合作，共同参与区域性公共产品的生产和供给。例如，中国与东盟 10 国和日本、韩国强化了"清迈倡议"，正式签署了"清迈倡议多边化协议"，为东亚地区国家共同应对金融危机冲击提供了重要的公共产品。在国际安全合作方面，中国先后派出部队参加联合国海外维和行动和海外护航任务，通过建立上海合作组织、中老缅泰湄公河联合执法合作机制、朝核六方会谈机制等方式为周边地区提供安全类公共产品。① 这一时期中国虽然积极参与全球治理、供给国际公共产品的实践，但并未在其中发挥引领性的作用，更多是作为"合作者和参与者"的角色参与国际公共产品的生产和供给过程，为维持全球金融稳定和推动世界经济复苏做出了重要贡献，得到了国际社会的广泛赞誉。

第三阶段是 2012 年底党的十八大召开以来至今，中国从国际公共产品的被动参与者，逐渐成为主动供给国际公共产品的供应者、倡导者和创新者，② 在积极向国际社会提供全新的全球和区域性公共产品的同时发挥引领作用。党的十八大以来，中国的发展进入新的阶段，随着中国综合国力和国际影响力的进一步提升，中国推动全球治理体系改革、向国际社会提供国际公共产品的意愿和动力变得更加强烈。以习近平同志为核心的党中央多次强调中国要为国际社会贡献治理方案和提供公共产品，并将提供国际公共产品视为中国实力提升后所必须承担的大国责任。在此背景下，中国开始积极主动向国际社会提供包括发展类公共产品、机制规则类公共产品、价值观念类公共产品等一系列具有中国特色的全新国际公共产品。在倡导和推广具有公共产品属性的"人类命运共同体""共商共建共享的全球治理观""相互尊重、公平正义、合作共赢的新型国际关系"等普适性国际理念的基础上，中国政府积极推动"一带一路"倡议实施并将之作为中国向共建国家提供公共产品和服务的合作平台，通过推动构建亚欧互联互通合作框架，搭建亚洲基础设施投资银行、丝路基金等多边金融机制，辅以推进

---

① 《从新中国成立 70 周年大型成就展看中国军队"走出去"》，新华网，2019 年 11 月 6 日，http://www.xinhuanet.com/mil/2019-11-06/c_1210342667.htm；《中老缅泰关于湄公河流域执法安全合作的联合声明》，人民网，2011 年 10 月 31 日，http://politics.people.com.cn/GB/16085207.html。

② 胡键：《"一带一路"的国际公共产品功能与中国软实力的提升》，《国外社会科学》2020 年第 3 期，第 4 页。

亚太自由贸易区（FTAPP）等贸易协定谈判，为帮助共建"一带一路"国家经济发展，应对全球化带来的发展赤字、和平赤字与治理赤字挑战提供中国的全球治理方案和贡献，有效缓解当前国际公共产品供求体系的供给困境。尤其在全球新冠肺炎疫情暴发以来，中国坚定推动国际抗疫合作，主张将疫苗作为国际公共产品向国际社会进行输送，反对"疫苗民族主义"和"疫情政治化"。在疫苗研发成功并投入使用后，中国政府积极践行对世界供给"疫苗公共产品"的庄严承诺，向国际社会有需要的国家供给疫苗。2021年7月9日，中国政府网公布，中国已经总计向国际社会供应了4.8亿余剂疫苗，向近100个国家提供疫苗援助，向50多个国家出口疫苗，成为世界上对外提供疫苗最多的国家。① 同时，中国还积极参与建设全球疫苗产业链，与发展中国家共同合作开发疫苗，为实现疫苗在发展中国家的可及性和可担负性切实做出了中国贡献，受到了国际社会高度认可尤其是发展中国家的热烈欢迎、感谢与赞誉。

二 党的十八大以来中国供给国际公共产品的新角色及其实践

党的十八大以来，中国综合国力和影响力进一步提升，成为"具有全球影响力"的世界大国。习近平主席明确指出，"中华民族迎来了从站起来、富起来到强起来的伟大飞跃""我们比历史上任何时期都更接近、更有信心和能力实现中华民族伟大复兴的目标""我国日益走近世界舞台中央、不断为人类作出更大贡献"②。在中国国家实力不断提升，具备向国际社会提供国际公共产品的基础上，中国政府在官方话语和对外政策中也明确传达了中国愿意向国际社会供应国际公共产品、希望在供应过程中扮演"倡导者和供给者的角色"的强烈信号。习近平主席指出："中国的发展得益于国际社会，也愿为国际社会提供更多公共产品。"③ 外交部部长王毅也在多

---

① 《中国践行新冠疫苗全球公共产品承诺 已向国际社会供应超4.8亿剂次疫苗》，中国政府网，2021年7月9日，http：//www.gov.cn/xinwen/2021-07/09/content_5623710.htm。

② 习近平：《决胜全面建成小康社会 夺取新时代中国特色社会主义伟大胜利——在中国共产党第十九次全国代表大会上的报告》，人民出版社，2017，第10~15页；陈理：《从站起来、富起来到强起来的伟大飞跃》，人民网，2021年6月24日，http：//theory.people.com.cn/n1/2021/0624/c40531-32138960.html。

③ 《习近平：中国愿为国际社会提供更多公共产品》，人民网，2016年9月3日，http：//politics.people.com.cn/n1/2016/0903/c1001-28689064.html。

个场合强调,"中国将继续履行大国责任,展示大国担当,做出大国贡献,提供更多的全球公共产品,为世界的和平与发展事业添砖加瓦";"'一带一路'构想是中国向世界提供的公共产品,欢迎各国、国际组织、跨国公司、金融机构和非政府组织都能参与到具体的合作中来"。① 这说明,中国在国际公共产品供给上的意愿与行动日趋活跃,正逐步从"参与式生产者"向"引领式供应者"进行转变。②

基于国际公共产品供给中的"引领式供应者"角色认知,党的十八大以来,中国逐渐承担起一个大国应有的责任,开始积极发挥引领作用,向世界提供优质、新型的国际公共产品。总体来看,中国向国际社会提供的国际公共产品大致可分为发展类、机制规则类、安全类和价值观念类等四大类(见表4-2)。

表 4-2　党的十八大以来中国供给的主要国际公共产品类别

	竞争性强	竞争性弱
优先性强	安全类公共产品(上海合作组织等)	发展类公共产品("一带一路"倡议中的基础设施互联互通、投资合作等)
优先性弱	价值观念类公共产品(人类命运共同体、全球治理观等)	机制规则类公共产品(亚洲基础设施投资银行、丝路基金等新型合作机制)

资料来源:作者自制。

第一,在发展类(经济类)公共产品方面,中国政府通过"一带一路"平台向共建国家提供基础设施投资建设、能源开发合作、融资机制等发展类公共产品,促进与周边国家的互联互通,对接周边国家的发展需求。自"一带一路"倡议提出以来,100多个国家和国际组织积极响应和支持并与中国签订共建"一带一路"合作协议。"一带一路"所搭建的基础设施网络能让参与国从中受益。一方面,中国可以充分利用自身的基础设施产能、技术优势和外汇储备的资金优势,动员国际社会进行投资融资,推动共建

---

① 《王毅:"一带一路"是中国向世界提供的公共产品》,人民网,2015 年 3 月 23 日,http://world.people.com/n/2015/0323/c15728-26737546.html。

② 刘雨辰:《从参与者到倡导者:中国供给国际公共产品的身份变迁》,《太平洋学报》2015 年第 9 期,第 78 页。

国家增加基础设施供给，提升经济发展水平，为共建国家未来的经济稳定增长提供帮助。据统计，共建"一带一路"国家的基础设施建设收益率显著，达到了 20%～200%。[①] 另一方面，共建"一带一路"的大部分发展中国家与中国过去的经济结构类似，都面临基础设施陈旧老化、道路交通设施不完善、电力能源供给不足、通信设施简陋等问题。"一带一路"倡议恰恰可以为共建国家发展经济、推进基础设施建设提供发展类区域性公共产品。

第二，在机制规则类公共产品方面，中国政府倡导创设亚洲基础设施投资银行、丝路基金等一系列新型国际融资和经济合作机制，为"一带一路"辐射地区和周边地区提供机制规则类公共产品。亚洲基础设施投资银行、丝路基金等投资和融资机构的国际公共产品属性体现在两个方面。一是亚洲基础设施投资银行坚持多赢、包容性和开放性的原则，以亚洲国家为主，也欢迎域外国家参加，因而具有国际公共产品消费的非排他性特征。[②] 二是中国倡导创建的亚洲基础设施投资银行、丝路基金为共建国家提供了大量的融资和贷款支持，使共建国家均可以获得急需的资金来发展本国经济，具有消费的非竞争性特征。与此同时，亚洲基础设施投资银行还将与丝路基金、金砖国家新开发银行、上合组织银行联合体等一道组成新的跨区域或次区域多边开发性金融体系，对现有国际金融体系进行完善、对国际公共产品供给规模和结构进行丰富。因此，从公共产品的视角来看，中国倡导建立的金砖国家新开发银行、亚洲基础设施投资银行、丝路基金等国际融资机制是中国向区域国家提供的机制规则类公共产品，增加了国际金融领域的公共产品供给。特别需要指出的是，中国倡导提供的机制规则类公共产品亦是对现有美国主导的国际金融机制的有益补充，是推进全球经济治理机制改革的重要举措。[③]

第三，在价值观念类公共产品方面，中国政府倡导的"人类命运共同

---

① 中国—发展援助委员会研究小组：《基础设施—发展与减贫的基础：综合报告》，中国国际扶贫中心《研究报告》2011 年第 3 期，第 10 页。

② 涂永红、王家庆：《亚投行：中国向全球提供公共物品的里程碑》，《理论视野》2015 年第 4 期，第 62～65 页；曹德军：《中国外交转型与全球公共物品供给》，《中国发展观察》2017 年第 5 期，第 33～35 页。

③ 王帆、凌胜利：《人类命运共同体——全球治理的中国方案》，湖南人民出版社，2017，第 219 页。

体""亚洲新安全观""全球治理观"等国际治理和秩序理念，实际上就是向国际社会贡献的中国智慧和中国方案等观念类公共产品。正如美国等西方国家将民主、自由、规则的自由主义国际秩序理念作为观念类公共产品向全世界进行传播推广一样，中国当前也积极倡导具有中国特色的国际秩序理念和国家间交往原则，将之作为一种价值观念类公共产品向国际社会提供。这些非竞争性、非排他性的国家间相处模式和全球治理理念，体现了中国对国际秩序和全球治理理论的理念创新，反映了发展中的中国对新时代中国与世界交往模式的新主张以及对全球治理时代国际秩序的新思考。中国向国际社会所贡献的价值观念类公共产品发挥着独特的治理功能。"人类命运共同体""义利观""新型国际关系""全球治理观"等具有中国特色的国际理念可以为全球治理设定规范基础和提供理念指引。当前西方治理模式的乏力表现使越来越多的国家开始怀疑西方政治模式与价值观的有效性和适用性，而"人类命运共同体""义利观""共商共建共享的全球治理观"等与时俱进的全球治理理念可以打破现有西方垄断的全球治理观念结构，让国际社会能够倾听和接触来自非西方国家的多元治理模式和治理理念，为国际社会提供多样性、补充性、创新性的治理模式和理念参考。

第四，在安全类公共产品方面，党的十八大以来，中国政府已经成为全球传统和非传统安全治理进程的积极参与者、推动者和引领者，为国际社会提供创新性区域安全合作机制和安全治理理念模式等安全类公共产品。整体而言，相对于经济类公共产品，受安全议题的敏感性、美国同盟体系以及中国的发展战略重心所限，中国对区域性安全类公共产品的供给能力相对有限，意愿相对较弱。改革开放后的大部分时间里，中国政府一直贯彻"韬光养晦"的方针，将工作重心放在国内经济建设上，尽可能地回避大国间的竞争。而以 2012 年召开的党的十八大为节点，中国政府转而推行更加"积极有为"的外交方针和政策，在参与全球安全治理和提供安全类公共产品上呈现出更加积极进取的姿态。例如，近年来中国积极参加联合国的维和和反恐行动，不断扩大维和人员的派遣规模，也加大了对安全类公共产品的人力和资金投入。在 2016 年，中国就缴纳联合国维和摊款 8.44 亿美元（约合 58 亿元人民币），占摊款总额的 10.2%，在联合国所有成员国中位居第二。① 此外，中国倡导建立的上海合作组织强调"互信、互利、平等、协商、尊重多样文明、谋求共同发展"的"上海精神"，也是中国向中亚和南亚国家在共同应对传统和非传统安全问题上所提供的区域性安全类公共产品。近年来，在东南亚国家联盟、东盟地区论坛、东亚峰会等多边合作机制的框架下，中国与东盟地区国家进行安全合作，建立了澜沧江—湄公河流域的安全合作与开发等多边和双边安全合作机制，为该地区的安全和稳定提供区域性安全类公共产品。②

除了积极供给传统安全类公共产品外，在当前全球性气候问题、大规模传染病蔓延等非传统安全威胁日益严重的背景下，中国积极向国际社会供给应对气候变化、国际公共卫生治理的公共产品。在应对气候变化上，中国积极参与国际气候谈判，率先提出了应对全球气候变化的国家自主贡献方案，推动了《巴黎气候协定》《斐济实施动力》等重要成果文件的签署。同时，中国还积极帮助发展中国家应对气候变化。中国已累计与30个发展中国家签署34份应对全球气候变化南南合作谅解备忘录，向有关国家赠送节能灯具120万余盏、路灯1万余套、节能空调2万余台、太阳能光伏发电系统1.3万余套、清洁炉灶1万余台，通过赠送卫星监测设备，帮助发展中国家提高应对极端气候事件的预警和反应能力……如中国社科院城市发展与环境研究所所长潘家华所言，"中国在应对气候变化的国际参与方面，十八大以来取得了突飞猛进的变化！"③

在国际公共卫生治理上，党的十八大以来，中国政府积极参与应对全球公共卫生危机的治理行动，先后援助西非抗击埃博拉出血热突发疫情，援助安哥拉、圭亚那抗击黄热病、寨卡等疫情，为防止疫情扩散、维护全球公共卫生安全发挥了重要作用，体现了负责任大国的担当。尤其在当前新冠肺炎疫情在全球蔓延，世卫组织宣布新冠肺炎疫情进入全球大流行状态的背景下，中国积极开展与相关国际组织和国家的合作，同舟共济，积极防控，向国际社会提供应对疫情的技术、经验等国际公共产品。疫情突

---

① 《维和26年，中国军队作了什么贡献》，中国政府网，2016年6月9日，http：//www.gov. cn/xinwen/2016-06/09/content_5080805.htm。

② 郑先武：《中国—东盟安全合作的综合化》，《现代国际关系》2012年第3期，第49页。

③ 刘毅：《大国担当！中国引领全球气候治理》，人民网，2018年6月13日，http：//env. people.com.cn/n1/2018/0613/c1010-30054141.html。

袭而至后，中国政府及时向世界卫生组织和有关国家通报疫情信息，积极主动同国际社会开展合作，努力阻止疫情向全球蔓延，还积极向疫情严重国家提供口罩等医疗物资援助和医护人员支持，为全世界防控疫情赢得宝贵时间，为应对和克服疫情提供了中国方案和中国智慧。习近平主席也多次呼吁国际社会团结协作，共同抗疫，"面对这一全人类的共同危机，没有任何一个国家可以独善其身，国际社会比以往任何时候都更需要团结和合作，应迅速采取协调、有力行动"，"战胜关乎各国人民安危的疫病，团结合作是最有力的武器"。① 习近平主席向国际社会反复强调的"人类命运共同体"理念和团结合作抗疫的呼吁，以及中国向国际社会无私分享疫情防控经验和成果的义举，是当前全球抗疫关键时期中国向国际社会提供的"中国方案"和"中国理念"，为打赢新冠肺炎疫情防控全球阻击战注入了强大信心与力量。

第二节　中国供给国际公共产品的内生动力

随着美国霸权的相对衰落和特朗普时期的单边主义外交转向，美国提供国际公共产品的意愿和能力都呈下降趋势，国际公共产品的供给不足困境日益凸显。② 在此背景下，中国开始积极承担全球治理责任，向国际社会提供应对全球性问题所急需的国际公共产品。尤其在党的十八大召开以来，中国对外方针从"韬光养晦"向"积极有为"转变，这一趋势在全球治理层面则体现为中国供给国际公共产品的能力和意愿上升。但需指出的是，中国积极参与全球治理进程并非仅仅基于外部环境变化的考量，中国自身供给能力和意愿的提升仍是中国参与国际公共产品供给的主要驱动力。鉴于此，下文主要从中国供给能力提升以及中国对外战略转型后供给意愿提升两个方面对中国供给国际公共产品的内生动力进行阐释。

---

① 《团结合作！习近平为全球抗疫提出中国倡议》，新华网，2020 年 3 月 27 日，http：//www.xinhuanet.com/politics/xxjxs/2020-03/27/c_1125778312.htm。

② 樊勇明、薄思胜：《区域公共产品理论与实践——解读区域合作新视点》，上海人民出版社，2011，第 64 页。

一　中国供给国际公共产品的能力提升

一国参与国际公共产品供给的行为选择与其供给能力和意愿直接相关。国家实力决定了一国是否具有供给国际公共产品能力的物质基础。国家意愿则体现了一国是否愿意承担供给国际公共产品责任的个体偏好。[①] 能力和意愿是一国参与全球治理、供给国际公共产品的前提和基础。随着中国国家实力和国际影响力的稳步提升以及参与全球化进程的不断深入，中国对现行国际秩序持更加开放包容的态度，这既为中国参与国际公共产品供给，应对全球、区域和国内治理问题打下了坚实的基础，也激发了中国作为负责任大国应对全球性挑战，为国际社会贡献全球治理中国智慧和中国方案的意愿和动力。

国际体系大国间的权力转移冲击着既有国际秩序的架构，推动国际秩序和全球治理结构的转型和重构。[②] 随着西方国家的相对衰落和新兴国家的群体性崛起，国际格局正在发生深刻复杂变化，并呈现出显著的多极化发展趋向。这当中，发展中的中国无疑是国际格局多极化的核心推动力量。自党的十六大以来，中国综合国力大幅提升，GDP 从 2002 年的 1.47 万亿美元上升至 2020 年的 14.72 万亿美元；经济总量更是从 2002 年的世界第六位跃升为仅次于美国的世界第二大国。[③] 中国经济对世界经济增长的贡献亦不断增加，中国经济占世界经济的比重从 2002 年的 4.4% 提高到 2020 年的 17% 以上，2020 年对世界经济增长的贡献率达到 30% 以上。[④] 根据 ISA 国家力量排名（ISA Country Power Rankings）、国家实力综合指数（Composite Index of National Capability）、全球存在指数（Elcano Global Presence Index）等国家

---

① 吴志成、李金潼：《国际公共产品供给的中国视角与实践》，《政治学研究》2014 年第 5 期，第 114 页。

② Robert Gilpin, *War and Change in World Politics*, New York：Cambridge University Press, 1981；Christopher Chase-Dunn and E. N. Anderson, "The Rise and Fall of Great Powers," in *The Historical Evolution of World-Systems*, New York：Palgrave Macmillan, 2005, pp. 1–19.

③ 数据源自世界银行网站，https：//data. worldbank. org/indicator/NY. GDP. MKTP. CD？locations = CN&view = chart。

④ 《何立峰：中国是世界经济发展受益者更是贡献者》，新华网，2021 年 3 月 23 日，http：//www. xinhuanet. com/fortune/2021-03/23/c_1127246534. htm。

实力评估网站的最新数据，中国综合国力仅次于美国，位居世界第二。[①]

自 2001 年中国加入世界贸易组织以来，中国开始深度融入国际社会和全球金融体系，并以身作则，积极推动自由贸易，在拉动全球经济增长、应对世界金融危机方面发挥了重要作用。中国近几十年来综合国力的大幅提升为中国参与国际公共产品供给和全球治理提供了坚实的物质基础，是中国供给国际公共产品的物质前提。经济发展亦带动了中国政治和军事实力的同步提升。在政治方面，在保证国内政治稳定的基础上，截至 2015 年 2 月，中国已与 172 个国家建立了外交关系，建交国家数量仍在增加。进入 21 世纪以来，中国以积极姿态参与国际秩序改革和全球治理进程，与国际社会一道参与全球治理，应对全球性问题带来的严峻挑战。尤其是党的十八大以来，中国政府通过"一带一路"、亚洲基础设施投资银行等平台主动向国际社会提供国际公共产品，国际话语权和影响力稳步提升。在军事方面，中国一贯奉行防御性的国防政策，坚持和平共处五项原则，根据自身国防需要有针对性地进行军事现代化建设，并在军事技术和装备方面取得可喜成就。[②] 但同时也应看到，中国国家实力的提升更多体现在总量上，就人均而言，中国仍处于发展中国家行列，距离发达国家还有不小的差距。这一特点决定着中国必须根据自身实际有选择地参与国际公共产品的供给，避免承担超出中国国家能力范围的供给责任。

当然，中国供给国际公共产品能力的提升不仅反映在中国综合国力的上升，还体现在中国将国家实力转变成供应国际公共产品的能力的提升上。如前文所述，国家供应国际公共产品的能力主要取决于其能否持久供给公共产品以及其供给的公共产品能否获得国际社会的认同，即持续度和认可度两方面因素。

---

① 上述网站主要根据经济实力、人口优势、军事力量、环境与自然资源动力、政治权力、文化力量、技术实力指标对一国综合实力进行评估。评估结果显示，位居第二的中国在最近几十年里已经拉开了与除美国外的其他竞争对手的距离，并在过去 40 年里大大缩小了与美国之间的实力差距。数据来源：https：//www.isa world.com/ fileadmin/user_upload/free_samples/ country_power_rankings.pdf；https：//www.usnews.com/news/ best-countries/power-rankings；https：//www.globalpresence.realinstitutoelcano.org/ en/data/Global _ Presence _ 2018.pdf。

② 中华人民共和国国务院新闻办公室：《中国武装力量的多样化应用》，2013 年 4 月 16 日，http：//www.scio.gov.cn/zfbps/ndhf/2013/Document/1312844/1312844.htm。

党的十八大以来，中国政府以"一带一路"为平台，将亚洲基础设施投资银行、丝路基金和金砖国家新开发银行等作为向国际社会供给公共产品的制度和资金保障机制，向国际社会源源不断地提供新型的基础设施类公共产品和区域性或区域间公共产品。目前，"一带一路"建设可用的公共资金已接近 3000 亿美元，远远超过冷战后美国等发达国家推出的许多金融援助和合作计划的数额。这为中国牵头向共建"一带一路"国家持续供给公共产品提供了充足的制度和资金保障。同时，中国政府以"一带一路"为平台提供创新性和补充性公共产品的努力也得到了共建国家的积极响应和认可。截至 2021 年 1 月，中国与 171 个国家和国际组织，签署了 205 份共建"一带一路"合作文件，明确表示支持和参与以"共商共建共享"为原则的"一带一路"倡议。① 虽然域外国家的媒体、学界、民间亦不乏对"一带一路"倡议怀疑甚至反对的声音，但大多数共建国家学者和官员认为，中国通过"一带一路"平台向国际社会供给的基础设施投资、经济安全合作等区域性公共产品，将逐步实现本地区的互联互通，这对经济发展还相对处于落后阶段的国家而言，是难得的发展机遇。② 这也是国际社会积极响应中国倡议并积极参与其中的原因。由此可见，虽然中国尚不具备像美国一样在全球范围内单边供给公共产品的能力，但不可否认，当前中国已经能够持续供给区域性的国际公共产品，且这些公共产品被大多数消费国所认可和接受。这不仅证明中国具有持续供给国际社会所需公共产品的能力，也为中国未来供给国际公共产品增添了信心。

二　中国供给国际公共产品的意愿上升

当一国具备提供国际公共产品的实力后，仅表明其具备了供应国际公共产品的基本资质，除此之外还要考虑该国是否具有供给国际公共产品的意愿，以及其供给国际公共产品的意愿强烈程度。一国是否愿意供应国际

---

① 《我国已签署共建"一带一路"合作文件 205 份》，新华网，2021 年 1 月 30 日，http://www.xinhuanet.com/2021-01/30/c_1127043608.htm。

② 贺方彬：《海外视域下的"一带一路"倡议研究》，《当代世界与社会主义》2017 年第 3 期，第 189~193 页；李琰：《"一带一路"带来难得发展机遇——访斯里兰卡驻华大使科迪图瓦库》，《人民日报》2017 年 4 月 8 日，第 2 版；冯巍、程国强：《国际社会对"一带一路"倡议的评价》，《中国经济时报》2014 年 7 月 14 日，第 5 版。

公共产品关系着其希望在供应过程中扮演何种角色。在中国经济快速增长及其可持续增长的前景下，中国提供地区乃至全球性公共产品的能力和意愿都大幅提升。

具体而言，从供给意愿层面来看，改革开放后中国经历了从被动的国际公共产品受益者到积极的国际公共产品倡导者和供应者的角色转变历程。在此过程中，中国参与全球治理、提供国际公共产品的意愿不断提升。在改革开放之前，中国尚游离于国际社会和国际公共产品供给体系之外，对世界事务的参与度相对有限。1978年改革开放后，中国与国际社会的正向互动逐渐增多，开始逐渐融入国际社会。尤其在2001年中国正式加入世界贸易组织后，中国开始全面融入国际社会。这期间中国通过融入国际社会及美国主导的国际经济体系，积极提升参与国际和地区事务的深度与广度。

伴随着中国国家实力的不断提升，党的十八大以来，中国政府明显强调"积极有为"，在国际事务中表现出引领国际秩序和全球治理体系变革、提供国际公共产品的强烈意愿，开始以更加积极主动的姿态参与全球治理和公共产品供给进程，在区域层次与全球层次上积极供给了诸多新型公共产品。在此期间，习近平主席亦多次表达中国推进全球治理、供给国际公共产品的强烈意愿。在2016年庆祝中国共产党成立95周年大会上，习近平主席提出，"中国将积极参与全球治理体系建设，努力为完善全球治理贡献中国智慧，同世界各国人民一道，推动国际秩序和全球治理体系朝着更加公正合理方向发展"。在2018年庆祝改革开放40周年大会上，习近平主席提出要"积极参与全球治理体系改革和建设，共同为建设持久和平、普遍安全、共同繁荣、开放包容、清洁美丽的世界而奋斗"。①

中国之所以具有提供国际公共产品的强烈意愿，并不仅仅是因为中国具备提供国际公共产品的能力以及国际社会对中国的期待，更在于供给国际公共产品符合中国国家利益的需要。具体来说，基于自身利益考量，中国积极参与国际公共产品供给的利益诉求主要体现为以下三个方面。

---

① 《关于全球治理，习近平有哪些深刻阐述?》，新华网，2016年8月30日，http：//www. xinhuanet. com//world/2016-08/30/c_129263290_3. htm；《习近平：在庆祝改革开放40周年大会上的讲话》，新华网，2018年12月18日，http：//www. xinhuanet. com//2018-12/18/c _1123872025. htm。

第一，提供国际公共产品有助于提升中国的软实力。英国学派的伊恩·克拉克（Ian Clark）认为："国际体系中的大国只有承担与其地位相称的国际责任才能够获得国际社会对其地位和领导权的认可。"[1] 如何体现国际责任？供给国际公共产品是最主要的方式。国际公共产品作为一国在国际层面的重要软实力资源，是国家获得国际影响力、话语权、权力正当性等软实力的重要来源，是国家实力得以体现的重要载体和媒介。美国之所以能够长期维持国际秩序和制度性霸权的合法性，与其向国际社会进行稳定的物质、制度、观念方面的国际公共产品供应密切相关。

第二，供给国际公共产品可以提升中国的国际声誉。一般而言，承担国际责任、供给公共产品可以使公共产品供给国获得良好的国际声誉回报，使之在与他国的交往中降低国家交易的信息成本并增进国家间互信。作为有着悠久文明历史的国家，中国可以通过担负必要的国际公共产品供给成本彰显中华文明"天下为公""兼济天下"的世界情怀，而且从长期来看，通过推动国际公共产品的供应，中国可以逐渐提升自己的国际声誉，通过实际行动向世界展现中国负责任大国的形象。这在一定程度上也可以促进中资企业"走出去"对外战略的实施，为拓展中国的海外利益发挥重要的保障作用。

第三，供给公共产品可以提升中国发展的正当性。正如一国政府可以通过提供国内基础设施、国防、教育、社会保障等公共产品来获得民众的信任，维持执政合法性，国际体系中的大国若要获得国际社会的信任和追随，也需要在遵守相关国际法、国际协定等国际规制的基础上，向国际社会供给维持国际政治、经济、安全体系稳定有序运行的国际公共产品，如防止核扩散条约等多边安全和经济合作机制，以提升其在国际社会交往中的正当性。受西方国家大肆渲染"中国威胁论"的影响，当前国际社会常常对中国未来发展的不确定性表示担忧。而中国通过吸纳越来越多的国家参与国际公共产品供给的集体行动将有助于他国受惠于中国供给公共产品的红利，减轻体系强国与周边邻国对中国未来行为的疑虑，进而提升中国发展的正当性。

---

[1]　Ian Clark, "Bringing Hegemony Back in: The United States and International order," *International Affairs*, Vol. 85, No. 1, 2009, p. 4.

本章小结

本章以党的十八大以来中国政府积极参与全球治理、供给国际公共产品为背景，主要论述并回答了中国在国际公共产品供给体系中扮演何种角色、为什么扮演这样的角色，中国到底向世界提供了什么样的国际公共产品等问题。首先，新时代中国政府对自身在国际公共产品供给体系中扮演角色的认知发生了从"参与者"到"引领式供应者"的转变。其次，中国之所以开始扮演国际公共产品的"供应者"角色并积极践行这一角色定位，主要是因为中国自身供给国际公共产品能力和意愿的提升。作为负责任的大国，中国积极参与国际公共产品供给，这不仅是中国主动承担更多国际责任的具体体现，更是推动全球治理体系改革和建设的必然要求。最后，中国目前作为国际公共产品的"引领式供应者"，以"一带一路"、亚洲基础设施投资银行、澜湄合作机制等多边机制为平台，积极向国际社会提供发展类、机制规则类、（传统与非传统）安全类和价值观念类国际公共产品，有效缓解了当前国际公共产品供给不足的困境，在国际公共产品供给体系中发挥着越来越重要的作用。

在当前全球治理面临困境、霸权国领导力量衰落等形势下，中国参与国际公共产品的供给不仅有助于维护世界和平与发展、应对全球共同挑战、顺应国际社会的共同期待、促进区域互信与合作，而且对中国提升自身国际领导力、引领全球治理进程、维护中国和平发展大局也具有重大意义。随着综合国力的不断提升和对外开放的进一步扩大，中国无疑将会更加深入地参与国际公共产品供给体系，做出更大贡献。

第五章　中国供给国际公共产品
面临的挑战与选择

当下世界正处于"百年未有之大变局"，守成国家和新兴国家围绕公共产品供给主导权的竞争日趋激烈。身处"百年变局"的中国面临如何更好地推动国际公共产品供应体系改革并在其中发挥更积极作用的现实问题。当前中国参与国际公共产品供给虽处于"大有可为"的历史机遇期，但亦面临体系和单元层面的不确定性、全球治理观念竞争与"意识形态壁垒"、守成大国制度制衡、自身供给能力有限等方面的挑战。因此，本章在对中国供给国际公共产品过程中面临的制约因素进行分析和评估的基础上，就中国应该提供什么样的国际公共产品、该如何提供国际公共产品等问题进行讨论，并就相关问题提出针对性的对策建议。

第一节　中国供给国际公共产品面临的挑战

中国供给国际公共产品过程中面临国际政治实践和意识形态两个层面的挑战。在国际政治实践中，中国面临大国博弈带来的不确定性、守成大国制度制衡、自身供给能力有限等挑战；而在意识形态层面，中西方文化差异与"意识形态壁垒"直接影响着国际社会对中国全球治理理念的认同程度。

一 大国博弈的不确定性风险

中国推动全球治理改革和供给公共产品的过程内嵌于中美权力转移的现实情境之中，因而不可避免地面临美国等西方守成大国的重重阻碍，具有不确定性。这种不确定性主要体现在体系和单元两个层面。

在体系层面，新兴国家的群体性崛起增加了国际公共产品供给体系的不确定性。根据学界对均势结构（权力平衡）与国际秩序关系的相关阐述，在一个相对稳定的国际体系（均势结构）中，体系主导国所倡导的国际秩序理念与模式更容易被创建与维系。[①] 例如，二战后美国在相对稳定的两极体系中建立了以美国为首、以美元为中心的布雷顿森林体系，并推动建立了基于集体安全逻辑的联合国。这些经济和安全领域的秩序理念与模式之所以能够取得相应的成功，得益于相对稳定的体系结构和国际环境以及在此体系中较为明确的国际领导权。而与之相反，一战结束后，美国试图建立国际联盟计划的最终失败，在很大程度上是由于一战后的国际体系结构不稳定且处于权力转移进程之中，不能为集体安全逻辑提供相应的政治生态。[②] 当前国际体系仍处于权力转移的进程之中，尚未形成一个稳定的体系结构。在当前国际体系中，中美两国——作为国际体系中的崛起国与霸权国——之间深刻的结构性矛盾亦在体系层面折射出当前国际体系结构的不稳定性和不确定性。受之影响，国际社会大都对中国全球治理理念和模式持观望态度。况且在既有自由主义国际秩序的核心制度架构和秩序观念的地位仍相当稳固、西方国家维护既有权力和利益分配结构的合力依然强大

---

① 西方学界对稳定的体系结构（均势）与国际和平与稳定之间的正相关关系并无异议，例如，基辛格提出，一个持久稳定的国际秩序必须以两个因素为前提：一是被普遍接受的国际合法性，二是一个权力均衡或者力量均衡的存在。赫德利·布尔亦指出，整体均势和局部均势的存在为国际秩序发挥作用创造了条件。学界分歧主要存在于到底是单极、两极还是多极更会有利于国际和平和稳定。参见〔美〕亨利·基辛格《世界秩序》，胡利平等译，中信出版集团，2015；〔英〕赫德利·布尔《无政府社会——世界政治秩序研究》（第四版），张小明译，上海人民出版社，2015，第93页。

② Michael Smith, "The League of Nations and International Politics," *British Journal of International Studies*, Vol. 2, No. 3, 1976, pp. 311-323；Noor Mat Yazid, "The Theory of Hegemonic Stability, Hegemonic Power and International Political Economic Stability," *Global Journal of Political Science and Administration*, Vol. 3, No. 6, 2015, pp. 67-79.

的情势下，中国若要通过全球治理理念和制度化实践变革现有西方主导的国际秩序和全球治理体系，目前来看仍具有相当难度。[①]

在单元层面，结构性矛盾所引发的中美战略竞争态势使得中国在推动全球治理改革和供给国际公共产品的进程中面临来自霸权国美国的遏制。2017 年底至 2018 年初，美国白宫先后发布《国家安全战略报告》与《美国国防战略报告》，将中国定位为美国的战略竞争对手和主要威胁。[②] 拜登上台后，美国对华施压力度相较特朗普时期有增无减，这主要表现在：经贸上延续对中国施压力度；在台湾和香港问题、南海问题、西藏问题上不断触碰中国底线；采取"结盟遏华"策略，积极拉拢和施压日本、印度、澳大利亚等国，推进旨在制衡中国的"印太战略"；在应对全球性挑战如气候变化和新冠肺炎疫情上对中国进行"污名化"；等等。在美国对华政策向"全面遏制中国"转向的背景下，中国推动全球治理改革和供给国际公共产品的实践将面临来自美国及其西方盟友的重重阻遏。尤其在应对新冠肺炎疫情上，中美两国具有合作的客观需要，但美国将其国内疫情扩散归咎于中国，并随之引发美国国内反华浪潮，国际社会所期待的中美两国合作引领全球治理的愿景反而以两国"走向深刻的冲突"的方式呈现。[③]

在中美结构性矛盾所致的战略竞争加剧的态势下，中美两国在全球范围的公共产品供给上将不可避免地出现相互竞争的情况。当崛起国供给的国际公共产品与霸权国提供的国际公共产品在功能和性质上具有较高相似性时，两国在同一个领域就可能产生关于国际公共产品供给权的激烈竞争。

---

① 关于中国倡导国际秩序理念及其实践中遇到的阻碍，可以参见 Bentley B. Allan, Srdjan Vucetic and Ted Hopf, "The Distribution of Identity and the Future of International Order: China's Hegemonic Prospects," *International Organization*, Vol. 72, No. 4, 2018, pp. 839 – 869; Zhiqun Zhu, "China's AIIB and OBOR: Ambitions and Challenges," *The Diplomat*, October 9, 2015; Mark Beeson and Shaomin Xu, "China's Evolving Role in Global Governance," in Ka Zeng, ed., *Handbook on the International Political Economy of China*, Edward Elgar Publishing, 2019。

② Colin Dueck, "Trump's National Security Strategy: 10 Big Priorities," *The National Interest*, January 10, 2018, https://nationalinterest.org/feature/trumps-national-security-strategy-10-big-priorities-23994; "The Summary of the 2018 National Defense Strategy of the United States of America," https://dod.defense.gov/Portals/1/Documents/pubs/2018-National-Defense-Strategy-Summary.pdf.

③ 郑永年：《既有中美关系"一去不复返"》，新加坡联合早报网，2020 年 4 月 7 日，http://www.zaobao.com/forum/expert/zheng-yong-nian/story20200407-1043523。

尤其对将护持全球霸权地位作为其核心国家利益的美国而言，中国提供的国际公共产品越多，对其全球霸权地位的威胁就越严重。这也是美国启动"印太战略"、对华贸易战、技术战、舆论战等全面遏制中国战略的重要考虑因素。受之影响，中国在供给国际公共产品过程中将不可避免地面临守成大国（主要是美国）的制衡压力。中美结构性矛盾所致的大国博弈是中国在供给公共产品过程中面临的主要外部挑战。

二　国际公共产品供给机制的碎片化和竞争化

在公共产品供给主体不断增多的同时，各供给主体所构建的供给机制间的碎片化和竞争化问题也日益突出。当前，国际公共产品供给中出现了很多新的情况，供给模式和供给主体愈加多元，供给对象也愈加分散。其中，由主要国家或国家集团间国际公共产品供给机制的不断扩散所形成的机制碎片化（regime fragmentation）现象日益突出。例如，在金融领域，金砖国家新开发银行、亚洲基础设施投资银行、亚洲开发银行等多边金融机制虽然投资侧重方向有所不同，但仍存在一定的业务重叠和竞争关系。在国际贸易领域，情况同样如此。当前在全球范围内，除了世界贸易组织外，还存在超过 500 个多边贸易协定，以及大约 3000 个双边投资条约。这些双边和多边机制的嵌套、重叠在一定程度上削弱了中国所倡导和构建的新型国际公共产品供给机制的效果。此外，当前不同国家间围绕国际公共产品供给机制的竞争也日益激烈。中国要供给具有自身特色的国际公共产品，就必须充分评估自己面临的来自西方守成大国的制度制衡和战略施压。

国际公共产品的供应竞争是美国政府对华全面竞争的重要领域。美国企图通过建立替代性和针对性的多边治理机制来对冲和弱化中国在国际公共产品供给体系中的吸引力和影响力。自中国通过"一带一路"倡议和亚洲基础设施投资银行向共建国家供给国际公共产品以来，美国奥巴马、特朗普和拜登三任政府均采取"排他性的制度制衡"手段挤压中国在国际公共产品供给体系中的空间，企图通过构建竞争性、排他性、指向性的地区经济和安全机制弱化中国提供公共产品的吸引力，护持其在国际制度体系中的霸主地位。例如，在奥巴马时期，美国主导构建 TPP 的主要目的就是凭借其经济总量和技术水平的天然优势和高准入"门槛"，抵消或弱化中国对外贸易及其所提供的"一带一路"、亚洲基础设施投资银行等地区公共产品的吸引力。^① 虽然特朗普政府在上任后退出 TPP、《巴黎气候协定》、联合国教科文组织等多边协定和国际组织，但在国际秩序转型进程中，霸权国与崛起国之间的制度竞争并未停歇。自特朗普上任后提出"印太战略"以来，美国积极拉拢印太盟友和伙伴组成美日印澳"四边联盟"，构建以"四边安全对话"为依托的一系列双边、三边、四边安全合作机制。这些合作机制实际上是美国在亚太安全领域针对中国发展所实施的排他性制度制衡手段。其不仅是为了加强印太机制内国家间在经济和安全领域的合作，更是旨在以制度制衡的方式来遏制中国在亚太地区事务中日益提升的话语权和影响力。^② 拜登上台后继续推行"印太战略"，在印太地区积极打造"民主国家联盟和供应链联盟"，企图以此打造对华战略竞争的新格局。拜登政府对于在基础设施建设领域同中国竞争表现出了高度的重视，不仅提出了高达 2000 亿美元的国内基础设施修建计划，还号召西方世界向发展中国家提供基建援助以对冲中国"一带一路"倡议的影响力。而"蓝点网络"（Blue Dot Network）计划的重启正是拜登政府在基建公共产品供给领域与中国进行竞争的例证。在 2019 年 11 月 4 日举行的东盟"印太商业论坛"（Indo-Pacific Business Forum）上，美国与其盟友日本和澳大利亚联合发起了"蓝点网络"基础设施投资计划，旨在"统筹政府、私营部门和民间社会，以开放、包容的姿态将全球基础设施建设的标准提至高质量、可信赖的程度"^③。这一计划的提出明显是为了对冲中国"一带一路"倡议，遏制中国在印太地区不断扩大的影响力。此后在 2021 年 6 月七国集团领导人峰会上，拜登又在"蓝点网络"计划的基础上提出了"重返更好世界"倡议（Build Back Better World，B3W），希望借此倡议打造一个"由主要民主国家领导的、以共同价值观为导向、高标准和透明的"基础设施伙伴关系网，

---

① Kai He, Huiyun Feng, "Leadership Transition and Global Governance: Role Conception, Institutional Balancing, and the AIIB," *The Chinese Journal of International Politics*, Vol. 12, No. 2, 2019, pp. 153−178.

② 汪海宝、贺凯：《国际秩序转型期的中美制度竞争——基于制度制衡理论的分析》，《外交评论》2019 年第 3 期，第 73 页。

③ Mercy A. Kuo, "Blue Dot Network: The Belt and Road Alternative," *The Diplomat*, April 7, 2020, https://thediplomat.com/2020/04/blue-dot-network-the-belt-and-road-alternative/.

以帮助满足中低收入国家 40 多万亿美元的基础设施需求。① 虽然拜登政府提出的"一带一路"替代计划还处于倡导阶段，但释放出西方国家尤其是美国希望巩固国际制度霸权、在国际公共产品供给竞争中维持主导地位的强烈信号。鉴于中国提升制度话语权与美国护持制度霸权间的矛盾难以化解，未来中美两国在国际公共产品供给领域的竞争将更加激烈，中国推进全球治理改革和供给制度性公共产品的实践将面临美国更大强度的制衡压力。

三　中西方治理观念竞争与"意识形态壁垒"

正如库普乾（Charles A. Kupchan）所言，理解国际秩序变化不仅需要考察物质力量的变化，还需要考察不同秩序规范和观念之间的竞争。② 中国在推进国际秩序和全球治理体系改革进程中亦面临中西方全球治理理念的激烈碰撞、不同文明排他性文化导致的"意识形态壁垒"等严峻挑战。从观念维度看，国际体系中的观念分配结果亦是影响全球治理体系和国际公共产品供给体系的重要变量。③

当前中国基于"和合"文化形成的全球治理理念和主张能否获得国际社会的认同并起到引领全球治理改革的效果，最终将取决于中国与美国所秉持的全球治理理念的观念竞合结果，而影响这一结果的关键则在于中美哪一方倡导的全球治理理念和模式能在国际体系观念分配结构中占据主导地位。当前中国全球治理理念一经提出便获得了国际社会的积极响应。但同时，中西方的意识形态差异与全球治理观念竞争使得各国面临在中西方全球治理理念和运行模式上的两难选择困境。尽管中国在全球治理理念海外传播中一再强调其相较于西方治理理念的包容性，但各国对中国全球治理观的国际认知仍不同程度地存在关注较低、理解偏差和认同不足的情况，一些西方国家内部甚至出现了对该理念怀疑、反对的声音。例如，美国智

---

① "FACT SHEET：President Biden and G7 Leaders Launch Build Back Better World（B3W）Partnership," *The White House*, June 12, 2021, https：//www. whitehouse. gov/briefing－room/statements－releases/2021/06/12/fact－sheet－president－biden－and－g7－leaders－launch－build－back－better－world－b3w－partnership/.

② Charles A. Kupchan, "The Normative Foundations of Hegemony and the Coming Challenge to Pax Americana," *Security Studies*, Vol. 23, No. 2, 2014, pp. 21－57.

③ 门洪华：《大国崛起与国家秩序》，《国际政治研究》2004 年第 2 期，第 133～144 页。

库国家亚洲研究局高级研究员罗兰就认为，"命运共同体"理念并非善意的理念倡导，反映出中国日益增长的领导全球治理的野心。[①]

当前国际社会对中国全球治理理念出现认知偏差和认同困境，主要有两方面的原因。一是美国主导下的国际理念和主流价值体系尚具有相当的生命力，这使得任何与之抵触甚至改革国际秩序和全球治理体系的声音都会引发国际社会既得利益国家的恐惧和招致相应的反制。在此情况下，即便中国的全球治理理念借鉴中国传统"和合"文化精髓，强调一种多元观念、多元治理模式的和谐共生、共存，但在西方主导的制度和价值体系中赢得生存和发展的空间、改变他国的观望现状也仍面临较大挑战。[②] 二是世界范围内的文化、观念与意识形态在呈现多元化发展趋势的同时，亦呈现出分散化与碎片化的趋势，[③] 这使中国在推进全球治理理念和制度建构过程中容易招致异质文明国家的反对声音。

当前，受西方文化、宗教文明中排他性文化特质因素影响，一种新的"意识形态壁垒"正在逐步形成。这种"壁垒"并不是指冷战时期美苏资本主义与社会主义两大意识形态的对抗冲突，而是指在意识形态的多元化、分散化、碎片化、排他化趋势中，任何一种试图引领全人类发展的共同价值观念都必然会遭受到潜在的排斥和抵抗。[④] 具体到中国全球治理理念和方案的国际认同构建上，面对当前国际社会意识形态的碎片化和排他化特征，中国全球治理观所蕴含的开放、包容、尊重多元的治理理念虽可被视为应对全球治理困境的良方，但同时这一理念在传播中亦不可避免地面临来自

---

① Nadège Rolland, "Examining China's 'Community of Common Destiny'," *Power 3.0*, January 23, 2018, https：//www.power3point0.org/2018/01/23/examining - chinas - community - of - destiny/.

② 近来存在另一种对于"和合文化"与西方不同价值观难以兼容的解释，其认为中国国内社会治理层面形成的治理观念与西方原有国家内部社会治理观念不同，导致彼此难以相互兼容。参见〔英〕马丁·阿尔布劳《论"人类命运共同体"》，金伟、元美艳译，《国外理论动态》2019年第9期，第90~96页。

③ Yanling Xu, "A Multidimensional Perspective of the Antiglobalization and Alterglobalization Trend of Thought," *Journal of Globalization Studies*, Vol. 1, No. 1, 2010.

④ 英国社会科学院院士、著名社会学家马丁·阿尔布劳（Martin Albrow）认为共同价值观并不一定能维持稳定的世界，在拥有共同价值观的国家之间也存在冲突，关键在于如何塑造和谐而非推广共同价值观。参见〔英〕马丁·阿尔布劳《论"人类命运共同体"》，金伟、元美艳译，《国外理论动态》2019年第9期，第90~96页。

异质文明国家排他性价值观的挑战。囿于不同民族和国家文化价值取向的多元性和排他性特征，任何依托单一文化构建的价值理念都难以形成世界范围的集体认同。受当前中西方文化差异与逐渐形成的"意识形态壁垒"影响，基于中国文化特质的全球治理理念在实践中能否形成共有认知和集体认同尚存有疑问。①

四　全球治理体系中的信任赤字

受全球治理体系"无政府"的特点与国家间相互竞争中的理性主义既有思维模式影响，在应对全球性挑战和进行全球治理的过程中，各国常常陷入互不信任的"囚徒困境"，大国治理合作难以为继。具体而言，国际政治的最突出特点是"不存在具有绝对权威的世界政府"即国际体系的无政府状态。在无政府国际体系中，国与国之间互不统属，为了各自的利益各怀心思，难以消除对对方的猜忌，相互间信任赤字严重。因而一旦遇到需要各国共同应对的全球性危机，各国为了维护自身短期国家利益，以邻为壑的保护主义、单边主义行为便层出不穷，这使得广泛的国家间合作愈发困难。习近平主席在"金砖国家"巴西利亚会晤上就曾经指出："令人担忧的是，保护主义、单边主义愈演愈烈，治理赤字、发展赤字、信任赤字有增无减，世界经济中不稳定不确定因素明显上升。"在所有不稳定因素中，全球治理中的国家间"信任赤字"问题越来越突出，误解、猜疑、隔阂、忌惮、担忧等成为各国共同应对全球性挑战和进行全球治理合作的主要障碍。在当下全球新冠肺炎疫情日益肆虐的背景下，"信任困境"使得各国各自为战，难以形成共同抗疫的"合力"。例如，在中国感染人数迅速上升的时候，部分国家为了自身利益限制对华口罩和医疗用品出口；而当疫情侵入欧洲和美国并在全世界全面蔓延之时，部分国家争相"截留"运往其他国家的医疗物资；在全球急需新冠疫苗之际，美国大量囤积疫苗，并限制某些关键材料出口。以上种种，都是无政府状态下各国政府由信任不足导

---

① Bentley B. Allan, Srdjan Vucetic and Ted Hopf, "The Distribution of Identity and the Future of International Order: China's Hegemonic Prospects," *International Organization*, Vol. 72, No. 4, 2018, pp. 839 - 869; Samuel P. Huntington, "The Clash of Civilizations?" *Foreign Affairs*, Vol. 72, No. 3, 1993, pp. 22-49;〔美〕塞缪尔·亨廷顿：《文明的冲突与世界秩序的重建》（修订版），周琪等译，新华出版社，2010，第 161~163 页。

致合作困境的突出体现。这不仅阻碍了国际合作抗疫的实现，也使得中国与其他国家合作供给国际公共产品的愿景难以实现。

五 中国供给国际公共产品能力限制

国家实力与国际公共产品供应能力是一国能否持续、有效地供应国际公共产品的基础因素。中国虽然在积极参与全球治理、供给国际公共产品中取得了不俗的成绩，但在供给国际公共产品过程中也暴露出硬实力不足、软实力吸引力缺乏、主导能力缺乏等问题，反映出现阶段中国提供国际公共产品的能力尚存在瓶颈。

首先，中国供给全球性公共产品的硬实力相对不足。在经济上，改革开放以来，中国经济保持高速增长势头，现已成为仅次于美国的世界第二大经济体。但受人口总量的影响，与世界发达国家相比，中国的人均生活水平和富裕程度仍相对较低，并且从经济发展的长期走势和健康指数看，中国经济也面临人口老龄化、劳动力成本上升、国内改革困难、缺乏经济新增长点等挑战。在军事方面，虽然在规模上中国一直保有一支强大军队，但从质量看，中国在网络、海空、太空、核武器等重要领域的军事技术和军事装备距离美国等发达国家仍有十几年甚至数十年的差距。此外，企业自主创新能力的不足也严重限制了中国的科技实力。与西方发达国家相比，中国企业的研发经费支出长期处于低位，由此导致中国高科技产品的国际竞争能力相对不足。

其次，中国供给国际公共产品的软实力不足。虽然中国的物质实力有了质的飞跃，但国际形象提升、理念推广与认同构建等软实力建设明显滞后于硬实力发展。当前新型全球性挑战的日益增多对全球治理理念和机制提出了新的要求，仅仅供给物质性公共产品难以有效提升和发挥中国的全球影响力，也难以满足国际社会对制度、观念类公共产品的需求。尽管党的十八大以来中国采取更加积极的态度参与全球治理进程和国际公共产品供给，推动建设"一带一路"、亚洲基础设施投资银行等国际公共产品供给平台，但"西强东弱"的传统权力格局并没有发生实质性改变，中国等新兴国家仍是国际公共产品供给体系中的"弱势群体"，在国际公共产品供给体系中的话语权和影响力仍有待提升。

综上所述，中国以前所未有的积极性主动向国际社会提供国际公共产品是中国政府践行"人类命运共同体"构想的自然逻辑延伸，也是时代赋予中国的重要使命和责任。然而，中国供给全球公共产品面临各种挑战与压力。这当中，大国博弈带来的不确定性、守成大国制度制衡、自身供给能力有限等内外部因素都增加了中国参与协调全球公共产品供给模式和提供国际公共产品的风险。

第二节　中国供给国际公共产品的选择

虽然中国越来越积极地参与全球治理和国际公共产品的供给，通过创建双边、多边机制，借助"一带一路"、亚洲基础设施投资银行等平台向国际社会提供区域性公共产品。但作为一个新兴大国，中国积极参与全球治理、分担国际公共产品供给压力的努力却一再被美国等西方国家视为对美国霸权地位和自由主义国际秩序的威胁。美国等西方国家对中国供给公共产品的消极态度（如抵制"一带一路"倡议）表明中国供给国际公共产品之路不会一帆风顺，将会不可避免地面临美国等西方国家的抵制。因此，在中美战略竞争的背景下，中国应当如何参与全球治理和供给国际公共产品，减少以美国为首的西方国家的怀疑和阻碍，是中国能否把握参与全球治理机制改革的战略机遇期的关键。中国应借助"一带一路"实践平台，依托上海合作组织、亚洲基础设施投资银行等中国推动建立的实体机构，从经济、安全、环境卫生、网络、文化观念五个层面，向国际社会提供所需的国际公共产品。

一　中国提供国际公共产品应遵循的基本原则

作为中国参与全球治理的重要实践途径，中国在供给国际公共产品过程中也需要秉持"共商共建共享的全球治理观"，遵循合作共赢、协作领导、公平平等、"积极作为、有所不为"的基本原则，向国际社会提供更具包容性和平等性的国际公共产品。

一是合作共赢的原则。"合作共赢"是党的十八大以来中国政府强调的国家间互动交往的核心原则。反映在供给国际公共产品上，中国强调"合作共赢""共享共荣"而非"零和""排他性""竞争性"的原则，以"一带一路"为平台，向国际社会提供开放性、包容性的发展类、机制规则类、价值观念类等公共产品。这与美国在亚太地区针对中国构建的美日印澳"四边联盟"、双边同盟体系、供应链网络等一系列带有强烈排他性、封闭性的"俱乐部"式的国际公共产品供给形成强烈反差。正是基于合作共赢的原则，"一带一路"倡议在实施中以开放为导向，通过加强交通、能源和网络等基础设施的互联互通建设，促进共建各国国内经济要素有序自由流动、资源合理配置和市场深度开放，开展更大范围、更高水平、更深层次的区域合作，打造开放、包容、均衡、普惠的区域经济合作架构，以此来解决周边各国普遍面临的经济增长和平衡问题。秉持合作共赢原则的"一带一路"区域性公共产品供给实践反映了中国供给公共产品的开放和包容性特点，相较亚太地区其他区域性经济合作机制具有更低的准入门槛，因此受到了亚太国家的广泛关注和欢迎。

二是协作领导的原则。从中美关系发展的现状和走势看，中美关系似乎也难逃崛起国与守成国之间激烈竞争的宿命。在国际公共产品供给领域也出现了"中美竞争"。在此背景下，中国应当继续将构建中美新型大国关系的核心精神应用于中国在地区公共产品供应体系的建设中，要向美国传达中国无意与美国争夺地区霸权和国际公共产品供给主导权的明确信号，通过协作领导的方式共同促进亚太地区公共产品供应的合理分工与合作，避免相互之间的恶性竞争。事实上，近年来中国倡导和构建的地区公共产品供给模式和实践都有意避开了美国在亚太地区供给国际公共产品的优势领域（安全）。况且中国向地区供应的经济类公共产品，在很大程度上是对当前供给严重短缺的亚太地区经济类公共产品的一种补充，受到了地区其他国家的广泛欢迎。因此，中国不能因为美国的对华发难和遏制策略陷入美国为中国布下的"领导权竞争"陷阱。相反，中国应当强调对国际公共产品供给"协作领导"的追求，通过协作方式和原则向国际社会提供他国所急需但却未能有效供给的"公共产品和服务"。同时，中国在供给国际公共产品过程中要积极倡导"包容性增长"理念，以促进国际体系成员在不同文化、不同政治体制、不同发展模式的情况下，实现更高层次的合作，达到更高水平的共同进步。

三是公正平等的原则。现有西方主导的国际秩序和公共产品供给模式往往是建立在以美国为首的少数西方国家利益之上的。例如，美国供给安全、经济、观念等类国际公共产品的目的是提升其霸权统治的合法性，维持其在国际体系中的霸权地位。尤其在安全类公共产品供给方面，美国采取的是仅向其盟友提供安全保护的排他性供给方式。与之相对，中国提供国际公共产品遵循"公正平等、一视同仁"的原则，无论国家间文化价值观是否存在差异、发展道路与制度安排是否相近，各国均可以平等地享受中国供给的国际公共产品。例如，中国在向非洲国家提供基础设施和发展经验等区域性公共产品时遵循"真实亲诚"的对非合作方针，在开展对非合作时坚持不干涉非洲国家内政，对非援助不附加任何政治条件，不以破坏生态环境为代价，遵守非洲国家当地的法律法规和地方风俗习惯。

四是"积极作为、有所不为"的原则。从全球权力分配结构变化以及国际公共产品供给体系结构调整来看，尽管中国已经是经济体量仅次于美国的世界第二大经济体，中美实力差距不断缩小，但从人均收入来看，中国仍属于发展中国家，尚不具备填补由美国战略收缩所致的"权力真空"的能力。随着中国的不断发展，中国自身面临的国内发展瓶颈和国际环境压力也会越来越大。因此，中国在供给国际公共产品过程中必须遵循"有所为有所不为"的原则，在国际事务中积极作为的同时，需要根据自身发展实际适度供给国际公共产品，避免因过度供给公共产品而战略透支，同时警惕西方国家为了自身利益而对中国进行的"捧杀"。

二 中国供给国际公共产品的路径选择

在供给国际公共产品的路径选择上，一方面，中国应当以周边地区为优先供给区域，从具有比较优势的经贸领域进行公共产品或准公共产品供给，向国际社会提供富有中国特色的、有竞争力的经济类国际公共产品；另一方面，中国也要积极拓展国际公共产品的供给领域，根据自身实际有选择地参与全球安全、环境和网络空间治理，进一步承担节能、减排、减贫的国际责任，并在培育国际制度、规则、规范性公共产品的能力上多下功夫，通过"改制"与"建制"双管齐下的方式来谋求全球治理体系的变革。下文将主要根据中国参与全球治理的不同领域，探讨中国在特定治理领域的国际公共产品供给路径选择。

（一）参与全球经济治理

向国际社会供给发展类区域性和全球性国际公共产品、完善现有全球经济治理体系是中国参与和推动全球经济治理体系改革的重要环节。中国应当积极向国际社会提供应对全球经济问题和经济治理困境的价值观念、机制规则和发展类公共产品。例如，中国在参与全球经济治理过程中相继提出"共商共建共享的全球治理观"等一系列价值观念类公共产品，对全球治理观念体系进行补充。此外，作为全球第二大经济体，中国应当顺势而为，借助"一带一路"倡议和亚洲基础设施投资银行等实体机构向共建国家提供基础设施建设、融资合作、能源开发等发展类公共产品。未来中国应当通过联合国、国际货币基金组织、世界贸易组织等重要国际组织，通过诸如 G20 峰会、东亚峰会、东盟地区论坛等多边机制向国际社会供给更多的经济类公共产品。同时，中国推动创建的"一带一路"、金砖国家新开发银行和应急储备基金、亚洲基础设施投资银行等新的国际发展机构和平台，也是推进全球经济治理和供给经济类公共产品的新路径。除了上述机制类和发展援助类物质性公共产品，中国还应努力向国际社会提供全球治理体系的改革方案，全球经济治理的制度、规范、观念等非物质性公共产品，为推动全球治理体系改革贡献中国方案和中国智慧。[①] 鉴于新兴国家在很多现有国际经济合作机制中的制度话语权缺失和不足的现状，在维持现有体系稳定发展的基础上推进全球经济治理体系改革成为包括中国在内的新兴国家的现实需求。在传统全球经济治理机制的改革步伐远远落后于世界政治经济发展的现实这一背景下，中国应当扮演引领者角色，倡导构建一系列国际机制和规则，为供给经济类公共产品搭建平台。这不仅有助于形成改革现有全球经济治理体系的推动力量，也能在一定程度上弥补现有体系的不足。

（二）参与全球安全治理

当前国际局势总体趋于和平，但核危机、恐怖主义、网络安全危机等

---

① 庞中英、刘敬文：《G20 与全球经济治理转型》，《当代世界》2016 年第 8 期，第 10~11 页。

传统和非传统安全问题依然存在，威胁着地区和全球的安全。中国作为国际社会中的负责任大国，应当积极参与全球安全治理，向国际社会尤其是周边地区供给安全类公共产品。但我们需要面对的现实是，美国在亚太和整个世界范围内的安全类公共产品供应的比较优势仍然非常明显，且作为公共产品消费者的地区各国事实上也更愿意为维持美国霸权现状贡献力量，尤其是当它们对中国发展战略意图的不确定的担忧增加的时候。① 在此背景下，中国政府应该尝试从美国供给安全类公共产品覆盖不到或供给不足的领域进行突破。例如，积极参与朝鲜核危机等问题解决进程，并在其中发挥协调的关键作用。在促进朝鲜半岛无核化进程方面，中国应该继续倡导"双轨并行"思路和"双暂停"倡议，致力于缓和半岛紧张局势、推动各方重回谈判桌前进行接触对话，并以此强化中国在处理朝核问题上的重要协调者角色。此外，中国应该加强与周边国家的安全合作，与有关国家合力应对传统安全、恐怖主义、网络安全、公共卫生、难民等方面的全球性挑战。在此进程中，中国需要突破过去单纯提供安保、援助的传统安全类公共产品供给模式，尝试在人类命运共同体和新安全观的理念下深入推进应对各类安全议题和问题的安全机制和安全治理理念的构建，与各国共同搭建制度化的观念内化的安全治理体系，从而更有效地供给安全类公共产品，保障全球安全领域的可持续安全。在供给安全类国际公共产品的路径上，中国应当侧重以多边安全合作和大国协作两种方式维护地区和国际安全，提供安全类公共产品。

一是中国要坚持以多边安全合作方式供给安全类公共产品。为了实现区域国家共同供给、共同消费的目标，中国应该将多边安全合作作为供给安全类公共产品的最重要方式。尤其是在中国周边地区，多边主义对地区安全合作有重要的意义，有助于亚太各国安全互信的构建，有助于东亚安全规则集体认同感的形成。从公共产品的视角看，"多边主义趋向于使安全成为非排他性的物品"②。中国应当将与亚太国家共同构建安全合作机制

---

① 潘亚玲：《应对霸权衰落：美国中长期战略前瞻》，《美国研究》2013年第2期，第57~58页。

② 〔美〕斯蒂夫·韦伯：《构建战后均势：北约中的多边主义》，选自〔美〕约翰·鲁杰主编《多边主义》，苏长和等译，浙江人民出版社，2003，第271页。

（集体安全机制）作为供给安全类公共产品的主要方式。一方面，中国要与周边国家共同构建正式的多边安全合作机制，共同应对地区安全热点问题。另一方面，中国应当鼓励和推进"第二轨道"的安全合作与交流，让各国具有官方背景的学者参与非官方互动，为建立正式安全合作机制提供智力支持。

二是提高应对全球性传统与非传统安全挑战的大国协调和协作能力，通过大国协商共同管控分歧和应对挑战。大国在全球安全治理中发挥着举足轻重的作用，维持着全球安全类公共产品的供给体系的稳定运行。目前全球安全治理中的大国协作机制发展相对滞后，美国主导的双边同盟安全架构已经无法满足国际社会对安全类公共产品的需求，因此中国应该通过新型大国关系的构建，推动中国与美国等其他大国合作供给安全类公共产品，以有效应对全球气候变化、突发公共卫生危机等严峻全球性挑战。虽然中美之间存在的结构性矛盾使得全球治理中的大国合作面临诸多困难，但在全球性挑战对人类生存发展带来的严重威胁面前，在包括中美在内的世界各国之间均存在必须合作应对全球性威胁的共同利益。这为中国践行新型大国关系，与美国协同管控分歧、合作供给安全类公共产品提供了新的契机。以中美协作为中心，中国可以推动构建保障共同安全与综合安全的国际协作体系，从而构建大国协作式的安全类公共产品供给模式。

（三）参与全球网络空间治理

鉴于当前国际社会对网络空间治理的关注和参与程度严重不足，现有全球网络安全治理制度安排和治理理念不能有效地应对层出不穷的全球网络安全问题。中国作为世界网民人数最多的网络大国，应当承担起全球网络安全治理的责任，向国际社会贡献网络安全治理的中国智慧和中国方案。中国应当向国际社会供给观念、制度和技术类网络安全公共产品。在观念层面，中国政府应当继续向世界传递中国网络安全治理的理念与思想。

具体而言，中国应从三个方面进行全球网络安全治理理念的倡导。一是要尊重各国在网络安全体系中的主权。中国政府应当向世界强调网络主权关乎国家安全、网络主权等同于国家主权的重要意义，倡导各国在尊重网络主权的基础上进行多边网络安全合作。二是在保证网络自由的同时维护网络空间秩序。无论是在国内还是在全球范围内，网络安全治理必须在有序的秩序轨道上进行。这要求中国积极推动国际网络秩序的构建，如向联合国提交"信息安全国际行为准则"、签署《国际电信规则》等。[①] 在供给制度和技术类网络安全公共产品方面，中国首先要提高互联网核心技术水平，以应对网络安全问题对核心技术的更高要求。正如习近平主席所指出的，"保障互联网安全、国家安全，就必须突破核心技术这个难题，争取在某些领域、某些方面实现'弯道超车'"[②]。其次，中国要加强在网络安全治理领域同各国政府和企业层面的合作。网络安全治理需要世界各国的共同参与才能构建安全的网络运行秩序。中国需要积极通过国际社会进行合作和交流，在网络基础设施、核心技术、网络国际规则制定等领域建立联系。三是要提升在全球网络安全治理中的国际话语权和规则制定权。话语权和规则制定权关系着中国在全球网络安全治理中的地位。为此，中国应当在国际平台上勇于发声，阐明中国特色的网络空间治理理念和模式；同时，积极参与和制定合理有效的议程并付诸实践，提升中国网络安全话语权和议题倡议的国际认可度。

（四）创新全球治理理念

中国还应向国际社会积极提供优质的文化、观念和思想类公共产品。中国传统文化中"和谐共生、合作共赢"的核心内涵对于各国共同应对全球性挑战具有普遍意义和重要的指导价值。中国政府应当在政府层面、民间层面积极推动人类命运共同体、全球治理观、新型国际关系等中国特色国际治理理念的海外传播与认同构建，让越来越多的国家理解和接受中国的治理理念和方案。具体而言，中国政府应当继续坚持向国际社会提供政治、经济、安全、文化、生态五位一体的国际理念公共产品。在经济上倡导"合作共赢"理念，推动世界均衡发展、共同繁荣；在政治上倡导国家之间在相互尊重的基础上平等协商，充分尊重各国的主权独立、领土完整，

---

① 鲁传颖：《互联网发展的四个阶段与美国的战略》，上海国际问题研究院，2016 年 11 月 30 日，http：//www. siis. org. cn/Research/Info/3869。

② 习近平：《在网络安全和信息化工作座谈会上的讲话》，《人民日报》2016 年 4 月 26 日，第 2 版。

以及自主选择发展道路的权利；在安全上倡导各国坚持共商共建共享原则，坚决摒弃冷战思维和强权政治，努力超越零和博弈和安全困境，以共同、综合、合作和可持续的安全观来缔造长久和平，实现普遍安全；在文化上倡导不同文化间交流互鉴，以文明对话超越文明傲慢，以文明共存取代文明对抗，以文明互鉴化解文明冲突，推动不同文明之间的相互理解、和合共生；在生态上倡导追求人与自然的和谐相处，呼吁大力加强环境治理，合作应对气候变化，共同保护人类赖以生存的地球家园。中国政府基于传统文化价值理念提出的全球治理理念，为建设一个"持久和平、普遍安全、共同繁荣、开放包容、清洁美丽"的世界、应对日益严峻的全球性挑战提供了独特的文化和价值理念支撑，是中国为世界提供的思想性公共产品。以应对当前全球蔓延的新冠肺炎疫情为例，中国倡导国际社会秉持人类命运共同体理念，在应对全球突发公共卫生事件上进行广泛且深入的国际合作，在世界重大疫情防控、治疗等关键环节充分展示了中国智慧、贡献了中国方案，得到世界卫生组织以及国际社会的高度肯定和认可。这说明具有中国文化特质的国际理念已经走向世界，成为全球性的观念类公共产品。未来中国应当继续推动中国国际理念的海外传播和认同构建进程，在国际理念海外传播中秉持开放的心态，不回避与其他文化的碰撞和交流。从公共产品供给角度看，中国向国际社会传播"人类命运共同体"这一具有共同价值的全球治理理念的过程，实际上也是在向国际社会提供目前世界动荡格局下急需和稀缺的观念类公共产品。

三　中国提升国际公共产品有效供给能力的策略建议

（一）在供给国际公共产品过程中要对各类现实风险进行评估和规避

以"一带一路"为核心的创新性国际公共产品供给尚处于起步阶段，且共建国家和地区存在地缘、政治、经济、环境等不确定性风险，需要中国政府在具体政策实施前进行风险评估，避免由风险评估不足导致的供给失败情况。首先，中国需要谨慎应对大国竞争带来的全局性战略挑战。在中美战略竞争加剧的背景下，中国在亚太地区进行国际公共产品供给的实践势必会冲击美国主导的亚太地区公共产品供给结构，并引发美国的相应反制措施。因此，中国未来在供给具有自身特色的国际公共产品过程中必须充分评估中美结构性矛盾所带来的可能性风险与压力，及时评估由域外大国干预、遏制带来的不确定风险。其次，中国政府需要对公共产品供给目标国家的国内风险进行评估。以"一带一路"倡议为例，共建国家的内部风险外溢对"一带一路"倡议实施的影响也应引起重视。① 在共建国家中，一些国家在政治、经济、文化、宗教、社会发展等方面存在诸多不稳定和不确定的风险，如进行基础设施建设和经济合作过程中发生的政治事件、交易矛盾等。这就需要中国在与其他国家合作时全面评估投资环境和投资风险，避免由风险评估不足导致的投资失败和投资受阻。

（二） 通过大国协调应对国际公共产品供应中的"中美竞争"

随着中美结构性矛盾导致的贸易和技术领域的竞争冲突的日益加剧，中美两国在亚太地区国际公共产品供给主导权上的竞争也日趋激烈，导致亚太地区安全和经济类公共产品供给出现互不兼容甚至相互排斥的状况。同时，中美亚太地区主导权竞争亦造成东亚地区各种合作机制和规则之间相互竞争和掣肘，使区域经济和安全类公共产品的供给能力和效率不升反降。② 为避免中美两国深陷亚太地区公共产品竞争的困境，中国应在承认现有地区公共产品供给结构框架的基础上，与美国展开对话和协作，促使美国承认、接受并有意识地巩固这一分工合作架构并推动其朝更为公正、合理的方向发展。③ 同时，中国在供给国际公共产品时需要将"不冲突不对抗、相互尊重、合作共赢"的新型大国关系、"人类命运共同体"理念应用于中美在地区公共产品供应体系的建设中，推动亚太地区公共产品供应的合理分工与合作，避免相互之间的恶性竞争。就具体措施而言，中国需要与美国就潜在的公共产品供应体系的改革调整进行讨论，包括是否接纳更多的潜在供应方（如日本、韩国、东盟）加入这一供应体系，以确保亚太

---

① 王帆、凌胜利：《人类命运共同体——全球治理的中国方案》，湖南人民出版社，2017，第93页。

② 高程：《中美地区公共产品供给影响东亚秩序走向》，《中国社会科学报》2014年6月27日，第A6版。

③ 张春：《国际公共产品的供应竞争及其出路——亚太地区二元格局与中美新型大国关系建构》，《当代亚太》2014年第6期，第67页。

地区公共产品供应体系的稳定性、合理性和兼容性。当然，就目前形势来看，中美在亚太地区公共产品供给竞争的态势未见缓和迹象，但如果中美两国以供给公共产品效用最大化为考量，中美双方协调合作供给公共产品是符合两国和周边消费国共同利益的最佳选择。

（三）基于自身比较优势选择性供给国际公共产品

从公共产品的供给端视角来看，每个国家在供给公共产品时都有自身的供给局限与比较优势，因此中国需要在供给公共产品时遵循"有所为有所不为"的原则，基于自身供给国际公共产品的比较优势进行选择性供给。[①] 提供大量国际公共产品往往需要强大的经济实力作为支撑，而维持稳定的国际公共产品供给将会给供给国造成巨大的经济压力。当前，中国仍然是一个发展中国家，人均 GDP 与发达国家相差甚远，面临加快产业结构优化升级、提高科技创新能力等重大发展任务。因此，在提供国际公共产品上，中国需要结合历史和现实、世界局势和国家能力进行系统分析和综合权衡，既积极作为，也有所不为，防止让提供国际公共产品的国际责任和国际期待成为中国不能承受之重，警惕某些国家为了自身利益而对中国进行"捧杀"。除了要客观认识中国供给国际公共产品的有限能力，我们也要看到国际公共产品供求体系的新变化及其为中国供给公共产品带来的战略机遇。虽然当前国际公共产品的供给结构仍然由美国等西方国家所主导，但随着中国供给公共产品意愿和能力的提升、美国供给公共产品意愿的下降，国际公共产品供给结构正在发生变化。中国应当密切跟踪地区和国际公共产品供应结构的变化趋向和特征，从变化中寻找中国供给国际公共产品的优势领域。具体而言，中国和美国作为在地区和国际公共产品供应中的主要供给方，受国家供应意愿和供应能力、消费者判断的影响，中美两国供给公共产品的比较优势处于动态变化之中。中国政府需要密切跟踪这一比较优势结构的变化，才能明确自身在国际公共产品供应上相对于美国等其他大国的优势和劣势，并准确判断其他供应方的可能反应，从而突出

---

① 张春：《国际公共产品的供应竞争及其出路——亚太地区二元格局与中美新型大国关系建构》，《当代亚太》2014 年第 6 期，第 59 页。

比较优势，实行差异化供给策略。①

鉴于中国作为发展中国家仅具有有限供给国际公共产品的能力，中国应该根据国际社会需求与自身优势确立供给公共产品的轻重缓急顺序，方可实现效用最大化。② 具体而言，中国应当据此优先供给基础设施建设、发展经验以及新兴技术领域的新型国际公共产品。第一，在基础设施建设方面，中国拥有相较于他国的技术优势与成本优势，在供给基础设施类公共产品上优势明显。一方面，中国的大型基建技术处于世界领先水平，建设大型工程的经验丰富。另一方面，中国的技术成本与劳动力成本偏低，向外输出大规模基础设施建设模式的比较优势明显。第二，中国经济高速发展的经验可以作为一种理念类公共产品向发展中国家推广，为其经济发展提供参照。中国不仅具有世界大国和发展中国家的双重身份，也几乎同时经历了工业化阶段和后工业化阶段，这种阶梯式发展与复合身份的并存使中国具备了不同于西方崛起进程的独有经验。这些发展经验可以为广大发展中国家的经济发展提供宝贵启示。第三，在互联网、人工智能、大数据等新兴技术领域，中国供给国际公共产品的潜力巨大。2017 年《互联网趋势》报告指出，中国通过其巨大的网民数量与勃兴的互联网相关产业将重塑全球互联网生态结构，为互联网空间治理带来机遇和挑战。中国巨大的人口规模与广阔的市场，将深度塑造全球数字经济与互联网消费。鉴于网络安全公共产品的供给缺口巨大以及中国规模庞大的互联网人口和资源，中国应当积极推进习近平主席关于"世界各国应共同构建网络空间命运共同体"的倡议，积极推动全球网络安全治理合作进程，通过协商对话的方式建立起多边框架规则，以此为基础来开展合作，维护国际网络安全。③

（四）增加应对新型全球性挑战的国际公共产品供给

当前，全球气候变化、全球性传染病蔓延等新型全球性非传统安全挑

---

① 张春：《国际公共产品的供应竞争及其出路——亚太地区二元格局与中美新型大国关系建构》，《当代亚太》2014 年第 6 期，第 72 页。

② 曹德军：《论全球公共产品的中国供给模式》，《战略决策研究》2019 年第 3 期，第 3 页。

③ 《努力推动构建网络空间命运共同体——习近平主席致第六届世界互联网大会贺信引起热烈反响》，新华网，2019 年 10 月 20 日，http://www.xinhuanet.com/2019－10/20/c_1125128992.htm。

战日益凸显，国际社会在应对新型全球性挑战时暴露出全球治理领导力缺失、非传统安全类公共产品供给赤字等问题，全球协调共治能力不足的痼疾暴露无遗。中国应当把握时机，提高供给应对新型全球性挑战的国际公共产品的能力。例如，在应对百年不遇的全球性新冠肺炎疫情时，传统国际公共产品供给国家（美国和西欧各国）大多采取了隔岸观望、各自为战的应对方式。西方国家以邻为壑、各自为战的举措一方面削弱了国际社会在卫生防疫领域的合作和全球治理的根基，另一方面也为中国参与领导全球公共卫生治理，供给非传统安全类公共产品提供了历史机遇。中国应当以此为契机，以"人类命运共同体"理念倡导国际社会积极合作，共同应对全球性疫情的挑战，并在经验分享、规则制定、议题设置等方面为世界提供应对全球性公共卫生危机的国际公共产品。

（五）根据"消费方需求"调整供给策略

除了要适时关注国际公共产品供给结构的变化，中国政府亦需要了解和评估公共产品消费方对中国所提供的国际公共产品的态度和认知的变化。一般而言，公共产品消费方对公共产品供应的比较优势结构的变化最为敏感，同时其反应或态度又会反过来塑造各公共产品供应方之间的关系，并使之根据消费方需求调整供应策略以赢得公共产品供给的"竞标"。[①] 例如，作为消费方的亚太地区各国面对中美公共产品供给竞争局面多采取了"两面下注"的对冲战略，形成了事实上的"经济上依赖中国、安全上依赖美国"的亚太地区公共产品供求二元格局。这说明中国在供给国际公共产品时不仅面临供给方的竞争，也受到消费方选择偏好的影响。从供给方与消费方互动关系视角看，只有当中国供给的公共产品得到消费方的认可时，中国供应国际公共产品的努力才具有实际意义。同理，当中国供给的公共产品遭遇消费方的"搭便车"、无视甚至抵制时，就需要反思自身供应公共产品的类型是否具有优势，自身供应的公共产品是否符合周边国家的需求或自身的供应方式是否存在策略性的失当。一旦根据公共产品消费方的反馈发现问题，中国就需要及时调整供给策略以保持供给公共产品的竞争力。

---

① 张春：《国际公共产品的供应竞争及其出路——亚太地区二元格局与中美新型大国关系建构》，《当代亚太》2014年第6期，第72页。

本章小结

本章基于新时期中国供给国际公共产品的原因和现状分析，主要论述并回答了中国在供给国际公共产品过程中面临什么样的挑战、未来应提供什么样的国际公共产品以及如何提供国际公共产品的问题。第一，中国在供给国际公共产品过程中面临体系和单元层面的不确定性、全球治理观念竞争与"意识形态壁垒"、守成大国制度制衡等方面的严峻挑战。第二，中国应以"一带一路"、亚洲基础设施投资银行等多边机制为平台，积极向国际社会提供发展类、机制规则类、安全类和价值观念类国际公共产品，有效缓解当前国际公共产品供求体系的供给困境。第三，为了增强中国有效供给国际公共产品的能力，中国在供给国际公共产品过程中，应积极推进实施对各类现实风险进行评估和规避、通过大国协调应对国际公共产品供应中的"中美竞争"、基于自身比较优势选择性供给国际公共产品、增加应对新型全球性挑战的国际公共产品供给以及根据"消费方需求"调整供给策略等对策措施。

总之，面对复杂多变的国际局势，中国在国际公共产品的供给实践中，要把握好自身有限供给能力与国际社会对公共产品多样化需求之间的平衡，明确自身在国际公共产品供给体系中的角色定位，统筹好国内国际两个大局，优化供给策略，实现供给效用的最大化。只有这样，中国才能持续有效地为世界提供更多需要的国际公共产品，才能更加积极地维护和获取正当的国家利益。

第六章　案例分析:"一带一路"
国际公共产品供给

　　在经济全球化的大背景下,不同国家和区域间的合作越来越频繁。2013 年,习近平主席提出"一带一路"倡议,中国开始主动向国际社会提供跨国或跨区域的公共产品,受到了共建"一带一路"国家的广泛赞誉。"一带一路"作为中国向周边国家供给国际公共产品的重要平台,能够向国际社会提供其需要的基础设施建设、融资投资机制、共同发展的治理理念等物质和非物质层面的国际公共产品。这一平台的建立既可以改善由美、日、欧经济停滞、供给意愿下降所导致的国际公共产品供给不足的困境,又可以推动区域各国经济合作和发展战略的对接与耦合,提升中国与周边地区经济一体化的程度。但同时,中国"一带一路"国际公共产品的供给并非易事,面临大国公共产品供给竞争、共建国家内部风险、认同不足等挑战。中国需要认识到在原有西方主导的公共产品供给体系下推广中国模式和理念的难度,审视"一带一路"倡议实施过程中的问题,妥善处理好具体实践中诸多复杂要素的相互平衡问题,在供给公共产品过程中不断进行优化调整。①

---

① 黄河:《公共产品视角下的"一带一路"》,《世界经济与政治》2015 年第 6 期,第138 页。

第一节 "一带一路" 国际公共产品的
属性与模式

2013 年 9 月和 10 月，中国国家主席习近平在出访中亚和东南亚国家期间，先后提出共建"丝绸之路经济带"和"21 世纪海上丝绸之路"的重大倡议。"一带一路"倡议提出以来，以点带线、由线带面，扎实推进，取得了丰硕成果。"一带一路"作为区域集体行动的中国智慧和方案结晶，是否具有国际公共产品的属性？"一带一路"与传统国际公共产品相比在产品属性上又具有哪些新的特点？下文将对上述问题予以阐释。

一 作为国际公共产品的"一带一路"倡议：属性与特征

从国际公共产品的定义来看，英吉·考尔等人将全球或国际公共产品定义为"收益扩展至所有国家、群体及世代的产品"[1]。但考尔等人指出上述定义的要求太过于严格，几乎没有产品能够满足，因此，他们认为当一国提供的跨国公共产品或服务能给世界上一部分国家带来收益，并对人口群体或世代不偏不倚，那么该产品就符合国际公共产品的条件。曼瑟尔·奥尔森等人也提出，国际公共产品具有非排他性和非竞争性的特点，是成本和收益超越单一国家边界、跨越不同世代、超越不同人群的共享产品。[2]斯科特·巴雷特进一步指出，国际公共产品可以带来非排他性和非竞争性的收益。其一旦被提供，所有国家就都有机会享用国际公共产品；而且任何国家都不可以影响其他国家的享用机会。当供给成功时，世界各地的人们都将从国际公共产品中受益。[3]

由此可见，"一带一路"倡议及其实践是否可以划入国际公共产品范畴，需要满足三大要求：一是非竞争性，所有主权国家都可以消费并供给；

---

① 〔美〕英吉·考尔等编《全球化之道——全球公共产品的提供与管理》，张春波、高静译，人民出版社，2006，第 86 页。

② Mancur Olson, "Increasing the Incentives for International Cooperation," *International Organization*, Vol. 25, No. 4, 1971, pp. 866-874.

③ 〔美〕斯科特·巴雷特：《合作的动力——为何提供全球公共产品》，黄智虎译，上海人民出版社，2012，第 1 页。

二是非排他性，所有主权国家都可以享受其收益；三是可持续性，即公共产品提供国是否具有持续性供给国际公共产品的能力。以上述三个指标衡量，中国政府推动的"一带一路"倡议及其实践具有明显的国际公共产品属性。除此之外，"一带一路"是中国向国际社会提供的开放、包容、互利、共赢的公共产品形态，具有很强的正外部性特征以及互惠的特性。①

（一）"一带一路"倡议的非排他性和非竞争性特征

"一带一路"倡议作为中国为解决周边国家区域性公共问题所提供的国际公共产品，具有消费的"非竞争性"和受益的"非排他性"两大主要特征。作为典型的区域性国际公共产品，"一带一路"的非竞争性表现在：要与共建各国建立一种互惠型的经济合作关系，不设定特别的惠及对象，有意愿参与的国家和国家集团均可参与其中，收益和优惠能够惠及所有相关国家，且该收益和优惠不会因参与国家数量的增加而被削减。事实上，更多国家和组织（既是建设者也是消费者）的参与不仅没有影响"一带一路"作为国际公共产品的供给数量和质量，反而形成了聚合效应，提升了成员间合作的成效。

非排他性表现在："一带一路"建设及其之后提供的一系列区域性国际公共产品是面向国际社会全体成员开放的，不仅不会排斥共建国家参与使用，而且鼓励非共建国家共同参与建设和完善。2015 年 3 月国家发展改革委、外交部、商务部联合发布的《推动共建丝绸之路经济带和 21 世纪海上丝绸之路的愿景与行动》明确指出："'一带一路'相关的国家基于但不限于古代丝绸之路的范围，各国和国际、地区组织均可参与，让共建成果惠及更广泛的区域。"② 在具体实践中，中国在吸纳"一带一路"成员时不设置"排他性"准入门槛，此举吸引了越来越多的国家加入"一带一路"倡议。截至 2021 年 1 月，中国与 171 个国家和国际组织，签署了 205 份共建"一带一路"合作文件，远远超出"一带一路"沿线辐射国家的范围。另

---

① 陈明宝、陈平：《国际公共产品供给视角下"一带一路"的合作机制构建》，《广东社会科学》2015 年第 5 期，第 9 页。

② 《授权发布：推动共建丝绸之路经济带和 21 世纪海上丝绸之路的愿景与行动》，新华网，2015 年 3 月 28 日，http://www.xinhuanet.com//world/2015-03/28/c_1114793986.htm。

外，"一带一路"倡议不仅致力于为共建国家提供区域性国际公共产品，促进地区经济深度一体化，还通过加强国家间的长期合作，加速推动地区和世界经济一体化进程，在全球卫生治理、经济治理等方面为全球性问题的解决提供了新的思路和方案，因此，"一带一路"倡议的发展具有了一定程度的"公共性"和"正外部性"的特征。综上可见，"一带一路"建设所提供的公共产品和服务具有明显的受益非排他性和消费非竞争性特征，任何国家、地区和国际组织都可自由参与其中，享受"一带一路"带来的共建成果和收益，真正实现利益的国际共享。

（二）"一带一路"倡议具有可持续性

国际公共产品的持续供给需要供给国强大的实力作为支撑。目前中国已经成为仅次于美国的世界第二大国，中国国内超大规模经济的外溢效应可以为向周边地区供给发展类公共产品提供强有力的财力、物资、技术等支撑。作为世界人口大国，中国巨大的人口规模必然产生相应的规模经济，进而产生经济外溢效应，成为源源不断支撑"一带一路"建设的内在保障。同时，中国倡导建立的亚洲基础设施投资银行也可为"一带一路"建设调动和筹集资金，推动储蓄向实体投资转化。亚太地区平均每年基础设施投资需求达8000亿美元，亚洲基础设施投资银行可以借助"丝路基金"平台，通过发行债券、概念股、公募基金、保险等各类资产证券化的金融创新方式释放共建国家金融投资潜力。[①]"一带一路"实施几年来的实践表明，中国国力与影响力的稳步上升、国际社会大部分国家和国际组织对"一带一路"的理解和认同为中国通过"一带一路"平台持续供给高质量公共产品提供了坚实的物质基础和情感支持。

（三）"一带一路"倡议独具中国特色

"一带一路"倡议作为中国向国际社会提供的新型国际公共产品，实现了国际公共产品供给的理念、模式、项目等方面的创新和突破，既具有国际公共产品的非竞争性、非排他性、可持续性等共性特征，又兼具鲜明的

---

① 赵钊：《亚投行是"一带一路"战略的重要支柱》，《国际融资》2015年第5期，第26页。

中国特色、中国风格、中国气派。在理念创新上，"一带一路"秉持"合作共赢"的外交理念，以构建人类命运共同体为最终目标。在这一战略目标指引下，中国相继提出了互信、互利、平等、协作的新安全观，互利共赢的经济发展观，亲诚惠容的周边外交理念，共商共建共享的全球治理观以及美美与共的文明观。这些观念既是中国向国际社会提供的精神层面的国际公共产品，也体现了中国关于国际公共产品的重要理念创新。

在供给模式创新上，中国作为"一带一路"的主要倡导者，实际上为各国提供了一个对话平台，在有需要的时候可以为各国提供必要的资金、技术乃至政策与政治支持，推动各方共同实现互联互通的宏大目标。这种既重视国家间深度双边合作，又兼顾一定区域内数个国家围绕某一领域和主题的多边合作机制的双边与多边合作相结合的形式，是中国供给国际公共产品的模式创新，相较原有西方国家供给的公共产品更具开放性和包容性。在项目创新上，"一带一路"倡议根据共建国家和地区发展相对落后的实际情况，将基础设施互联互通作为供给公共产品的突破口，进而逐渐拓展到政治沟通、安全合作、经贸金融合作、文化教育合作等领域，充分展现其综合性和系统性的特征。

总之，无论从学理意义还是从现实发展来看，"一带一路"倡议都属于中国向国际社会供给的具有中国特色、旨在推动中国与周边国家共同发展的全方位、系统性的国际公共产品。

二　比较视角下"一带一路"国际公共产品的供给模式创新

"一带一路"作为典型的区域性国际公共产品，在供给模式上与欧盟、美国的超国家权威与霸权国主导的单边供给模式和东盟国家依靠地区机制的多边合作供给模式均有所区别。在与这三种现有常见区域性公共产品供给模式的比较下，我们可以更好地了解和认知"一带一路"国际公共产品供给模式的特点和内容。

（一）现有区域性公共产品的供给模式

与全球性公共产品供给相比，区域性公共产品供给范围较小且相对确定，成本和收益清晰，因而各国更容易就区域集体行动达成共识。但供给国际公共产品需要耗费巨大的国力，有意愿提供国际公共产品的国家相对较少，同时，国际体系因无政府状态而缺乏在监督和控制上具有强制力的合法性主体，因此区域性公共产品的供给依旧不能完全克服"搭便车"和"集体行动困境"问题。在特定地区的区域性公共产品由谁来供给，这一主体又如何实现有效供给的问题上，欧盟、美国和东盟的区域性公共产品供给实践提供了三种不同类型的公共产品供给模式和经验，对中国供给国际公共产品具有很高的借鉴价值。

就欧盟供给区域性公共产品的模式来看，自1993年欧盟成立以来，就明确以契约的形式将欧洲国家联结在一起，建立起了超越主权国家权威的"统一权威"——欧盟。欧洲内部的多边经济、安全合作均统一于欧盟这一"统一权威"下。欧洲地区在地区合作和区域性公共产品供给上也一直遵循着欧盟"统一权威"领导下的多边经济和安全合作模式，"欧洲地区成员成功地通过契约建立了在公意基础上的超主权国家共同体，它所衍生的各种多边合作机制和规则对区域内主权国家的行为形成有效的约束，从而满足了成员国对区域公共产品的需求"[①]。但这种将超国家机构作为地区统一权威的多边合作供给模式，需要建立在欧洲特有的文化价值理念和长期互动中形成的历史惯习基础上，依赖于"欧洲在漫长的历史演变中形成的均势格局及其理念，特别是其背后各国在安全、政治和经济领域对称的相互依赖关系"[②]。这说明要想维持统一权威式的区域性公共产品供给模式，至少要具备两个条件：一是区域内成员国没有一个超强国家作为无争议的地区权威（类似美国），大部分成员国具有相似或差别不大的国家经济实力和政治环境；二是区域内成员国需要具有共同的价值观和文化背景，能够遵循共同的行为准则。但这一模式的适用范围较窄，不适用于国家发展和实力参差不齐的亚非拉地区。

与欧洲以超国家权威为中心，通过各国以契约为基础的认同实现有效供给不同，北美地区的区域性公共产品、亚太地区的区域性安全类公共产

---

① 高程：《区域公共产品供求关系与地区秩序及其变迁——以东亚秩序的演化路径为案例》，《世界经济与政治》2012年第11期，第10页。

② 高程：《区域合作模式形成的历史根源和政治逻辑——以欧洲和美洲为分析样本》，《世界经济与政治》2010年第10期，第48页。

品主要依靠霸权国美国独立进行供给。美国相对于地区他国的绝对优势地位使其能实现有效供给，这是全球层面的"霸权稳定"逻辑在地区层面上的实践延续。这种单边主导供应式的霸权供给模式是建立在吉尔平提出的"霸权稳定论"的理论基础之上的。美国提供区域性公共产品的霸权供给模式有赖于美国在地区经济或安全领域垄断性的产品资源，进而通过提供这一资源满足受援助国的紧迫需求，最终获得受援助国对美国霸权的支持和认可。在霸权供给模式下，美国是区域性公共产品的唯一提供者，因而也就掌握了生产何种公共产品、如何生产以及产品由谁来消费的话语决定权和议程设置权。虽然霸权供给模式赋予公共产品提供者极大的权力，但由于这一模式相当依赖公共产品提供者的供给能力和供给意愿且仅能维系区域内少数成员的供给需求，一旦供给国降低供给水平，整个区域性公共产品供应链就会断裂。

除了以欧盟和美国为代表的超国家权威与霸权国供给模式，以小国集团（国际组织）为主导的多边合作供给模式也是区域性公共产品供给的重要模式。在多边合作供给模式中，一国既可能是公共产品的提供者，在供给过程中居于主导地位；也可能是参与者，在多方主体的参与下完成本国的供给任务。这一供给模式多基于国际组织或国际机制得以实现。例如，东南亚国家依托"东盟"这一国际组织进行联合行动，实现了对东南亚地区公共产品的有效和持续供给。同时，东盟也借助《东南亚友好合作条约》、东盟地区论坛、东盟"10+3"机制、东盟主导发起的《区域全面经济伙伴关系协定》（RCEP）等一系列经济、安全合作倡议和机制为提供区域性安全和经济类公共产品搭建了重要的供给平台。东盟多边合作供给模式符合中国政府所倡导的"多边主义"全球治理理念和模式，对中国在亚太地区供给区域性公共产品有参考价值。但由于东盟供给公共产品的模式是基于其小国集团的国际组织定位提出的，中国作为具有世界影响力的大国，在设计和制定"一带一路"区域性公共产品供给模式上与"东盟模式"也有所不同。

（二）平等参与下的"多边合作供给"："一带一路"公共产品供给模式

上文提到的欧盟、美国和东盟区域性公共产品供给模式为"一带一路"

倡议实施提供了重要的借鉴和参考。但考虑到"一带一路"倡议作为区域性公共产品，在供给主体、供给对象、成本承担、共建国家具体情况等方面的差异，中国必须在原有模式基础上积极开创平等参与下的"多边合作供给"的区域性公共产品供给新模式。

"一带一路"采取了中国与共建国家相互合作、协商供应区域性公共产品的"多边合作供给"模式，原因如下。一方面，"一带一路"地跨亚欧非三洲，沿线辐射国家和地区众多。这使得地区内包括中国在内的任何国家都没有足够的经济剩余和政治力量承担区域性公共产品供给的全部成本，其无法由一国主导和单独进行供给。另一方面，与欧洲国家间相似的文化背景、地理位置和政治体制和社会发展程度不同，"一带一路"沿线辐射国家不仅在文化、宗教、价值理念上差异显著，各国间的发展程度、环境和历史也迥然有别，这使得沿线辐射国家很难形成集体认同并愿意让渡部分主权进行合作。因而，要想在现有国家间差异显著、涉及国家众多的区域内实现"一带一路"公共产品的有效供给，就必须适应地区特殊情况进行供给模式和理念上的创新，解决区域性公共产品应该由谁供给，以及如何实现供给的问题。中国给出的答案是采取各国间平等协商、共同参与供给、根据各国情况选择针对性供给策略的"多边合作供给"模式。中国在倡导"共商共建共享"的全球治理原则的基础上，倡导区域性公共产品的供给主体以平等参与的"共商"代替"统一权威"的强制，从而使各国在平等自愿的前提下，根据本国国力和需求分摊"共建"的公共产品成本，根据各自的比较优势最大化地提升区域性公共产品的供给效率和效果。①

2015年，由中国国家发展改革委、外交部和商务部联合发布的《推动共建丝绸之路经济带和21世纪丝绸之路的愿景与行动》明确指出："共建'一带一路'的途径是以目标协调、政策沟通为主，不刻意追求一致性，可高度灵活，富有弹性，是多元开放的合作进程。中国愿与沿线国家一道，不断充实完善'一带一路'的合作内容和方式，共同制定时间表、路线图，

---

① 刘雪莲、李晓霞：《论"一带一路"区域性公共产品的供给创新》，《阅江学刊》2017年第5期，第14页。

积极对接沿线国家发展和区域合作规划。"① 这表明，中国政府在综合考量自身实力和区域内各国特征的基础上提出的"一带一路"区域性公共产品供给模式既不会设定一个类似欧盟的"统一权威"，也不会通过建立"国家间联合"的国际组织来进行供给。中国是在各国平等参与、共同协商的基础上发挥"引领而非主导、控制"的作用，积极倡导和推动共建国家之间进行战略对接和合作，和共建国家合作进行公共产品的供给。由此可见，"一带一路"区域性公共产品供给模式是一种各参与主体间平等协商、相互合作的"多边合作供给"模式。这种平等协商的"多边合作供给"模式淡化了在区域性公共产品供给过程中的国家之间的权力博弈或超国家机构（国际组织）与主权国家之间的博弈，强化了这一过程的平等性和参与性，以主体之间的平等参与替代"霸权供给"和"统一权威领导"。在这一模式下，中国与共建国家的合作是平等和自愿的，能够最大限度地弥合分歧和实现共有利益。在沿线辐射地区国际环境复杂多变和各国文化、发展阶段迥然不同的现实条件下，"一带一路"所倡导的平等参与下的"多边合作供给"模式最大化地实现了区域内公共产品资源的优化和合理分配，在促进信息和资源（公共产品）自由流通的同时，推动共建国家共同发展。

第二节　"一带一路"国际公共产品供给的成效与挑战

自提出以来，"一带一路"倡议以政策沟通、设施联通、贸易畅通、资金融通和民心相通为主要内容扎实推进，取得显著成效，相关国家在此过程中获得了切实的收益，对共建"一带一路"的认同感和参与度不断提升。本节将从实施成效和面临挑战两个方面对中国供给的"一带一路"这一国际公共产品进行评估。

一　"一带一路"国际公共产品的成效

自 2013 年"一带一路"倡议提出以来，中国政府坚持"共商共建共

---

① 《经国务院授权 三部委联合发布推动共建"一带一路"的愿景与行动》，中国政府网，2015 年 3 月 28 日，http：//www.gov.cn/xinwen/2015-03/28/content_2839723.htm。

享"原则,在向周边国家提供区域性公共产品的过程中取得了显著成效。根据推进"一带一路"建设工作领导小组办公室发布的《共建"一带一路"倡议:进展、贡献与展望》评估报告,"一带一路"倡议在推动相关国家政策沟通、设施联通、贸易畅通、资金融通、民心相通等方面取得了显著成效。

在政策沟通方面,自"一带一路"倡议提出以来,中国与有关国家和国际组织充分沟通协调,在良性互动中形成共有利益和共有观念,累积起了共建"一带一路"的广泛国际合作共识。共建"一带一路"及其核心理念已被写入联合国、二十国集团、亚太经合组织以及其他区域组织的有关文件。此外,签署共建"一带一路"政府间合作文件的国家和国际组织的数量也逐年增加。在共建"一带一路"框架和"共商共建共享"的合作原则指导下,各参与国和国际组织本着平等相待、互利共赢的原则,就各国经济发展中遇到的问题、发展规划和应对政策进行深入充分的交流探讨,协商制定经济合作的相应规划和措施。

在设施联通方面,基础设施的互联互通是推进"一带一路"建设的优先方向。中国在尊重相关国家主权和安全关切的基础上,利用自身资金、技术、经验优势,与其共同构建铁路、公路、航运、航空等基础设施互联互通网络。从具体合作项目的建设进展来看,中国与共建"一带一路"国家在基础设施领域的合作陆续展开,取得了阶段性突破。在交通基础设施方面,中老、孟中印缅、中蒙西部公路等贯穿南北的陆上通道初步落成,铁路项目遍及亚非欧,中国与9个国家实现了铁路联通;在航空方面,中国与28个国家实现直航,空中交通网络已经建成;在海运方面,中国已与58个国家实现了海陆相连,已建成或正在修建的港口码头(如吉布提港、皎漂港、科伦坡港、吉大港)遍布主要航运要道。① 在能源基础设施方面,中国与共建国家签署了一系列合作框架协议和谅解备忘录,在电力、油气、核电、新能源、煤炭等领域开展了广泛合作,与相关国家共同维护油气管网安全运营,促进国家和地区之间的能源资源优化配置。中俄原油管道、中国—中亚天然气管道保持稳定运营,中俄天然气管道东线已于2019年12

① 《共建"一带一路"倡议:进展、贡献与展望》,新华网,2019年4月22日,http://www.xinhuanet.com/2019-04/22/c_1124400071.htm。

月正式投产通气。中缅油气管道全线贯通。中国与俄罗斯、中国与哈萨克斯坦、中国与缅甸等原油管道贯通运营，能源供应通道基本实现畅通。目前，中国正秉持"合理开发清洁能源，共建绿色'海丝路'"的宗旨致力于实现东盟国家以化石能源为主的能源消费结构转型。① 在通信基础设施方面，中国与邻国之间的信息通道、数据通信网络建设初现雏形，推动了"一带一路"通信基础设施共建共享。截至 2020 年 1 月，中国联通在共建"一带一路"国家成立 13 个分支机构，累计落实"一带一路"项目逾 30个，大大降低了"一带一路"沿线辐射地区的电话、网络等通信资费，在数字化网络领域践行"一带一路"倡议，为共建国家提供"数字化"公共产品服务。②

"一带一路"倡议实施数年来，中国政府通过向周边国家供给能源开发等基础设施建设公共产品，帮助周边国家建立起以铁路、公路、航运、航空、管道、空间综合信息网络等为核心的全方位、多层次、复合型基础设施网络。③ 这大大降低了相关国家间商品、服务、资金、信息、技术等交易的成本，有效促进了跨区域资源要素的有序流动和优化配置，实现了中国与区域各国的互利合作、共赢发展。

在贸易畅通方面，共建"一带一路"促进了相关国家和地区的贸易投资自由化便利化，显著降低了相关国家间经济合作的交易和运营成本。自2017 年 5 月首届"一带一路"国际合作高峰论坛以来，中国与共建国家签署 100 多项合作协议，实现了 50 多种农产品食品检疫准入（截至 2019 年 4月）。④ 此外，中国还进一步放宽外资准入限制，营造高标准和开放式的国际营商环境，设立了面向全球开放的 12 个自由贸易试验区，并探索建设自由贸易港、自由贸易区来吸引其他国家来华投资。中国也与新加坡、巴基斯坦、格鲁吉亚等多个国家和地区签署或升级了自由贸易协定，与欧亚经

---

① 《共建"一带一路"倡议：进展、贡献与展望》，新华网，2019 年 4 月 22 日，http：//www. xinhuanet. com/2019-04/22/c_1124400071. htm。

② 《王晓初：推动"一带一路"沿线通信基础设施共建共享》，光明网，2020 年 1 月 10 日，https：//it. gmw. cn/2020-01/10/content_33472199. htm。

③ 《共建"一带一路"倡议：进展、贡献与展望》，新华网，2019 年 4 月 22 日，http：//www. xinhuanet. com/2019-04/22/c_1124400071. htm。

④ 《共建"一带一路"倡议：进展、贡献与展望》，新华网，2019 年 4 月 22 日，http：//www. xinhuanet. com/2019-04/22/c_1124400071. htm。

济联盟签署经贸合作协定，中国与共建"一带一路"国家的体系化的自由贸易区网络正逐步形成。

在资金融通方面，在现有国际融资机构注资、融资困难的背景下，中国利用自身强大的外汇储备和经济基础，为共建国家经济发展所需的基础设施建设提供力所能及的融资、投资、贷款等资金支持，并倡导设计区域性新型融资机制和平台，以增加融资渠道，为周边国家提供经济发展所需的金融类国际公共产品。丝路基金和亚洲基础设施投资银行就是中国向国际社会提供的金融类公共产品的代表。亚洲基础设施投资银行是新时期中国为配合"一带一路"倡议、践行"人类命运共同体"理念而倡导创建的地区性多边国际金融机构。丝路基金则是中国为推进"一带一路"建设专门设立的中长期融资和投资机构。丝路基金设立的目标是致力于为"一带一路"框架内的相关国家的经贸合作和基础设施互联互通提供融资上的支持和服务，为促进中国与共建"一带一路"国家和地区实现共同发展、共同繁荣提供资金上的强力支持。中国积极借助国际多边金融机构以及各类商业银行不断探索创新投融资模式，积极拓宽融资渠道，为"一带一路"各合作项目提供稳定、透明、高质量的资金支持。截至2019年4月，中国财政部已经与阿根廷、俄罗斯、印度尼西亚、英国、新加坡等27国财政部核准了《"一带一路"融资指导原则》，对相关国家和地区的实体经济发展提供投资和融资支持。此外，截至2018年底，中国人民银行与国际多边开发机构开展的联合融资已累计投资超过100个项目，覆盖了70多个国家和地区，为共建国家经济发展注入新的活力。①

在民心相通方面，自"一带一路"倡议实施以来，中国同各国开展了形式多样、涉及领域广泛的公共外交和文化交流互动，不仅增进了彼此间的相互理解和集体认同，也为共建"一带一路"和构建"人类命运共同体"奠定了坚实的国际认同基础。中国通过与相关国家互办艺术节、文化节等，为国家间政府和民间文化交流互动和国际理念海外传播搭建了实践平台。在教育方面，中国政府设立"丝绸之路"中国政府奖学金项目，与共建"一带一路"国家签署高等教育学历学位互认协议和互免签证协定，方便相

---

① 《共建"一带一路"倡议：进展、贡献与展望》，人民网，2019年4月23日，http://cpc. people.com.cn/n1/2019/0423/c419242-31043846.html。

关国家民众来华学习和交流。

在产业合作方面，全球性问题及其治理是国际关系的重要问题领域，由于全球性问题的跨国性及危害的严重性，国际社会必须通过共同合作的方式来加以应对。2008年世界金融危机爆发后，美国等西方发达国家提供国际公共产品的能力和意愿均呈下降趋势，单边主义、贸易保护主义和"排他性"的俱乐部公共产品盛行，国际公共产品因此出现了"私物化"、供给赤字、领导力缺失的境况，严重阻碍了全球经济的发展和应对全球性挑战的治理进程。在此背景下，作为国际社会中的负责任大国，中国积极参与全球治理和供给国际公共产品，通过创新全球治理理念，向国际社会提供中国方案和中国智慧。

二　"一带一路"国际公共产品供给过程中面临的挑战

"一带一路"倡议实施已取得了不俗成绩，但同时也面临一些问题，主要表现为：大国战略竞争导致的地缘经济和政治上的不确定性风险，共建"一带一路"国家内部的安全、政治和经济风险，"一带一路"国际公共产品供给过程中的观念和文化认同困境等。

（一）大国供给国际公共产品的战略竞争

"一带一路"倡议的实施导致大国对中国周边地区更为关注，大国围绕该地区的博弈更加激烈。这当中，美国、日本、俄罗斯、印度的态度最为重要。

美国将中国的"一带一路"倡议和实践视为中国在亚太地区新的地缘政治战略，认为此举将会对美国在亚太地区的经济、安全影响力构成严重挑战，甚至威胁到美国在全球的霸权。对美国而言，任何在欧亚大陆出现的崛起国均会被其视为首要挑战，美国会通过各种方式打压和遏制崛起国，以防其影响力的扩大。在中国提出和实施"一带一路"倡议之后，美国通过亚太再平衡战略、印太战略等加强在该地区的地缘控制，试图抵消中国在亚太地区扩大的影响力。正如美国前总统奥巴马所指出的："中国的'一带一路'、亚投行建设将挑战美国在亚太地区的规则制定权，威胁到美国在亚太地区的主导地位，这是美国政府所不愿看到和不能容忍的。"① 在中美结构性矛盾和战略竞争态势日趋激化的背景下，可以预计未来中国"一带一路"倡议将会面临美国更加强烈的抵制和打压。

俄罗斯、日本和印度对中国"一带一路"倡议的反应没有像美国那样强烈，表现出谨慎观望的态度。俄罗斯起初对"一带一路"倡议抱有疑虑。② 日本对待"一带一路"倡议的态度经历了从抵制、观望到积极参与的重大转变。但同时，受中日两国历史问题、领土争端、大国竞争等因素的影响，"一带一路"倡议与日本在该地区的战略利益存在竞争关系。在可预见的将来，中日之间的安全困境、实力对比变化等结构性矛盾依然存在，两国之间的战略信任依然薄弱，中日之间的"一带一路"合作不会一帆风顺，而将充满曲折与反复。③ 印度是"一带一路"倡议实施过程中无法回避的矛盾点，鉴于印度始终以一种强烈的地缘政治视角看待中国的"一带一路"倡议，加之受到中印领土争端等因素影响，目前印度仍未加入"一带一路"倡议。印度是"一带一路"沿线的关键国家，能否处理好与印度的关系直接影响到"21世纪海上丝绸之路"、孟中印缅经济走廊、中巴经济走廊三大通道能否顺利建成和联通，而当前印度对"一带一路"倡议的疑虑和担忧短期内不会消失，这将增加中国在南亚地区供给制度、观念、物质类公共产品的不确定性和风险。

（二）共建"一带一路"国家的内部风险

自中国向共建"一带一路"国家供给区域性公共产品以来，中国在与共建国家经济利益快速融合发展的同时，也面临日益增多的海外安全、政治、经济风险。在共建国家中，一些国家还处于社会体制和经济结构的转型期，在政治、经济、社会发展等方面存在诸多不确定和不稳定因素，加之各国国内法律和贸易保护制度不够完善甚至贸易保护主义原则至上，"一带一路"建设中的海外投资面临共建国家内部的安全、政治、经济

---

① President Obama, State of Union, January 20, 2015, http：//www. whitehouse. gov/sotu.

② 参见王郁《"一带一路"背景下能源资源合作机遇与挑战》，《人民论坛》2015年第7期，第83页。

③ 张利华、胡芳欣：《日本对"一带一路"倡议态度转变及其机遇》，《人民论坛·学术前沿》2019年第3期，第92页。

风险。①

1. 共建"一带一路"国家安全风险

地区复杂的安全状况会对公共产品供给造成阻碍，"一带一路"建设将不可避免地深入一些地缘政治冲突频发地带，给中国公共产品供给带来极大挑战。具体而言，共建"一带一路"国家现有的安全问题和地缘政治竞争可能对中国借助"一带一路"平台供给区域性公共产品提出一些挑战。

首先，部分国家政治动荡的安全环境是"一带一路"倡议实施面临的最大安全隐患。共建"一带一路"国家多为经济落后的发展中国家，大多处于经济和政治体制结构转型的"阵痛期"；还有一些国家常年政局动荡、政权频繁更迭且国内抗议和冲突频发，内政外交政策缺乏连贯性和延续性。例如，"一带一路"中连接中国和巴基斯坦的喀什—瓜达尔经济走廊（Kashgar-Gwadar Economic Corridor）就途经世界上最脆弱、冲突最严重的地区。在这样的环境中进行投资和基础设施建设面临极大的安全风险。一旦该地区出现冲突，不仅中巴在该地区的合作项目将直接停滞，在巴基斯坦的中国工人的安全也很难得到保障。② 又如，阿富汗是中国"一带一路"倡议的重要合作伙伴，但阿富汗国内的安全形势长期处于动荡状态，这会给拟建项目或在建项目及中国投资者的合法权益带来很多不确定性因素。其次，中国与部分国家的领土争端也制约着中国与共建国家的合作效果。领土争端问题本身具有极强的不可调和性质，加上一些国家的蓄意挑衅，问题更加复杂。部分国家"反华"和"排华"势力发展迅速，国内政治也被民粹主义裹挟，与中国很难达成合作。③ 最后，共建"一带一路"国家和地区的恐怖主义、民族分裂势力、跨国犯罪活动日益猖獗，这些非传统安全问题正日益威胁着中国"一带一路"区域性公共产品的供给。

2. 共建"一带一路"国家政治风险

"一带一路"共建国家多为经济发展落后的发展中国家或欠发达国家，

---

① 刘红：《"一带一路"战略发展机遇与风险论析》，《人民论坛》2015年第10期，第64页。

② Maham Hameed, "The Politics of the China-Pakistan Economic Corridor," *Palgrave Communications*, Vol. 4, No. 1, 2018.

③ 田立加、高英彤：《"一带一路"背景下阿富汗安全风险研究》，《新疆大学学报》（哲学·人文社会科学版）2019年第6期，第59页。

经济社会发展相对落后，国内政局和社会安全形势异常复杂多变。这些国家极不稳定的国内局势使其容易出现政权更替，这给中国区域性公共产品供给和海外利益保护带来了极大的政治风险。

具体而言，共建"一带一路"不少国家存在国内政局动荡、政治腐败和法制不完善等政治风险和隐患。这些可能会推高中国供给公共产品的经济投入成本并降低合作效率。此外，共建国家间的政治制度和意识形态、社会规范和文化习俗存在较大差异，强权政治、老人政治、宗教统治、强人政治等现象普遍存在。许多国家因国内宗教派系斗争而战乱冲突不断，政局极不稳定。受之影响，中国在向共建国家提供区域性公共产品的过程中可能面临相关国家政治层面的不确定性风险。近年来，由颜色革命导致的政权更替已成为影响共建"一带一路"国家政治稳定的重要因素，一些国家因政治风险加剧或领导层、政权更迭而推翻前任政府的政策和合作协议，这对中国海外投资和公共产品供给造成极大的损失。中国在"一带一路"区域性公共产品供给过程中多次因为投资国政局动荡或所谓的"民意要求"等中断合作项目，这使中方企业利益受损严重。在践行不干涉内政的原则的基础上，如何更加有效地应对海外政治风险，维护中国海外利益，这是我国政府需要高度重视的。

3. 共建"一带一路"国家经济风险

"一带一路"倡议的实施主要由政府引导、企业主导。企业将成为中国向共建"一带一路"国家供给区域性公共产品的主要参与者。然而，受信息匮乏、法律法规差异、文化观念相异、地方保护主义、种族主义等的影响，中国企业在参与"一带一路"合作项目和海外投资过程中面临诸多困难和挑战。如何与当地人民友好相处、如何妥善应对由文化价值观差异造成的跨文化交际问题、如何应对目标国国内的金融风险等，直接关系着企业合作项目的成败，关系着"一带一路"区域性公共产品供给的成败，还影响着中国良好国际形象的塑造和国家身份的他者认知。首先，在宏观经济波动的大环境下，中国企业在海外面临微观金融风险。这种金融风险主要体现在银行资产质量较差、融资渠道限制和货币币值波动上。共建"一带一路"的大多数国家的经济发展环境一般，不良贷款率高，这使得中国海外项目建设存在很大的融资和回报风险。其次，共建"一带一路"的很多国家受经济停滞或衰退的影响面临货币贬值的风险。例如，受 2014 年乌克兰危机时西方全面制裁的影响，俄罗斯出现了大规模资本外逃，引发国际原油价格下跌和卢布的持续贬值。[①] 此外，中国企业在共建国家投资过程中也面临制度风险。不少国家在劳工、土地、融资、财政、产业政策等方面的规则不健全、不连续甚至缺少相应的法律保障机制，执法随意性大。[②] 这使得中国在供给"一带一路"区域性公共产品的过程中和企业在"走出去"的过程中面临较大的制度性风险。

（三）"一带一路"国际公共产品供给过程中的观念和文化认同困境

受中国与共建国家间不同文化价值观、利益诉求和宗教差异等因素影响，一些国家对"一带一路"持观望、怀疑甚至是抵制的态度，共建国家内部媒体、民众对中国供给区域性公共产品的倡议和实践也存在认知偏差和认同不足的问题，这给中国供给区域性公共产品的行动带来了极大阻力。建构主义认为，集体认同构建是一个自我与他者认知趋同的过程。在这一过程中自我与他者的界线变得模糊起来，并在交界处产生完全的超越，自我被"归入"他者。[③] 地区内国家间的彼此认同作为国际关系中身份认同的重要表现形式，对地区内国家的角色定位、利益界定及政策选择会产生直接或间接的影响。就中国与共建"一带一路"国家间的合作而言，当共建国家形成良好的中国国际形象认知并形成共有观念和利益时，地区间合作更容易开展。反之，当共建国家和中国在文化和价值理念方面差异较大，在互动中对中国供给公共产品的意图进行恶意解读时，其就会产生对中国对外政策行为的负面认知。事实上，共建"一带一路"国家与中国在政治制度、宗教文化、价值观念、习俗规范、经济发展水平及意识形态等方面都存在很大的差异。客观上的文化差异与价值观分歧使相关国家主观上很难将邻国的利益视为自身利益的一部分，因而域内国家更倾向"搭便车"而不是合作供给地区公共产品。此外，共建"一带一路"

---

① 程亦军：《卢布危机的原因、影响与启示》，《俄罗斯学刊》2015 年第 2 期，第 30 页。
② 蒋姮：《"一带一路"地缘政治风险的评估与管理》，《国际贸易》2015 年第 8 期，第21 页。
③ 〔美〕亚历山大·温特：《国际政治的社会理论》，秦亚青译，上海人民出版社，2000，第 287 页。

国家接受中国供给的公共产品更多是出于自身获益考量，而缺乏对中国作为负责任大国的集体认同，甚至有些国家媒体不仅不心怀感激，还以此渲染"中国威胁论"，对中国主导的地区公共产品供给持有疑虑和防范心理。[①]

<h2 style="text-align:center">第三节 "一带一路" 国际公共产品的
供给策略</h2>

针对上述挑战，本书提出"一带一路"建设中公共产品的相应供给策略，以更好地保障"一带一路"区域性公共产品供给的顺利进行。

一 对接域内国家发展战略和推广治理理念

"一带一路"应充分实现与共建国家在经济、安全等领域的战略对接，积极增进域内国家在文化价值观上的相互理解，缓解域内各国间由文化价值理念差异导致的认同困境，强化地区集体身份认同，从而使中国为地区提供的公共产品更具合法性及国际认同度。

首先，对接域内国家发展战略，实现战略互信。中国对共建"一带一路"各国的文化、习俗、利益诉求及国内制度、战略走向等进行深入研究，根据各国利益偏好和国内发展特点实施差异化的公共产品供给策略，以实现与各国发展战略的精准对接。以南亚地区为例，印度作为南亚最大的国家，一直将印度洋地区视为自己的势力范围，因而对中国"一带一路"倡议尤其是中国与斯里兰卡和巴基斯坦的港口合作建设项目怀有戒心。作为回应，2014 年 6 月，印度提出了针对中国的"季风计划"，以制衡中国在印度洋地区影响力的提升。[②] 但实际上，中印两国在"一带一路"建设中存在诸多共同利益，印度国内落后的基础设施建设也使其需要中国供给的公共产品。

---

① 田立加、高英彤：《"一带一路"建设中的公共产品供给研究》，《西北民族大学学报》（哲学社会科学版）2017 年第 2 期，第 59 页。

② 冯传禄：《"海上丝路"视野下的印度洋地区地缘环境与地缘风险》，《印度洋经济体研究》2019 年第 2 期，第 152 页。

其次，中国应向域内国家传播中国全球治理理念，提升共建国家对中国全球治理模式和理念的国际认同。"一带一路"倡议应为各国文化交流搭建平台，通过文化上的交流互动提升国际社会对中国治理理念的认知，进而提升理念的国际认同度。在向相关国家提供价值观念类公共产品的策略上，中国"共商共建共享的全球治理观""人类命运共同体"等治理理念的海外传播不能仅停留在政府外宣层面，而应借助学界、智库、媒体、民众多元传播主体的力量，通过政府外交、公共外交（媒体和智库）、民间交流等多维路径推动中国全球治理理念的海外传播和认同构建。在海外传播内容上，中国应从"传播者供给—受众需求"互动关系视角出发，向国际社会提供既能指引全球治理实践又能满足目标国受众需求的价值观念类公共产品。这就要求中国在传播内容上把握差异性与包容性相结合的原则，不仅强调其全球治理理念相较传统西方治理理念的差异性特征（文化特质），还要在理念海外传播过程中融入符合国际社会受众需求和集体预期的全球治理理念共识性原则。此外，中国还应思考"中国特色的全球治理理念如何阐述才能更容易被国际社会接受"的问题。在全球治理理念海外传播过程中，中国需要将国际话语表述进一步兼容化和具体化，针对不同国家的对象进行话语转换，使用对方熟知的逻辑和语言来表述双方共同的政治理念，以使对外传播的理念内容更好地被对方理解和接受。

二 完善"一带一路"海外投资风险评估体系

面对"一带一路"海外投资过程中出现的政治、经济、安全风险加剧，中国应加紧建立共建"一带一路"国家经济、政治风险评估体系，设计基于公共产品供给方与消费方互动关系的海外投资风险评估标准和指标，对"一带一路"海外投资的效果和风险进行评估。

首先，完善经济风险评估体系。共建"一带一路"国家内部存在投资环境风险、项目运营和维护风险以及产出和回报风险等经济风险，这些经济风险对中国企业海外投资和经贸合作构成不确定性威胁。为此，中国政府应尽快建立有效的"一带一路"建设风险监控和预警机制，及时对相关国家基础设施投资项目的运营环境、经济效益、成本收益、实施情况进行系统及公开地调查和风险评估，为政府决策提供数据支撑和政策参考。

其次，完善政治风险评估体系。中国应创设关于"一带一路"专门的风险预警、管控和防范机制，加强对该区域内国家政治风险的有效识别与评估，并及时评估和判断在有关国家进行海外投资的可行性和风险程度。同时，中国政府也应推动建立应对海外投资风险的相关研究智库，以便及时提出风险评估报告和应对方案以供政府、企业进行参考。尤其是在向政局动荡的国家（如阿富汗、巴基斯坦等）进行海外投资时，中国应时刻关注相关国家的政局走向及政策调整，对目标国家海外投资政治、经济等风险进行及时和长期的预测和评估；而针对与中国存在领土争端的国家（如菲律宾、印度等），中国通过"一带一路"进行海外投资和区域性公共产品供给时应更注重投资环境、排华情绪及劳工标准等问题的研究，以降低由历史情感、文化差异、国内民族情绪、国家间利益冲突等所引发的海外政治风险。针对非传统安全威胁，中国应采取主动出击和有效防范相结合的方式，通过上海合作组织、东盟"10+3"机制、澜沧江—湄公河合作机制等多边合作平台和机制，联合共建"一带一路"国家共同保障地区安全公共产品的供给。

三 构建"一带一路"域内公共产品的长效供给机制

"一带一路"沿线辐射的一些国际组织和机制在所在区域已经进行了卓有成效的治理且具有重要影响力，在供给公共产品方面的经验比较成熟，可将其打造成中国公共产品供给可以依托的重要平台。同时，中国也应该与域内国家积极合作，推动域内公共产品供给赤字领域的长效持久合作机制建设。

首先，推动建立自由贸易长效机制。"一带一路"域内存在多个自贸区协定，但"数量众多的各类自贸区协定交叉重叠，又使得'意大利面条碗'现象十分突出"[1]。鉴于此，中国应在充分利用现有多边合作机制的基础上，创新多边合作方式，应充分利用、整合和对接现有亚太经合组织、上海合作组织、亚信会议、亚欧会议等多边合作机制和平台，继续发挥区域、次区域相关合作论坛、展会，如博鳌亚洲论坛、中国—东盟博览会、中国国

---

① 陈伟光：《论21世纪海上丝绸之路合作机制的联动》，《国际经贸探索》2015年第3期，第79页。

际投资贸易洽谈会等多边合作平台的建设性作用。同时，中国也应完善与共建国家的双边合作机制，通过签署双边自贸协定，有效地进行重大规划和项目对接，与相关国家建立和完善双边联合工作机制，共同推动合作项目实施。对合作意愿较强的国家，双方可共同编制"一带一路"建设合作规划，推动签署合作备忘录和协议，确定双方合作的领域、项目、投资主体等内容，尽早建设一批取得积极成效的合作典型项目。① 此外，为推进贸易投资自由化便利化，中国还可以建立与共建"一带一路"国家经济合作的大通关机制，以消除投资和贸易壁垒，构建区域内和各国良好的营商环境。例如，与共建国家加强信息互换、监管互认、执法互助的海关合作，以及检验检疫、认证认可、标准计量、统计信息等方面的双边、多边合作；推进建立统一的全程运输协调机制，达到"一次通关、一次查验、一次放行"的便捷通关目标。

其次，强化安全保障长效机制。在"一带一路"建设中，中国应进一步联合共建国家推动中国供给公共产品的安全保障机制建设。这不仅有利于中国海外利益保护，也有利于维护地区安全，为地区内政治、经济合作创造良好环境。在具体措施上，中国应强化与共建国家合作中的安全保障机制，全面提高境外安全保障和风险防控能力。例如，中国应完善在共建国家进行投资的中方企业风险监测和预警机制，探索针对对外投资企业的分类分级风险提示制度；创设服务于"一带一路"建设的外汇交易产品体系；鼓励开展相关培训，增强企业在境外合法合规经营的能力。通过上述措施，中国政府可以进一步加强"一带一路"倡议实施中的安全保障机制建设，推动"一带一路"项目更好地建设和运营，推动中资企业和人员更加安全放心地"走出去"和"待下去"。

再次，构建新型能源长效合作机制。中国位于欧亚大陆东部地区能源供需板块的中心地带，与周边的东亚、中亚、东南亚已形成若干个次区域能源合作网络。鉴于中亚油气资源潜力巨大、俄罗斯的大量资源还没得到有效开发、西亚和东欧的能源加工能力有待提升，中国亟须搭建"一带一路"能源合作平台，并构建能源长效合作机制。一方面，中国需要为"一

---

① 陈文玲：《以长效机制推进"一带一路"建设》，《光明日报》2015 年 4 月 15 日，第 16 版。

带一路"能源合作开发和跨境运输提供具有约束力的法律规则。国际能源署、石油输出国组织、国际能源论坛、国际可再生能源署、国际能源宪章组织、世界能源理事会等能源国际组织为中国提供了"一带一路"能源合作现成的治理机制、平台和规范。中国应当加强与这些组织的合作，建立共建国家间能源合作的争端解决机制和能源跨境运输的快速协调机制。与此同时，中国也应积极推动上述能源合作组织和机制的改革进程，为"一带一路"能源贸易、投资和跨境运输提供有针对性、切实有效的法律和规则方面的保障。另一方面，中国也需要与共建国家搭建旨在加强与共建"一带一路"国家能源合作沟通的对话机制，对次区域、跨区域的能源流向进行规划和协调，及时掌握能源合作中遇到的问题，并通过对话机制及时解决。

最后，重视构建与共建国家的文化交流机制。"一带一路"倡议不仅仅是周边地区金融、制度类公共产品供给的重要平台，更是中国向海外传播中国传统文化、价值观和治理理念的重要渠道。因此，在"一带一路"国际公共产品供给机制建设中，也需要重视文化交流机制的建设。其一，中国应积极与共建"一带一路"国家签署政府间合作文件和订立相关规制，为共建"一带一路"国家间的文化交流互动提供有力的制度保障。例如，中国可以通过加强上海合作组织成员国文化部长会晤、中国—中东欧国家文化合作部长论坛、中国与东盟"10+1"文化部长会议等高级别政府层面文化磋商，促进国家间的文化交流机制构建。在地方政府合作层面，中国可以通过加强部省合作机制，鼓励各省区市在文化交流、遗产保护、文艺创作、文化旅游等领域开展区域性合作。同时，中国应发挥海外侨胞以及港澳台地区的独特优势，积极搭建港澳台与共建"一带一路"国家和地区的文化交流平台，引导和扶持民间社会力量参与"一带一路"文化交流与合作。① 其二，中国应优先推动共建国家文化交流和语言学习平台建设，着力打造共建国家间的国际艺术节、文化节、博览会等国际交流合作平台。此外，中国应当根据共建国家的地域特色和文化特质，为共建国家量身打造各具特色的文化产业国际合作机制，鼓励国内企业在共建

---

① 《文化部关于印发〈文化部"一带一路"文化发展行动计划（2016-2020 年）〉的通知》，2016
年12月29日，中国政府网，http://www.gov.cn/gongbao/content/2017/content_5216447.htm。

家建立以文化旅游、演艺娱乐为中心的特色文化产业项目，积极利用"一带一路"文化交流合作平台推介文化创意产品，推动文化、艺术、影视、动漫、游戏等文娱产业在"一带一路"国家的交流互动和文化传播。

本章小结

"一带一路"倡议和实践是党的十八大以来中国向世界供给的最重要的国际公共产品。本章以此为案例分析中国供给该公共产品的现状、面临的挑战及其应对策略。中国通过"一带一路"倡议不仅向共建国家提供设施联通、资金融通、贸易畅通等物质层面的发展类公共产品，还提供了观念和制度等非物质层面的公共产品。"一带一路"倡议通过其框架下的小型倡议、次区域安排、局部创新等分层推进实施；遵循由近及远的原则，从周边地区向外围地区逐步展开；根据不同消费对象的不同发展阶段和需求，分步骤、分区域、分重点地规划国际公共产品供给路线图和行动纲领，采取"区别对待，分类管理"的策略，满足了多样化的需求。然而，中国在推动"一带一路"建设获得诸多成就的同时也面临许多挑战，一方面美国、印度、日本、俄罗斯等大国战略竞争带来许多不确定风险，另一方面还面临共建"一带一路"国家内部政治、经济、安全风险以及国际认同方面的挑战。为此，在应对策略上，中国政府应当对各类现实风险进行评估和规避，通过中美合作共同供给区域性公共产品、增强域内各国战略互信和地区认同、完善"一带一路"海外投资风险评估体系、推动"一带一路"公共产品长效供给机制构建等方式，更加有效地供给"一带一路"国际公共产品。"一带一路"这种跨国界、跨区域、跨领域的国际公共产品，是中国等新兴国家积极参与全球治理的有益尝试，它最大化地拓展了共建国家通过分享区域合作领导权带来的公共产品正外部性，加快共同发展和共同繁荣，而且它也在塑造共建国家的外交行为，积极构建着一种新型国际关系模式。因此，中国需要在总结"一带一路"国际公共产品供给经验和模式的基础上，进一步完善国际公共产品供给的"中国方案"。

第七章 未竟之语：国际公共产品供应机制 转变与全球治理困境的解决之道

在全球化浪潮的席卷下，在人类社会迅猛发展的影响下，全球性问题已然成为各国不得不共同应对的严峻挑战。但是，美国特朗普政府奉行"美国优先"理念频繁"退群"，暴露了既有治理体系在霸权（权力）面前的缺陷；而西方国家应对新冠肺炎疫情的混乱和滞后，也充分昭示了既有治理机制的力不从心。全球治理在一定意义上就是对"公害"问题的解决，其过程就是国际公共产品的供应。我国学者吴志成和王慧婷直接指出，全球治理是指国际社会的多元行为体为解决全球问题提供国际公共产品的过程。① 国际公共产品的供应天然与全球治理体系相辅相成。本章尝试从国际公共产品供应的视角对全球治理体系进行审视，将有助于发现主要治理主体间、不同治理机制间的相互关系模式，便于探究主导性治理机制发生的变化以及不同领域治理机制的特性，从而为破解当前全球治理面临的困境提供现实可行的解决思路。

一 国际公共产品供应机制的内涵

国际公共产品供应机制从基本构成主体看分为供应主体和需求主体，将二者链接起来的就是固定的供应方式。在供应机制形成前，供应主体和需求主体并非完全相对的关系。在国际公共产品供应中有供应者必然存在

---

① 吴志成、王慧婷：《全球治理能力建设的中国实践》，《世界经济与政治》2019 年第 7 期，第 5 页。

消费者，在实践中不存在供应后没有国家消费的情况，却会出现有需求主体但没供应主体的情况。国际体系中的无政府状态带来的最大难题不是消费，而是供给。[①] 国际公共产品的消费从来不是问题，问题的重点是谁来供应、如何供应以及供应什么。链接供应主体和需求主体的桥梁就是供应方式，一旦形成固定的供应方式（即使是针对治理问题的一次性供应）[②]，供应链真正建立，供应主体和需求主体才会具有真正相伴而生、相互依赖的关系。国际公共产品的供应机制囊括以下四个层面：供应主体、供应方式、需求主体以及三者之间的关系。

（一）国际公共产品供应机制的构成

从主体类别看，国际公共产品供应主体可以分为主权国家和国际组织。对于前者不存在争议，主权国家是国际公共产品市场中绝对的主力军；而对于国际组织，需要特别注意区分国际组织的类型。由主权国家主导的多边协商平台（如 G20、G7），很难在国际公共产品供应过程中成为事实上的供应者。此类国际组织往往更容易受到主权国家的支配，并成为国家间博弈的场地；其国际行动的展开，更多地取决于组织内国家协商的结果。相较于专业类国际组织如政府间气候变化专门委员会（Intergovernmental Panel on Climate Change，IPCC）、非政府间国际组织，政府间国际组织在国际公共产品供应中更多地扮演供应工具的角色，并不能承担起真正意义上的供应者责任。

国际公共产品的需求主体（消费者）为主权国家，非国家行为体虽然也能消费公共产品，但并不能在需求汇聚中产生足够的影响。一方面，这和非国家行为体的性质有关。国际组织是应国家需求而产生的，"政府间国际组织建立在国家协议的基础上，对成员施加影响力主要依靠成员国赋予

---

① 曹德军：《论全球公共产品的中国供给模式》，《战略决策研究》2019 年第 3 期，第 5 页。

② 供应方式固定并不代表是持续和有效的，只是表示出现了一个当前针对需求（治理问题）而生的公共产品供应方式。至于该供应方式最终能否提供有效的公共产品、满足需求主体的需求则是另外的问题。另外，在国际公共产品供应中，受到其他因素影响会出现供应中断的可能，或者问题解决，供应机制自然消失等。

的'权威'"①。国际组织虽然在自身发展过程中会产生对国际环境、秩序等的一定追求，但从本质上仍要以满足组织内成员的需求为最终目标。否则，主权国家对国际组织的权力让渡将会发生转变甚至终止。因此，国际组织类的行为体并非国际公共产品的最终消费者，其更多的是扮演供应者的角色，且很少能形成自身相对独立的国际公共产品需求。另一方面，这也是由国际公共产品的属性所致的。虽然国际公共产品与国内公共产品都要满足非竞争性和非排他性，国内公共产品是由国内认可的权威向社会或公众提供的，最终消费的是国内社会中的个人、企业等。但是国际公共产品供应是在无政府环境中完成的，衡量是不是"国际"公共产品还要看外溢范围，要求覆盖范围至少在两个及以上国家。这就意味着国内公共产品的消费者（个人、企业、社会组织等）在权威缺失的环境中，若要满足对国际公共产品的需求就要借助国家机器打破国内和国际体系的界限，左右政府决策和对外行为，以期在无政府环境中获得保障。即使在治理模式发展迅速的气候领域，非国家行为体在促进气候治理中的作用益发凸显，甚至在很多情况下可以不依赖国家权威而发挥作用，但是也不得不承认"国家仍然是毋庸置疑的主要行为体，非国家行为体领导作用的发挥也主要体现在对国家行为体施加影响的间接形式"②。因此，国际公共产品的需求主体不能简单地还原到国内实体，而应当在国际和国内政治体系的连接点——国家层面进行讨论。③

国际公共产品的供应方式是指主要供应主体如何组织公共产品的生产。关于国际公共产品供应方式的研究成果颇多，在此将国家是否依托国际制度等工具完成供应以及如何通过国际制度供应作为关注重点，以便于更清晰地梳理不同的供应链。依托国际制度供应方式分为两类四种（见表7-1）。

---

① 〔美〕迈克尔·巴尼特、〔美〕玛莎·芬尼莫尔：《为世界定规则——全球政治中的国际组织》，薄燕译，上海人民出版社，2009，第29页。

② 于宏源：《自上而下的全球气候治理模式调整：动力、特点与趋势》，《国际关系研究》2020年第1期，第121页。

③ 国内行为体的需求如何汇集并上升到国家政策、影响国家行为则需另行谈论。相关研究模式可参考"开放经济学"的相关成果，或采用双层博弈的视角观察政府和国内行为体之间的互动，参见 Stephan Kroll, Jason F. Shogren, "Domestic Politics and Climate Change: International Public Goods in Two-level Games," *Cambridge Review of International Affairs*, Vol. 21, No. 4, 2008。

第一类形成国际机制（regimes），但并未产生组织严密、规则清晰、机构完整的国际组织。（1）多边协商供应，即多国或主要国际组织通过多边会议的召开等协商应对全球治理问题，如金砖国家峰会、核安全峰会、六方会谈等。多边协商供应强调供应主体的多元性、平等性和合作性，针对的议题较为明确；多边协商供应并不必然是持续和长久的，但不能是一次性的，否则就无法对国际公共产品的供应产生实质性作用，也根本无法产出有效的公共产品。其既可被视为新制度诞生的积淀，也可被视为解决问题的途径。例如，在联合国成立之前，世界诸大国进行的一系列磋商以及旧金山会议，均是为了保障二战后国际秩序、组建新的国际政治安全组织而进行的准备，是多边协商供应国际公共产品的现实案例。（2）双边协调供应，两个国家就某一公共产品的供应展开对话和磋商，进而形成持续、固定的协调机制。例如，冷战期间，美苏于1963年在日内瓦签署《建立直接交流热线的备忘录》，建立美苏两个超级大国之间的最高首脑间的直接对话机制。

第二类是以国际组织为供应的最后实施者。（1）国家主导—国际组织方式，某国在该国际组织中拥有绝对话语权，国际组织是该国供应策略的执行工具。（2）多国协商—国际组织方式，诸多国家在国际组织的框架下进行协商，国家将权力委托给国际组织，国际组织成为国家在国际体系中的代理人。国际组织成为重要的供应主体。多国协商—国际组织供应方式和多边协商供应的区别如下。其一，多边协商供应中国际组织可以成为协商的一方，但是在多国协商—国际组织供应方式中，国际组织不参与供应协商过程，而是供应的实施方。例如，2015年美国政府和其他七个创始主体，即美国红十字会、亚洲开发银行、美国环境系统研究所（ESRI）、谷歌公司、美洲开发银行、全球威胁基金会以及英国政府，共同启动气候韧性服务项目（Climate Services For Resilient Development Partnership）以帮助发展中国家应对气候变化带来的诸多挑战。① 这种国际公私合作伙伴关系就是典型的多边协商供应，国际组织与主权国家、国内行为体合作为其他国家供应公共产品。2015年2月，国际货币基金组织宣布设立灾难控制和救济

---

① 王雪纯、杨秀：《适应气候变化行动中的协同治理——基于国际案例的比较分析》，《环境保护》2020年第13期，第37页。

信托基金，向受埃博拉疫情影响最严重的三个西非国家利比里亚、塞拉利昂和几内亚提供近1亿美元的债务减免。国际货币基金组织在其中就具有了如同主权国家一般的供应能力。其二，多边协商供应的规则性和组织严密性较多国协商—国际组织供应方式而言相对较低。当国家依托国际组织供应国际公共产品时，必须按照该国际组织的规则规章行事。其三，多国协商—国际组织供应方式中，国际组织拥有的独立性和对国家权力的制约性较为明显。多边协商供应中所形成的制度更多的是处理日常事务性工作的机构，甚至是临时性机构。例如，自2016年第四届核安全峰会在美国华盛顿举办后，未再举行相关峰会。

表7-1　国际公共产品供应方式分类

分类			供应链	供应主体角色
依托国际制度供应	依托国际机制	多边协商供应	供应主体—需求主体	生产者
		双边协调供应		提供者/生产者
	依托国际组织	国家主导—国际组织	供应主体—国际组织—需求主体	提供者
		多国协商—国际组织		生产者
单独供应	霸权强力		供应主体—需求主体	提供者
	对外援助			
	理念贡献			

资料来源：作者自制。

在依托国际制度之外，还存在单独供应的方式，即一个供应主体单独向众多需求方（至少两个国家以上）提供公共产品。此种供应方式常见于对外援助领域。其中需要区别一种情况：对某一国有针对性地提供的物质援助等，被视为单独供应国家的私人产品。从受援助国国内看，是国内层面的公共产品，但从消费实际获益看，获益的是某一具体国家。至于供应和消费该产品后续产生的对地区经济、贫困问题、安全环境等的利好（或负面影响），则是由消费私人产品衍生而来的外部性。单独供应强调供应主体的唯一性和主导性，却未必会产生强制。

184

（二）国际公共产品供给机制中的"关系"分析

国际公共产品的供应历来与霸权国紧密相连，霸权国被区分为"仁慈霸权"和"强制霸权"；即使新自由制度主义学者基欧汉论证了国际制度①可以脱离霸权而存在，但他也承认制度的非中性以及霸权对制度的影响。对国际公共产品供需问题的分析不能也无法逃避"权力"因素，当然，权力因素绝不是唯一决定性因素，但却是关键性决定因素之一。拥有足够权力的国家往往可以决定国际公共产品的供应。

历史上，英国凭借强大的海上权力和经济实力，打造了支撑"日不落帝国"的殖民体系。伴随英国崛起成为世界霸主，"金本位制"也成为世界金融体系中的主导体制，在极大促进经济繁荣、货物流通的同时，也见证了英国霸权的辉煌。美国在二战后成为资本主义世界当仁不让的"领头羊"，主导建立布雷顿森林体系，使美元与黄金挂钩；建立世界银行和国际货币基金组织，塑造战后西方世界的运行体制；其主导推动成立的联合国更是国际体系中延续至今的重要的关键性国际组织。苏联解体使得冷战后的美国成为国际体系中唯一的超级大国，在主要的国际公共产品供应领域成为绝对的主导者（dominant power），甚至是领导者（leader）。将国际公共产品的供应与权力挂钩后，很自然地会得出结论：霸权是国际公共产品得以供应的前提。也是基于此，金德尔伯格在 1973 年出版的《世界大萧条1929—1939》一书中直截了当地提出：20 世纪 30 年代世界"大萧条"的原因是当时的霸权国英国没有能力，而美国没有意愿担当领导角色。因此，权力视角下的国际公共产品供应体系，想当然地形成了霸权国与其他国家之间的角色分工——霸权国供应，其他国家消费。然而，这种过于侧重霸权国的供应且将之视为必然的论调，既忽视了伴随霸权国供应国际公共产品而产生的在供应国与消费国之间的交换关系，也忽视了消费国在产品选择上的能动性以及不同供应机制之间的竞争关系。为了跳脱单一化的权力分析窠臼，更贴近国际政治领域中公共产品的特性和供求现实，本书尝试采用"供应机制"（mechanism）一词，着重考察国际公共产品供应机制内

---

① 国际制度一方面本身就是一类国际公共产品，另一方面也是生产其他国际公共产品的工具。

存在的不同"关系"。

在国际公共产品供应过程中，受到权力结构、国家角色定位、供应意愿、供给领域特性等影响，供应主体之间、需求主体之间、供应主体与需求主体之间以及不同供应机制之间会形成不同的关系模式。在上文所提到的供应方式中，单独供应方式中可以很直观地区分出供应方和需求方，但是在依托国际制度供应中需求方和供应方在很多情况下是重合的。为了便于分析，我们将重点考察供应方和需求方之间形成的关系。

供应链仅能说明产品从供应方到需求方的流动，但不能说明其中不同主体之间的关系。在一定意义上，国际公共产品的供给就是一种交易行为，不同主体之间形成的是种典型的交换关系。权力结构固然可以帮助我们分析某个国家是否具备供应的基本条件，但是却不能很好地解释供应者角色的形成。权力和一国在国际公共产品供应体系中的角色不是因果关系。"权力分配告诉我们的是谁拥有权力，但并没有告诉我们权力会被如何使用。"①齐美尔提出了交换的四项原则：吸引原则、价值原则、权力原则、张力原则。② 在国际公共产品供应中，供应方向需求方提供具有吸引力和高价值的产品，在一定程度上（未必是完全）满足需求方；需求方在获取公共产品的同时，也给予了供应方想要的东西——声望、认可、地位等。

这种交换产生了供方和需求方之间的两种关系模式：支配关系与领导关系。第一，支配和领导关系中都存在一个对公共产品供给起决定性作用的国家或国家集团，两种关系都是建立在交换之上的，既有物质利益的交易，也存在主观认可追求。"马斯坦杜诺认为，一个国家既是'体系制造者'，也是'特权持有者'。它可以在同一时间既提供公共物品，又利用其占据优势的权力地位来获取狭隘的利益。同一时间，它既需要与其他国家的合作又寻求将做出调整的负担强加到这些国家上，并获得不同程度的成功。"③ 但是否存在利益交换或转嫁供应成本并非支配关系和领导关系的本质区别。

① 〔美〕约翰·伊肯伯里：《自由主义利维坦——美利坚世界秩序的起源、危机和转型》，赵明昊译，上海人民出版社，2013，第35页。
② 丁韶彬：《大国对外援助——社会交换论的视角》，社会科学文献出版社，2010，第73页。
③ 〔美〕约翰·伊肯伯里：《自由主义利维坦——美利坚世界秩序的起源、危机和转型》，上海人民出版社，2013，第127页。

第二，虽然两种关系都是由"公共产品——X"① 的交换而来的，但领导关系更强调对供应国（集团）的自我约束、对需求方需求的满足以及交易双方地位的相对平等，各方协商对话决定公共产品的供应；支配关系中，供应国（集团）在供应过程中忽视需求方的实际需求，强调对自我利益的满足，供需双方形成事实上的上下等级，由供应方决定公共产品的供应方式和类别（见表 7-2）。自我约束是领导关系的重要特征，通过对自我行为的约束，居于主导地位的国家（集团）向其他国家展示自己行为的可预期性和承诺的可信性，提高其他国家对该国（集团）的认可。在现代国际关系中，正当性根植于一项社会契约，在这一契约中，主导国向构成附属国的个体集合提供一种政治秩序，而那些个体则授予主导国约束个体行为并汲取创造秩序所需资源的权利。② 如果主导国能够以令人信任的方式展示其战略性约束，则其他国家可由此得到保证，避免被抛弃的危险。③ 供应国（集团）对自我行为的约束主要通过遵守国际制度、参与多边活动、支持多边主义而体现。

表 7-2 国际公共产品供应机制供应关系区分

	供应方行为	供应产品	供需双方关系	话语权
支配关系	自我放任 *	强调自我需求	上下等级	供应方掌握话语权
领导关系	自我约束	照顾需求方诉求	相对平等	各方协商交流

* 自由放任并非绝对意义上供应国完全不受任何约束、恣意妄为，而是相对于领导关系，在支配关系中，供应国对自我行为的约束性更低，更加偏重本国私利。

资料来源：作者自制。

第三，对比两类交换关系，其关键差异并不在于是否形成并依靠合法性与权威，而是在于合法性与权威的大小。在国内政治系统中，"合法性就是国家公民对政府的权力与威严及政府的能力与威望的认同与遵从，简单

---

① X 可能是具体的物质利益、战略收益，也可能是获得的声望、权威和认可等。
② 〔美〕戴维·莱克：《国际关系中的等级制》，高婉妮译，上海人民出版社，2013，第 7 页。
③ 〔美〕约翰·伊肯伯里：《大战胜利之后：制度、战略约束与战后秩序的重建》，门洪华译，北京大学出版社，2008，第 51 页。

地说就是对政府权威的认同与遵从"①。在国际体系中，合法性是行为体关于一项规则或制度应当被遵守的信念，是一种存在于个体的信念或认知。②合法的权力具有关系性、观念性和主体间要素：行为只能"在关系中"获得合法性，它是"在社会制度中形成的"并且存在于"个体之间共享的交流领域"。③ 斯蒂芬·沃尔特在讨论美国首要地位时，提出了合法性的四个维度：符合现有程序；正面的结果；符合道德规范；符合"自然"规律。④国际权威是指获得一定程度的国际认可的权力。⑤ 在国际公共产品供应中形成的权威是关系型权威，关系型权威并非来自统治者的职位，而是来自统治者与被统治者之间的交易或讨价还价。⑥ "关系型路径中，统治权依赖于社会契约，其中统治者向被统治者提供一套有价值的政治秩序，而反过来被统治者承认统治者的正当性，并且遵守这一秩序形成所必需的行为约束。"⑦ 这就意味着在两种不同交换关系中伴随讨价还价以及权力的授予，关系型权威建立。但是这种权威具有多大程度的合法性则要看供应方是否进行自我约束、是否将个体利益与普遍利益相融合，并且做出可信的承诺，即伊肯伯里所说的"自我限制"。

第四，在两类不同的关系中，供应方虽然具有优势地位，但需求方也将形成对供应方的制约。交换网络理论认为，群体对优势成员的依赖使之具有对群体及弱势成员的优势。但通过赋予优势成员特殊报偿（如威望、加薪等）即"给予地位"的手段，可以增加优势成员对群体的依赖。⑧ 供应

---

① 崔金云：《合法性与政府权威》，《北京大学学报》（哲学社会科学版）2003 年第 S1 期，第66 页。

② 〔美〕伊恩·赫德：《无政府状态之后——联合国安理会中的合法性与权力》，毛瑞鹏译，上海人民出版社，2018，"中文版前言"。

③ 〔加〕T. V. 保罗：《软制衡：从帝国到全球化时代》，刘丰译，上海人民出版社，2020，第29 页。

④ 〔美〕斯蒂芬·M. 沃尔特：《驯服美国权力：对美国首要地位的全球回应》，郭盛、王颖译，上海人民出版社，2008，第 131~139 页。

⑤ 郭树勇：《全球治理领导权问题与中国的角色定位》，《人民论坛·学术前沿》2017 年第 14期，第 26 页。

⑥ 〔美〕戴维·莱克：《国际关系中的等级制》，高婉妮译，上海人民出版社，2013，第 27~28 页。

⑦ 〔美〕戴维·莱克：《国际关系中的等级制》，高婉妮译，上海人民出版社，2013，第 2~3 页。

⑧ 丁韶彬：《大国对外援助——社会交换论的视角》，社会科学文献出版社，2010，第 82 页。

国（集团）在某一领域的主导地位一方面依赖本国（集团）的相对实力，另一方面也来自其他国家的接受与认可。即使在支配关系中，供应方或优势国家（集团）往往将公共产品私物化，变成完成本国战略目标的工具，但供应方也需要来自需求方的支持。例如，在联盟政治中，"联盟关系所赋予的合法性可以增强或削弱美国的影响力。如果美国尊重国际准则使用其力量，那么就可以提升自己的国际地位和在联盟中的影响力"[①]。

在关注国际公共产品供应时，不仅要分析供应方通过何种方式供应，还要探究供应主体在其中扮演何种供应角色以及通过交换关系构建了怎样的关系模式。不同的领域、不同的议题将会形成各具特点的供应机制，各种供应关系之间也将发生交叉，正是这些错综复杂、相互交叉的供应关系构成了国际公共产品供应体系网络。

二 冷战后美国主导的国际公共产品供应机制

冷战后的美国凭借在权力结构中的优势地位以及战后开始运转的国际制度，奠定了其对国际公共产品供应的绝对主导地位。与国内公共产品不同，国际公共产品大然就沾染权力因素，国际公共产品的供应也受到权力因素的制约。在国际公共产品供应中，大国具有先天优势。一般认为，最有实力、最有权威的大国，往往是世界领导者的潜在候选者。大国在具有相对其他国家的优势的同时，也应承担更多的责任。在国内，政府提供公共产品的成本主要包括高昂的社会治安、国防、官僚体系等维持国家机器运行的一系列开支费用，而收益则是社会大众对政府统治合法性的认同与对政府权威的服从。[②]在国际体系中，一国选择供应公共产品必然将国际社会对其国际地位的认同纳入考虑范围。冷战结束初期美国之所以选择积极地供应国际公共产品，其在权力结构中的巨大相对优势是基础，但对国际秩序的掌控、对霸权地位的珍视则是其选择供应的根本原因。雷蒙·阿隆认为，一个大国要么无法忍受与其他国家的平等地位而尽可能走向帝国，

---

① Elizabeth Sherwood-Randall, "The Case for Alliances," *Joint Force Quarterly*, No. 43, 2006, p. 56.

② Mancur Olson, "Increasing the Incentives for International Cooperation," *International Organization*, Vol. 25, No. 4, 1971, pp. 866–874.

要么认为自己站在主权国家最前列并致力于让大家接受这种优越地位。① 显然，美国通过国际公共产品的供应将后者作为自己在冷战后的战略选择，其主导的冷战后国际公共产品供应机制具有以下几个特征。

首先，美国通过国际公共产品供应建立了由其主导的等级制。等级制在国际关系中是普遍存在的现象，由它产生的社会、道德和行为动态与其他制度安排（arrangements）有所不同。② 邝云峰（Yuen Foong Khong）将二战后美国建立的等级体系概括为"美国的'朝贡体系'"（The American Tributary System）。二战之后，美国成为全球性的超级大国，其利用自身超强的经济和军事实力，形成了一套以自己为主导的等级体系。美国在这一等级体系之中构建了一整套规则制度，以等级交换的形式形成与各国在实际上的不对称关系。③ 伊恩·克拉克（Ian Clark）将等级制定义为："一种以分层化为特征的政治安排，就像不同的天使，其中有着能力与荣誉的不同次序；而且社会按照次序被分为不同的从属等级。这一等级关系通常被归为政治战略力量方面，产生了传统列强集团、中等国家和小国。在经济方面，它同样可以被描述为产生了第一、第三和第四世界的分层。跳出国际经济统治论者的角度看，它或许被分析为中心或核心、半边缘及边缘几个方面。"④ 本书认为，一方面，国际等级制是一种分层，是"同类行为体之间地位不对等的结构"⑤；另一方面，等级制也是由交换而来的，是主导国通过和其他国家之间的交易而建立的。吴翠玲（Evelyn Goh）则认为，国家在功能、专业度、权威等方面的巨大差异和不平等导致了国家间的主导和附属关系，国际等级秩序是由主导国的安全保证和附属国的顺从共同维

① 〔加〕T. V. 保罗：《软制衡：从帝国到全球化时代》，刘丰译，上海人民出版社，2020，第168页。

② Paul Musgrave, Daniel H. Nexon, "Defending Hierarchy from the Moon to the Indian Ocean: Symbolic Capital and Political Dominance in Early Modern China and the Cold War," *International Organization*, Vol. 72, No. 3, 2018, p. 593.

③ Yuen Foong Khong, "The American Tributary System," *The Chinese Journal of International Politics*, Vol. 6, No. 1, 2013, pp. 1-47.

④ 〔美〕戴维·莱克：《国际关系中的等级制》，高婉妮译，上海人民出版社，2013，第60页。

⑤ 宋亦明：《制度竞争与国际制度的等级制》，《世界经济与政治》2021年第4期，第36页。

持的。① 从公共产品供应角度看，奠定美国主导的等级制的基础是美国凭借冷战后唯一超级大国的实力建立起的位于权力结构顶端的地位；同时，其通过向国际社会提供国际公共产品——以世界贸易组织、世界银行、国际货币基金组织为代表的国际金融贸易体系和以联合国为代表的国际政治安全体系②，形成了以霸权为中心的交换关系。美国是供应体系中的关键性提供者，而非单纯的生产者；美国更偏向建立在单边主导供应的基础上的多边合作供应，但需求方的诉求并未成为供应的考量。其他国家在消费美国供应的国际公共产品时不可避免地要接受美国制定的制度规则，接受美国的主导地位。戴维·莱克（David Lake）认为其他国家的角色通常是由霸权国家研判和设定的，借此表达霸权国家对其他国家在世界秩序中的相应权力地位的认定，同时也表达了霸权国家对国际关系中等级地位的控制意愿、规范能力和支配权威。③ 其他国家在对美国供应产品产生依赖的同时，也产生了对美国霸权的依附。

其次，美国针对不同领域的国际公共产品构建的关系模式并不相同。迈克尔·格林（Michael Green）在其著作中指出，自建国之初，美国在亚洲的战略核心就是避免欧亚大陆和太平洋被单一敌对势力或联盟所控制。④ 出于此种目的，美国在冷战后依旧加强了对欧亚大陆的安全控制，联盟体系在经历了短暂的波动后，呈现出加强的态势。不论是北约还是亚洲的双边同盟体系，都是美国向盟友提供安全保护，盟友则以自主权和战略追随作为交换。自主—安全交易模型认为，"在不对称联盟中，大小国对自主—安全的需求不同，大国要自主性、小国要安全，小国以出让自主性为代价获取大国提供安全，这种交易为双方带来了更均衡的自主性和安全"⑤。在联盟中，美国位于金字塔的顶端，拥有绝对的主导权和话语权。例如，面对

---

① Evelyn Goh, "Hierarchy and the Role of the United States in the East Asian Security Order," *International Relations of the Asia-Pacific*, Vol. 8, No. 3, 2008, pp. 356–359.

② 详见本书第二章第一节内容。

③ 〔美〕戴维·莱克：《国际关系中的等级制》，高婉妮译，上海人民出版社，2013，第8页。

④ 转自 David M. Lampton, "Reconsidering U. S. -China Relations: From Improbable Normalization to Precipitous Deterioration," *Asia Policy*, Vol. 14, No. 2, 2019, p. 50.

⑤ 郑维伟、漆海霞：《联盟制度化、自主性与北约的存续》，《外交评论》2020年第5期，第90页。

冷战后国际形势的变动，1991 年在美国的主导下，北约出台了后冷战时期第一份战略概念文件——《联盟新战略概念》，表达出对应对"域外"威胁的重视，进而成为美国推动北约要求盟国进行责任分担的重要一步。[①] 基于此，我们认为美国在国际（地区）安全领域通过供应俱乐部公共产品与联盟成员、安全伙伴之间形成的关系是支配式交换关系。在经济领域，美国与其他国家之间建立的是领导式交换关系。战后，美国力主推进自由贸易体制发展；冷战落幕后，美国更是极力推动多边贸易体系发展，降低贸易壁垒，促进全球贸易自由往来，形成全球各种要素的自由流动。美国依赖国际组织（如 IMF、WB、WTO）以及多边贸易协定（如 NAFTA）与其他国家在国际体系内相对平等地进行经贸往来，美国从中不仅收获了其他国家对自由贸易体制的遵守和对美国领导地位的接受，同时也极大地促进了本国的经济发展。在 WTO 成立后，自 1995 年到 2004 年，美国的出口额从 5.752 亿美元增加到 8.076 亿美元，增长了约 40%；进口额从 7.494 亿美元增长到 14.731 亿美元，增长了 96.57%。[②]

再次，冷战后的国际公共产品供应机制对美国霸权过度依赖，需求方对供应方的制衡能力偏弱。约翰·伊肯伯里认为，美国曾建立了自由民主国家的联盟，以"胡萝卜加大棒"的方式维持联盟，为成员国提供"搭便车"机会，路径依赖和收益的增加使联盟不断制度化，美国同时通过国际货币基金组织、世界银行和关贸总协定，以及七国集团等非正式团体努力构建更加开放的全球政治经济体系。[③] 一方面，依靠严密的制度网络，美国将国际体系中的国家纳入由其设计和主导的供应体系。有些学者认为美国是仁慈霸权，被效果剥削，容忍"搭便车"的存在。但是，在国际公共产品供应领域，"搭便车者"的存在从来不是一国决定是否供应的根本性因素。"搭便车者"不提供公共产品，但也不充当破坏者。[④] 霸权国在供应之

① 赵怀普：《从"欧洲优先"到"美国优先"：美国战略重心转移对大西洋联盟的影响》，《国际论坛》2020 年第 3 期，第 54 页。

② 赵航：《多边贸易体系与美国的霸权权力》，外交学院博士学位论文，2008，第 58 页。

③ Michael Barnett, "International Progress, International Order, and the Liberal International Order," *The Chinese Journal of International Politics*, Vol. 14, No. 1, 2021, p. 14.

④ J. Samuel Barkin, Yuliya Rashchupkina, "Public Goods, Common Pool Resources, and International Law," *American Journal of International Law*, Vol. 111, No. 2, 2017, p. 381.

初就对其他国家"搭便车"的行为心知肚明，并采取默认的态度。从本质讲，"搭便车者"在享受美国供应的国际公共产品的同时，也接纳了相应的体系规则，并在美国主导的体系下运转。① 另一方面，美国构建的公共产品供应体系是围绕其本国利益运转的，在对相应制度进行设计的时候，就已经将其所享有的优势进行"锁定"，从而固定下来。对于国际经贸领域中的两大国际组织，美国都拥有事实上的主导权。在对 WTO 的塑造中，"美国特意将上诉机构报告以'正当程序原则'与美国联邦最高法院的违宪审查机制紧密联系，安插'木马式'的权力制衡机制，获得在 WTO 专家组和上诉机构成员人选方面的单方面否决权"②。同样，IMF 执行加权投票表决制，在涉及重大事项时需要总投票权的 85% 表决通过，由此投票权比重逾 17% 的美国在"协定"的修订、确立新总裁人选等问题上拥有事实上的"否决权"。③ 在这种美国主导的供应体系中，需求方的诉求往往被忽视，甚至需求方的努力也有可能受到来自霸权国的抵制。例如，1999 年成立的金融稳定论坛的目标是评估影响全球金融稳定的问题，进而研究、提出相应的对策。在该论坛成立过程中，针对欧盟提出的建立技术主导的金融稳定论坛的倡议，美国予以反对并强力推行国家主导的规则。④

最后，冷战后的国际公共产品供应机制具有一定的不稳定性。这种不稳定性来源于三个方面。其一，该机制与美国霸权兴衰相连，并形成依附关系，导致一旦美国霸权实力出现衰退以及供应意愿出现变化，机制的稳定性就将受到极大挑战，进而美国能否持续高效供应国际公共产品也成为疑问。其二，该机制忽视需求方诉求，需求方处于弱势被动地位，这将会造成其对机制不满的增加。具有一定实力的国家，在需求压抑后将会尝试扮演提供者角色。早在 1989 年，日本京都大学经济学教授吉田和男就提出，作为替代"美国治下的和平"的新的国际协调和世界体系，包括日本在内

---

① 所谓小国"搭便车"在一定意义上并不存在。因为"搭便车"是享受好处却不支付相应的费用，且这是一种主观主动行为，而非无意识的被动接受。某些国家尤其是小国，在诸多国际问题上，并没有选择权和发言权，更多的是被动接受者。这是国际公共产品和国内公共产品的重要区别，也是国际公共产品权力属性的体现。

② 宋静：《美国制度霸权的变迁与中国的国际角色》，《社会科学》2020 年第 9 期，第 30 页。

③ 马荣久：《国际组织中的国家话语权》，《国际展望》2021 年第 4 期，第 97 页。

④ 管传靖、陈琪：《领导权的适应性逻辑与国际经济制度变革》，《世界经济与政治》2017 年第 3 期，第 35~61 页。

的各国应共同分担国际公共产品的供给。① 其三，就冷战后的权力结构而言，苏联以意想不到的方式消亡从而突然性地终结了两极格局，冷战后的权力结构并不是各国实力相互融合、激荡的产物。后冷战时代是一个短暂而不确定的时期。正如康多莉扎·赖斯（Condoleezza Rice）所言："我们更清楚自己身在何处，而非去往何处。"② 冷战后的权力结构从本质上是一个过渡性的结构，全球各国均在探索新的相处模式。大国关系在冷战后处于长期调整状态，国家间的权力对比也在发生变动。权力本质上是通过竞争来显现和增长的。对强大的行为体而言，通过竞争来获取影响力、财富和地位，是刻在其骨子里的本能。③ 伴随权力结构的转变，主要国家的供应意愿也将会发生变化，国际公共产品的竞争属性和权力属性将会凸显。不同供应主体提供各具特色的公共产品，需求方根据本国利益选择。公共产品的供应将成为大国竞争的主战场，既有的美国主导下的供应机制也将面临巨大挑战。

基欧汉和奈认为："霸权具有双重含义，既立足于经济优势由此带来高利润的国际收入，又见诸于政治控制以足够实力来维持支配国家间关系的基本规则，或以单边行为树立榜样和示范，或以多边制度领导获取长远利益。"④ 美国成为国际公共产品供应体系的主导者，既有历史的偶然也有其必然。以霸权护持为目标、通过公共产品交换建立起的美国主导的等级化供应体系过分依赖霸权自我约束、忽视需求方诉求，这为体系的变革埋下了伏笔。冷战后的权力结构自身具有过渡性和不稳定性，全球化降低权力因素对国际体系的冲击、增强各国之间的相互制约能力，新的全球性问题层出不穷，既有供应机制供应主体供应能力持续下滑等，这些将最终引发供应体系的变革。

---

① 贺平：《区域性公共产品与东亚的功能性合作——日本的实践及其启示》，《世界经济与政治》2012 年第 1 期，第 37 页。

② Condoleezza Rice, "Rethinking the National Interest: American Realism for a New World," *Foreign Affairs*, Vol. 87, No. 4, 2008, p. 2.

③ Cheng-Chwee Kuik, "The Twin Chessboards of US-China Rivalry: Impact on the Geostrategic Supply and Demand in Post-Pandemic Asia," *Asian Perspective*, Vol. 45, No. 1, 2021, pp. 157-176.

④ 宋静：《美国制度霸权的变迁与中国的国际角色》，《社会科学》2020 年第 9 期，第 25 页。

三　既有国际公共产品供应机制缺陷与全球治理困境

习近平主席曾指出："我们正处在一个挑战频发的世界。世界经济增长需要新动力，发展需要更加普惠平衡，贫富差距鸿沟有待弥合。地区热点持续动荡，恐怖主义蔓延肆虐。和平赤字、发展赤字、治理赤字，是摆在全人类面前的严峻挑战。"[①]　全球性问题频生，既是全球化发展带来的必然现象，也昭示着既有全球治理体系的失效。

全球治理的核心命题在于如何寻找一个合理和有效解决全球性问题的方案，其实质是一种跨国界的公共产品的提供；国际公共产品供应中发生的变动将直接致使全球治理出现新问题与新特征，进而导致全球治理出现民主赤字、发展赤字和责任赤字。[②]　学术界对于国际公共产品供应与全球治理间的作用关系基本达成共识——国际公共产品得到有效、高质量、持续稳定供应，全球治理体系就能运转良好，治理赤字也会迎刃而解。全球治理与国际公共产品供应是一个硬币的两面而已；全球治理的短板是国际公共产品的缺失，[③]　全球治理中出现的障碍都能从公共产品供应中找寻到解决思路。将国际公共产品供应与全球治理相链接，将会出现不同治理主体之间的分野——有些治理主体是供应方，有些则为需求方；不同的治理领域将会出现各具特性的公共产品，从而使人更加明晰地观测到全球治理的实质性过程与其中存在的问题。从国际公共产品供应的视角看，当前全球治理困境的出现是国际公共产品供应机制内部发生的"病变"，也是其"痼疾"终于爆发的表现。

---

① 《习近平：摆在全人类面前的严峻挑战是我一直思考的问题》，新华网，2017 年 5 月 14 日，http：//www.xinhuanet.com//world/2017 - 05/14/c _ 129604238. htm？ from = singlemessage& isappinstalled = 0。

② 参见陈伟光《全球治理与全球经济治理：若干问题的思考》，《教学与研究》2014 年第 2 期，第 53~60 页；裴长洪《全球经济治理、公共品与中国扩大开放》，《经济研究》2014 年第 3 期，第 4~19 页；任琳、彭博《全球治理变局与中国应对——一种全球公共产品供给的视角》，《国际经济评论》2020 年第 1 期，第 108~123 页；刘传春、李远《"一带一路"倡议与全球治理的完善——以国际公共产品有效供给为视角的分析》，《理论导刊》2019 年第 10 期，第 109~110 页。

③ 孟于群、杨署东：《国际公共产品供给：加总技术下的制度安排与全球治理》，《学习月刊》2018 年第 1 期，第 96 页。

第一，冷战后全球化加速发展，新的全球性问题频生，既有供应机制难以兼顾，造成供应缺失。当今的国际公共产品供应机制是二战后基于当时的国际环境所建的，即使延续到冷战后，其基本架构也并没有发生实质性改变。受到冷战时期两个超级大国对峙的国际局势制约以及交通科技等的影响，全球化浪潮并未在真正意义上席卷全球。杰弗瑞·萨克斯（Jeffrey D. Sachs）等通过估算生活在开放经济体人口的比重变化，发现第二次世界大战结束后的世界经济总体上是封闭的；在冷战结束后的1993年，世界生活在开放经济体的人口比重刚刚超过50%。① 冷战期间，世界被人为分裂成两个对立的阵营，国家关注的议题聚焦在传统安全和经济领域。国际公共产品的供应也主要涉及这两个方面，对于非传统安全问题并未过多留意。冷战结束后，全球化进入加速发展阶段，以原子和电子计算机的广泛发展和运用为主要标志的新科技革命带动了一系列新型产业部门的建立，生产力进一步国际化，国际分工朝着更加细化的方向发展，所有国家都不同程度地参加了国际分工，国际市场不断扩大和多样化。1990~2008年，世界出口额年平均增长率为8.9%，世界出口额占GDP的比重从1990年的15.5%上升到2008年的25.8%；进口额占GDP的比重从15.8%上升至26.2%。② 冷战后的主权国家更多地将精力放在经济问题上，关注如何在经济一体化的全球贸易分工中分得一杯羹，对传统安全议题的关注度相对下降。全球化在加深国家间相互依赖的同时，也带来不可避免的副作用。"全球化的最大负面效应是引起了当代一系列的全球问题。所谓全球问题，就是对全球范围内的人们亦即对整个人类的生存和发展产生重大影响、构成严重威胁的问题。"③ 例如，国内问题的外溢致使政策性后果不再是单一国家能够应对的；人类活动范围的扩大和活动的增加带来对生态环境的破坏以及全球变暖；在经济贸易高度繁荣的同时，国家和地区之间的不平等以及贫困鸿

---

① Jeffrey D. Sachs and Andrew Warner, "Economic Reform and the Process of Global Integration," *Brookings Papers on Economic Activity*, Vol. 1995, No. 1, 1995, pp. 12-13, 转引自蔡昉《全球化、趋同与中国经济发展》，《世界经济与政治》2019年第3期，第8页。

② 胡鞍钢、王蔚：《从"逆全球化"到"新全球化"：中国角色与世界作用》，《学术界》2017年第3期，第7页。

③ 汪信砚：《全球化与反全球化——关于如何走出当代全球化困境问题的思考》，《北京大学学报》（哲学社会科学版）2010年第4期，第31页。

沟却在极速拉大。根据联合国经济和社会事务部发布的《2010 年世界社会状况报告》，全球有 14 亿人生活在 1.25 美元/天的国际贫困标准线下，约占世界总人口的 1/5。长期忍受饥饿的人口高达 9.6 亿，比 20 世纪 90 年代初上升了 1.4 亿。[①] 极端思潮泛化，恐怖主义兴起，在冷战时期被压制的民族分离运动、民族宗教冲突等现象也逐渐显现。然而，这些新议题显然是自冷战时期延续下来的供应体系无法有效应对的。国家关注重点的转向与伴随全球化而来的不可避免的全球性问题，都是既有供应体系难以兼顾的，其亟须调整和拓展供应领域，增加新的供应机制或对既有机制进行"升级"。

第二，国际公共产品需求区域化、议题化、破碎化特征突出，既有机制越来越难以满足多样化需求。其一，区域经济一体化加深了地区内国家间的相互依赖，但也导致了地区间的差异化。冷战后，作为对全球经济一体化的应激反应，地区一体化也在全球兴起。地区主义或区域合作被看作区域经济活动的融合，也是形成一个新的政治中心的过程。作为地区一体化的重要载体的地区贸易协定，在加强地区内国家融合、加深国家间相互依赖的同时，也导致关税和原产地原则的多样性。一个国家成为几个地区贸易协定的成员国，而这些地区贸易协定的规则又有所不同，从而形成地区内部一体化与地区间差异化并行的现象。其二，冷战后，国际安全问题由全球体系层面下沉到地区层面。国际安全地区化并不意味着所有的安全问题都被地区化，并不是对全球体系层面国际安全问题的否定，而是冷战时期被忽视的安全问题得到重视，国际安全建构中的地区安全建构受到关注。国际安全地区化是指国际安全的威胁来源、安全互动效应的范围、安全问题的解决和国际安全的建构被还原到地区内部：威胁主要来自地区内，或者来自地区外的威胁对本地区构成了整体上的威胁；地区安全互动的结果（代价或收益）更多地局限在地区的范畴之内，而非直接扩散到全球层面上去；在管理地区安全的战略与制度方面，主要是由地区内的国家或者通过力量的相互牵制，或者凭借集体协调与合作来处理所面临的地区安全挑战；地区内国家有地区安全的认同，在地区未来的问题上有共识，各国意识到与它们的邻国在事实上已经结成了命运共同体。在安全地区化过程

---

① 吴志成、王天韵：《全球化背景下全球治理面临的新挑战》，《南京大学学报》（哲学·人文科学·社会科学版）2011 年第 2 期，第 46 页。

中，安全地区主义也逐渐显现。安全地区主义的重要内容之一就是以合作型地区安全机制来实现安全类公共产品的地区供给。其三，冷战后涌现了不同类型的全球性问题，其需要有针对性的解决方案。全球气候问题的解决途径与非洲地区的赤贫问题的解决途径迥然不同。而且相同类型的问题即使在不同的地区，其产生的根源和解决方式都有可能存在巨大差异。例如，同样的难民问题会出现不同的问题根源和需求方诉求。截至 2019 年 12 月，由战争、地区冲突和政治宗教迫害导致的全球难民达到 7950 万人，是自联合国难民署成立以来的最高水平。[①] "联合国难民署将宽泛意义上的难民统称为关注对象（Persons of Concern），分为难民（根据难民国际公约的难民定义，且已获得国际社会对难民身份承认的个人或群体）、庇护寻求者（寻求难民身份的个人或群体，但其难民身份尚未获得承认）、IDP[②]、遣返难民、无国家者。"[③] 当前国际社会在难民问题上面临两大挑战，一方面是如何从根源上有针对性地解决难民问题——仅从"难民"的概念内涵就足以看出难民问题的原因各异，环境问题、战争与地区冲突等都是难民产生的重要原因；另一方面则是难民的安置问题，尤其是对欧洲国家而言，如何应对来自中东、北非的大量难民并保证本地区的社会稳定和经济发展，是一个极大的挑战。由此可见，对于全球性问题的解决、对于不同的需求必须要根据该议题的实际特点和不同需求方的诉求，进行针对性和特殊化处置，否则将有可能事倍功半。

第三，霸权供应意愿的下降及对供应关系的调整，导致供求主体之间矛盾加剧，供需错配的现象愈加明显。国际公共产品的供需错配是指供应的产品不能满足或部分满足需求。供需错配分为两种情况：一种是以国际层面的公共产品供应机制来解决地区层面问题，这难以满足个性化需求，即层次需求错配[④]；另一种是国际公共产品的消费带有强制色彩，需求方接

---

① 宋全成：《动荡与冲突中全球难民治理的困境与前景》，《西亚非洲》2021 年第 2 期，第 121 页。

② 国内流离失所者（Internally Displaced Persons，IDP）是指为了躲避武装冲突以及普遍暴力、违反人权的处境，或者自然、人为灾难的影响，逃离家园或长期居住地的个人或集体。

③ 严骁骁：《国际难民机制与全球难民治理的前景——叙利亚难民保护实践的启示》，《外交评论》2018 年第 3 期，第 132 页。

④ 可参见查晓刚、周铮《多层公共产品有效供给的方式和原则》，《国际展望》2014 年第 5 期。

受的产品往往带有附加条件，且产品本身也并非依据需求方的诉求生产的，反而反映的是供应方的偏好，即产品需求错配。两种供需错配中，层次需求错配是伴随全球化和地区化的双重趋势而产生的，更多的是一种客观现象；产品需求错配则是供应方有意而为之的，目的是实现本国的战略目标，是一种主观故意。因此，虽然在国际公共产品供应中存在诸多供需错配的现象，但唯有具有主观故意性的错配现象，才被称为产品需求错配。当前国际公共产品需求错配的诱因来自供应方。我国学者韩召颖和吕贤认为，在全球化时代，出于掌控和引导全球价值链构建、塑造有利于自身利益的国际经济秩序的目的，欧美发达国家在事关全球经济治理的议题选择、议程设置和规则构建上采取"选择性治理"的立场，这导致全球经济发展失衡、金融风险累积和治理效能下降。① 作为供应方中最重要、最关键的国家，近年来美国对国际公共产品的供应意愿出现明显的转变——由原本的积极主动滑向消极主动，甚至是干扰性供应；在供应偏好上，其更趋向建立单边主导供应模式，注重本国在供应过程中的绝对主导地位，倾向以双边或少边方式替代多边合作供应；在供应产品选择上，降低产品的公益性，提高产品的排他性。② 进而，美国对供应机制进行了重大调整，这体现在对本国供应角色的重新定义上。其一，缩短国际公共产品的供应链，弱化国际组织在供应中的作用，营造美国对供应的决定性作用。有学者曾提及："没有了霸权国家的自我约束，多边组织便成了空壳。"③ 而现阶段，美国对国际组织、多边主义的积极性明显下滑。德国班贝克大学政治学教授罗拉·安妮·维奥拉（Lora Anne Viola）从当前国际体系权力转移的视角出发进行分析，认为权力转移将激发美国将国际合作从包容性多边机制（inclusive multilateral institutions）中剥离出来，转而依靠更具选择性、排他性的机构追求自我利益，在这种机制中美国寻求在由志同道合国家组成的集团中形成共识。随着与霸权国利益相冲突的崛起国在促进国际合作方面的作用愈加重要，集体行动的难题和分配问题将进一步加剧。霸权国相对

---

① 韩召颖、吕贤：《全球经济治理创新：一项基于议题调适和规则重构的分析》，《世界经济与政治论坛》2021年第1期，第81页。

② 参见本书第二章第二节对美国供应意愿调整的具体分析。

③ 〔美〕斯蒂芬·G.布鲁克斯、〔美〕威廉·C.沃尔福思：《失衡的世界：国际关系和美国首要地位的挑战》，潘妮妮译，上海人民出版社，2019，第153页。

实力的下滑，降低了其单边支付的能力、以利诱克服偏好分歧的能力以及将本国偏好强加于集团的能力。[①] 虽然，美国从多边组织（协议）的撤出并不是偶然现象，历史上美国就曾有过多次退出的记录。但是，自特朗普时期开始的美国的"退群"行为，更多地发生在理应由大国肩负重责的领域。不仅如此，美国还将矛头指向国际组织，例如，美国已成为联合国第一大欠费国，欠款占各国欠款总额的2/3以上；在新冠肺炎疫情暴发后，指责世卫组织防疫不利等。其二，在供求交换关系中，优先保障美国的收益；在责任—权利权衡中，强调美国所拥有的权利。在国际公共产品供应中，成本—收益问题是提供者考虑的核心问题，成本—收益失衡会影响提供者持续供给公共产品的意愿。[②] 对美国而言，供应国际公共产品是为自身霸权地位的稳定而服务的，当其不能起到很好的霸权护持作用时，就必然要做出相应的战略调整。在进入21世纪后，特别是2008年世界金融危机后，国际权力结构发生变动，美国相对实力逐渐下滑，以中国为代表的新兴国家则开始群体性崛起。权力结构的变动，引发了美国供应国际公共产品意愿的转变。美国视其他国家为"搭便车者"，认为其过度消耗了霸权资源，对本国主导地位造成了损伤。对于公共产品，"搭便车者"会增加合作者的供给成本，并可能导致产品供给不足。但"搭便车"不会损害曾经提供的商品的价值。[③] 况且在供应之初美国就对"搭便车"的行为心知肚明，在供应过程中，也默认了"搭便车"的存在。因此，在一定意义上，对于美国而言，问题的关键不在于"搭便车者"的存在，而在于"搭便车者"消费公共产品的获益是否有损美国霸权地位的持续与稳定，远非所谓的有损公共产品的价值和效能。其三，在国际公共产品供应中，美国在名义上塑造"领导关系"，实质上打造稳固的"支配关系"，以固化美国的霸权优势地位。美国现任总统拜登在2020年3/4月的《外交事务》杂志上发表了《美国需要重新领导世界》一文，且在选举期间拜登团队也立意鲜明地表示要"恢复

---

① Lora Anne Viola, "US Strategies of Institutional Adaptation in the Face of Hegemonic Decline," *Global Policy*, Vol. 11, No. S3, 2020, p. 29.

② 李宏佳、王宏禹、严展宇：《国际公共产品供给：中国稀土产业的经济外交策略》，《东北亚论坛》2017年第2期，第86页。

③ J. Samuel Barkin, Yuliya Rashchupkina, "Public Goods, Common Pool Resources, and International Law," *American Journal of International Law*, Vol. 111, No. 2, 2017, p. 384.

美国的领导地位"。布鲁斯·琼斯等认为，国际领导地位意味着美国必须做出四种基本承诺：与其他国家协调行动；提供资源，鼓励其他国家加入国际组织并参与其活动；努力寻求外交手段化解危机；建立健康有效的国际制度，以便最大限度地减少美国单独行动的可能。① 拜登政府若要"领导"世界，显然要对特朗普时期的国际公共产品供应策略进行调整。虽然拜登政府高举"重新领导"的大旗，对多边主义和国际组织等释放善意的信号，但是，从本质看，拜登政府所谓的"领导"并没有给予需求方更多的照顾，也没有给予其他国家平等的地位，更不用说对本国行为进行约束。恰恰相反，拜登政府仅仅是有选择地回归"多边主义"，且回归的目的更多的是责任转移，这点在气候领域尤为明显；在安全领域，从公共产品供应角度看，其与特朗普政府的供应策略并无实质性区别。格雷厄姆·艾利森在享誉世界的著作《注定一战：中美能避免修昔底德陷阱吗？》中提出"崛起国综合征"和"守成国综合征"。"崛起国综合征"是指，崛起国自我意识不断增强，要求增加自己的利益以及获得更大的承认和尊重；"守成国综合征"基本上是前者的镜像，是指既有大国在面临"衰落"的威胁时，恐惧感和不安全感不断被放大。② 面对相对实力的下滑，所谓的"不安全"因素被美国无限放大。在这样的背景下，中短期内，美国显然无法继续供应高效、稳定的公共产品；供应机制的运转受到主导国自我调适的影响也陷入困局。正如西蒙·赖克和理查德·内德·勒博所认为的："美国正在对全球的秩序与稳定构成威胁，而全球的秩序与稳定又恰恰是美国存续的支柱之一。"③

第四，国际公共产品的供应成为大国博弈的重要场域，不同供应机制之间的竞争愈发激烈。国际公共产品供应机制之间的竞争是无政府状态下主权国家交互关系中的常态化、自然而然的客观现象。是否主动提供可供国际社会同等消费的国际公共产品将是衡量一个大国是否承担国际责任的重要指标，也是一国能否获得国际社会认可的大国地位的重要方式。在无

---

① 〔美〕布鲁斯·琼斯、卡洛斯·帕斯夸尔、斯蒂芬·约翰·斯特德曼：《权力与责任：构建跨国威胁时代的国际秩序》，秦亚青、牛立群译，世界知识出版社，2009，第41页。

② 〔美〕格雷厄姆·艾利森：《注定一战：中美能避免修昔底德陷阱吗？》，陈定定、傅强译，上海人民出版社，2019，第76页。

③ 〔美〕西蒙·赖克、〔美〕理查德·内德·勒博：《告别霸权！——全球体系中的权力与影响力》，陈锴译，上海人民出版社，2017，第23页。

政府状态下，大国为了提升自身国际影响力与吸引力，会竞相推出各具特色的全球公共产品，以吸引他国。[①] 良性的供应竞争能够在为需求方提供更多选择的同时，也能够鞭策供应方不断提升供应质量和供应能力；反之，恶性的供应竞争则将会导致供需错配。区分良性与恶性竞争的关键性标准就在于供应的公共产品是排他的还是同等可得的；是有附加条件的还是开放透明的。国际公共产品供应机制之间的竞争是很自然的现象，也是无可避免的客观存在。然而，当下国际公共产品的供应出现了恶性竞争的苗头。一方面是患有"守成国综合征"的美国蓄意将公共产品私物化，提高产品的排他性和针对性。作为战后全球经济治理体系的主导者，美国仍是世界最大的经济体、综合实力最强的国家、诸多国际制度的主导国，其行为的负面溢出效应是巨大的。[②] 当前，美国行为非但维护不了霸权式供给模式的有效性，还会干扰其他供给模式发挥有效作用。[③] 另一方面则是自冷战时期延续至今的国际公共产品供应体系变得日益脆弱，效能下降，供应体系自身也处在一个新的转折期。《金融时报》专栏作家菲利普·斯蒂芬斯（Philip Stephens）断言："1945 年创建的基于规则的自由主义体系，在冷战结束后得到迅速扩展，但是眼下却面临空前的压力，全球化正在退潮。"[④] 如何在新的国际环境中适应新的全球化和地区化发展趋势，有针对性地分领域、分地域、分议题解决全球问题，构建新的各具特点的供应机制，进而在协调不同机制间关系中形成良性竞争，将是处于转折期的国际公共产品供应体系面临的巨大挑战。

四　国际公共产品供应机制的完善与全球治理体系变革

冷战后形成的由美国主导的国际公共产品供应机制本身就存在难以克服的痼疾：临时性、不稳定性以及对霸权的过度依赖。这种供应机制的先

---

① 李巍：《国际秩序转型与现实制度主义理论的生成》，《外交评论》2016 年第 1 期，第 31~59 页。

② 任琳、张尊月：《全球经济治理的制度复杂性分析——以亚太地区经济治理为例》，《国际经济探索》2020 年第 10 期，第 109 页。

③ 程铭、刘雪莲：《共生安全：国际安全公共产品供给的新理念》，《东北亚论坛》2020 年第 2 期，第 72 页。

④ 〔美〕约瑟夫·奈：《美国的领导力及自由主义国际秩序的未来》，崔志楠译，《全球秩序》2018 年第 1 期，第 64 页。

天缺陷与 21 世纪后全球态势、权力结构、霸权战略等的一系列变化，共同造成了全球治理体系的困局。全球化发展的世界所需要的全球治理存在"缺口"，现有的世界格局、国际秩序、全球性机构无法提供有效而充足的协同性公共行动，导致全球治理赤字问题。① 通过上文论述，依旧期待霸权模式的自我调适来改变现有困局，显然是不合理和不现实的，相反有可能加剧供需错配和供应的恶性竞争。戴维·兰普顿（David M. Lampton）认为，近二十年来，美国一直在破坏自己最大的软实力资产——国内治理的秩序化和国际上负责任的行为。一系列灾难性的决定创造了一条悲惨的道路，路标上写着"伊拉克战争""国内经济管理不善""全球性金融危机""华盛顿从已经和即将签署的协议中撤出"。所有这些都降低了美国的信誉，"美国优先"理念除了一小部分美国民众，对其他任何人都没有吸引力。② 霸权供应模式的光环已然丧失，现在更应该探究如何建立新的供应机制，如何促进供应方之间的良性竞争、形成供应方和需求方之间相对满意的交换关系，全球治理体系变革迫在眉睫。正如习近平主席所言："随着国际力量对比消长变化和全球性挑战日益增多，加强全球治理、推动全球治理体系变革是大势所趋。"③ 从国际公共产品供应视角看，推动全球治理体系变革需要着重考虑三个层面：第一，针对供应方明确权责分配，提高供应国际公共产品的效能，避免无谓的竞争与资源浪费；第二，关注需求方诉求，提高国际公共产品的供应效能，缓解供给不足问题；第三，改善既有国际公共产品供给机制中的供需双方关系，也注重不同供应机制之间关系的协调发展。

面对由全球性问题复杂性和困难性的提升和全球性问题的跨国性、转化性、扩散性、不确定性特征日益凸显所导致的国际公共产品供给不足、需求难以满足的现象，可以从两种途径入手。其一，在国际公共产品供应过程中，各主体应允许一定程度的公共产品供应私有化的存在，明确产权问题。"克服产品公共性带来的提供不足问题，最直接（也许是最有效）的

---

① 孔艳丽、韩升：《百年未有之大变局下全球治理的价值共识凝聚》，《社会主义研究》2021 年第 3 期，第 151 页。

② David M. Lampton, "Reconsidering U.S.-China Relations: From Improbable Normalization to Precipitous Deterioration," *Asia Policy*, Vol. 14, No. 2, 2019, p. 51.

③ 《习近平谈治国理政》（第二卷），外文出版社，2017，第 448 页。

解决办法就是对产品进行私有化，明确其产权，使消费者必须付出成本，以获取产品并独自享受产品带来的消费利益。"① 这里的"私有化"仅指"确权"问题，明确消费者和供应者在供给过程中应当承担的成本和责任，避免过度"搭便车"现象的出现，从而对集体行动带来负面影响。同时，允许私有化也是对供应者的激励，以切实的物质收益提高供应者的积极性。但是需要注意的是，私有化绝对不是将本国利益凌驾于公共产品供应之上，让后者成为前者的附属品；私有化不是某国将公共产品转变成个人私有物，而是在充分考虑需求方诉求的同时兼顾本国对国家战略利益的追求。在实践中，就是明确不同供应主体特别是在多边合作供应中各国的权责分配。例如，在上海合作组织成立之时，各成员就签署了《打击恐怖主义、分裂主义和极端主义上海公约》（《上海公约》），继而又签署了《上海合作组织反极端主义公约》、《上海合作组织反恐怖主义公约》及打击毒品走私的专门文件。相关合约文件的签署，不仅夯实了成员之间进行多边安全合作的法律基础，而且上合组织成员也以此为据，制订年度合作计划，协商开展针对"三股势力"的情报交流、人员培训等。上合组织成员国通过签订一系列具有法律约束力的条约，明确了各自在打击恐怖主义、贩毒等有组织跨国犯罪等问题上的权责，极大地提升了该组织为地区提供安全公共产品的能力。其二，国际公共产品供应主体要清醒地认知并确定自身的供应责任范围。在公共产品供应过程中，可以遵循匹配性原则，即根据受益范围来确定公共产品供给的责任主体层次。"在国内政治中，匹配性是一种将供应各种公共服务的责任在各个政府之间进行分配的原则。一个政府承担和提供公共服务的责任，应当和这个政府服务的受益范围相一致。"② 在国际层面，国际公共产品的匹配性体现在两个方面。一方面，主权国家理应主动、积极地承担国际责任，承担与本国地位相匹配的供应责任。穆拉德·布可夫斯基从国际规范的角度认为，国际责任分为一般责任和特殊责任。一般责任是现代国际体系中的所有成员国所应承担的责任；而特殊责

---

① 杨伊、蒋金法：《国际合作供给全球公共品的制度设计研究——兼论中国参与的路径选择》，《当代财经》2014年第1期，第27页。

② 梁云祥、张家玮、吴焕琼：《东北亚海洋环境公共产品的供给：理论、现状与未来》，《日本问题研究》2019年第5期，第71页。

任则是特定成员所承担的责任，即只有少数几个大国或大国俱乐部成员才能履行的国际责任，如大国负有维护国际和平与安全的重大责任等。① 英国学派学者赫德利·布尔提出，在无政府状态的国际体系中，国家拥有权力就要负相应的责任。② 国家是否供应与自身国际角色相匹配的国际公共产品，是该国战略信誉的重要体现。具有超强实力的主导性大国一般会构建符合本国利益的国际秩序，从而需要为此提供国际公共产品，并有责任和义务维持这些产品的供给。③ 另一方面，国家供应国际公共产品也不应超越本国的供应能力，否则既不利于产品的良性供应，也有损于本国战略利益的实现。供应国际公共产品对于主权国家而言，既要避免醉心于类似冷战时期的意识形态输出，也要避免战略性误判。例如，20 世纪 80 年代，日本领导人对本国在世界经济格局中的地位怀有不切实际的期待，此时的日本并不具备支撑日元国际化的实力，也无法摆脱美国对其的政治经济制约。这些就注定了日本试图将日元变成国际货币的努力失败，也使其尝试独自提供国际公共产品的想法夭折。④

当前国际公共产品供应体系，是被以美国为首的西方国家所支配的，全球治理遵循的机制给各国带来的益损各不相同⑤，发展中国家往往处于被动和附属的地位。后殖民主义学者马歇尔·贝尔（J. Marshall Beier）提出："在国际关系中，由于西方国家在物质权力和知识生产上的强势地位，这些国家在国际关系话语领域享有一种自说自话，对第三世界国家、土著人的声音置若罔闻的特权。"⑥ 鉴于此种情况，针对非西方国家的需求难以满足的情况，应从两方面应对。一方面，在既有的供应机制中，需求国特别是

---

① 郝宇彪、侯海萌：《国际公共产品供给视角下的大国财政分析》，选自黄河、贺平编《"一带一路"与区域性公共产品》，上海人民出版社，2018，第 58 页。

② 徐正源：《中国负责任大国角色的建构：角色理论视角下的实证分析》，中国人民大学出版社，2012，第 57 页。

③ 杨卫东：《美国霸权地位的衰落——基于政治领导力的视角》，《国际论坛》2021 年第 1 期，第 61 页。

④ 关于"战略性误判"的相关内容，可参见冯维江、张斌、沈仲凯《大国崛起失败的国际政治经济学分析》，《世界经济与政治》2015 年第 11 期。

⑤ 参见徐秀军《制度非中性与金砖国家合作》，《世界经济与政治》2013 年第 6 期，第 77~96 页。

⑥ 邢丽菊、赵婧：《国际话语权视域下的中国国家形象建设：挑战与对策》，《东北亚论坛》2021 年第 3 期，第 120 页。

发展中国家要形成集体合作以提升话语权。全球问题的发展必然要求所有国家联合起来，共同合作，携手应对。同时，在全球化时代，国家实施的政策也往往带来了全球公共产品的生产，比如缓解气候危机和保护生物多样性。然而，除非这些公共产品带来的收益超越了由此产生的高昂的成本，否则各国政府几乎没有采取行动的动机。没有国际合作，诸多宝贵的全球公共产品仍旧供不应求。① 因此，在一个全球化无法逆转的时代，发展中国家已然具备了影响公共产品供应的基本条件，接下来面临的就是如何在由西方主导的供应体系中发挥更大的影响力。正如习近平主席在 2017 年 9 月 5 日新兴市场国家与发展中国家对话会上所强调的，新兴市场国家和发展中国家要加强团结协作，共同构建开放型世界经济、共同落实 2030 年可持续发展议程、共同把握世界经济结构调整的历史机遇、共同建设广泛的发展伙伴关系。另一方面，需求方应主动构建新的供应机制，成为公共产品的供应方以解决本地区或与本国需求紧密相连的产品供应问题。当前美国主导的国际公共产品供应机制已成为供求协调发展的一大障碍。从经济看，全球贸易已经经历了数十年的增长，美国却在违背这一潮流。1990~2008年，全球进出口总额占 GDP 的比重由 39% 上升到 61%。同一时期，美国总贸易额占 GDP 的比重却只从 20% 增长到了 30%。② 在安全领域，我国学者信强提出，进入 21 世纪后，美国的实力相对衰落和一系列战略决策失误，导致美国作为国际公共产品"主要提供者"的角色遭到了弱化，也使得亚太地区面临日益凸显的"公共产品赤字"问题。③ 陈翔则更直接提出，美国相对实力的下滑使其东亚双边同盟体系备受困扰，其独自承担公共产品成本的能力和意愿均出现下降态势，从而使得地区安全公共产品供给不畅，无法满足地区国家对安全产品的需求。④

首先，霸权供应机制存在的缺陷和已暴露的问题，以及公共产品需求

① Gideon Rose, "The Fourth Founding: The United States and the Liberal Order," *Foreign Affairs*, Vol. 98, No. 1, 2019, p. 160.

② Adam Posen, "The Price of Nostalgia: America's Self-Defeating Economic Retreat," *Foreign Affairs*, Vol. 100, No. 3, 2021, pp. 28-43.

③ 信强：《"三重博弈"：中美关系视角下的"一带一路"战略》，《美国研究》2016 年第 5 期，第 27 页。

④ 陈翔：《周边区域安全公共产品供需变迁及中国应对》，《社会主义研究》2020 年第 4 期，第 137 页。

的区域化、议题化和碎片化趋势，均要求出现新的供应机制以弥补当前供应机制的漏洞。如前文所述，公共产品供应理应符合匹配性原则，避免出现战略性误判、角色错位等问题，最好的选择就是有能力的国家主动承担周边地区的公共产品供应，这也是新兴大国国家发展的必然选择。新兴大国面对的关键挑战之一就是它们对全球地位的强烈期待和地区合法性之间的差距。① 其中，中国作为新兴大国的代表之一，应肩负起供应国际公共产品的职责。目前，在外部环境转变的压力下和对自身国际角色的期许下，中国从全球公共产品的消费者转变为供给者，承担起超越狭隘利益而惠及国际社会的更大责任。② 中国在供应国际公共产品时坚持共商共享共建的原则，坚持互利共赢的理念。中国供应国际公共产品在以本国利益为重要收益考量的同时，也将其他国家的需求纳入供应考虑，同时重视与其他国家的平等协商，坚持"义""利"平衡。正如习近平主席所言："倡导合作发展理念，在国际关系中践行正确义利观。……在国际合作中，我们要注重利，更要注重义。政治上，要遵守国际法和国际关系基本原则，秉持公道正义，坚持平等相待。经济上，要立足全局、放眼长远，坚持互利共赢、共同发展，既要让自己过得好，也要让别人过得好。……我们在处理国际关系时必须摒弃过时的零和思维，不能只追求你少我多、损人利己，更不能搞你输我赢、一家通吃。只有义利兼顾才能义利兼得，只有义利平衡才能义利共赢。"③

其次，以中国为代表的新兴国家在构建新的供应机制时，要注重处理好与既有机制特别是与以美国为主导的供应机制之间的关系，避免不必要的恶性竞争和资源浪费。全球治理需要体现公共性、多元性和协商性。④ 罗伯特·吉尔平也认为，国际公共产品的供应和预期效应需基于各方的利益

---

① 〔加〕阿米塔·阿查亚：《美国世界秩序的终结》，袁正清、肖莹莹译，上海人民出版社，2017，第 155 页。

② 参见曹德军《中国外交转型与全球公共物品供给》，《中国发展观察》2017 年第 5 期。

③ 《习近平在韩国国立首尔大学的演讲（全文）》，新华网，2014 年 7 月 4 日，http://www.xinhuanet.com/world/2014-07/04/c_1111468087.htm。

④ 孙吉胜：《当前全球治理与中国全球治理话语权提升》，《外交评论》2020 年第 3 期，第 3 页。

认同和政策协调，只有这样，国际体系才能顺利运转。① 当今国际体系正处于权力结构转变的重要时期，主要大国纷纷将国际公共产品供应作为博弈的手段，在增加国际公共产品供应之余也激化了供求矛盾。解决此类公共产品恶性竞争的关键就是促进主要大国之间的协调与合作，尤其是中美两国。"美国是最大的发达国家、北方国家和现行秩序的守成国，而中国是最大的发展中国家、南方国家和新兴市场国家，中美之间的身份差异必然会使两国在全球和区域公共产品领域存在'供给差异'与'需求差异'。"② 中美两国间的关系已然进入了后冷战时代最重要的调整阶段。我国外交部部长王毅在 2021 年 4 月同美国对外关系委员会视频交流时指出："中美要秉持不冲突不对抗、相互尊重、合作共赢的精神，积极探索两个社会制度不同大国的和平共处之道……处理中美关系的正确思路应该是，加强对话、深化合作、缩小分歧、避免对抗。"③ 在 2021 年 9 月 10 日中美最高领导人通话中，习近平主席更是明确提出："当前，国际社会面临许多共同难题，中美应该展现大格局、肩负大担当，坚持向前看、往前走，拿出战略胆识和政治魄力，推动中美关系尽快回到稳定发展的正确轨道，更好造福两国人民和世界各国人民。作为当今国际体系中举足轻重的两个大国，能够处理好彼此关系、肩负"大担当"，是解决全球治理困局的关键之一。"④

最后，在对国际公共产品供应机制调整时，应当注意，当前以美国为主导的供应机制只是弊病加重，而不是全然无用的，更不是想当然就应当被抛弃的。我们只是认为既有机制应当进行改革而非全盘推翻，是进行升级改造而非全盘否定。德国学者克劳迪娅·梅杰（Claudia Major）认为："新冠肺炎疫情危机表明，美国的政治领导力已经出现了结构性变化，没有美国的全球领导力，也没有美国模式为全球提供公共产品和组织全球的应

① 〔美〕罗伯特·吉尔平：《国际关系政治经济学》，杨宇光等译，上海人民出版社，2006，第 339 页。

② 任琳、彭博：《全球治理变局与中国应对——一种全球公共产品供给的视角》，《国际经济评论》2020 年第 1 期，第 112 页。

③ 《王毅同美国对外关系委员会视频交流》，外交部网站，2021 年 4 月 24 日，https：//www.mfa.gov.cn/web/wjbzhd/202104/t20210424_9137226.shtml。

④ 《中美元首通话 习近平强调这三点》，人民网，2021 年 9 月 10 日，http：//politics.people.com.cn/n1/2021/0910/c1001-32223762.html。

对措施，美国没有意愿和能力去发挥领导作用。"① 尽管美国在应对新冠肺炎疫情中表现不利，且在特朗普时期美国对全球问题持消极抗拒态度，不愿担当全球治理的领导角色，但实际情况是，即使美国不在一些国际制度、规则、规范中，其也仍旧拥有强大的影响力。例如，美国没有参加《联合国海洋法公约》，但美国仍然使用《联合国海洋法公约》的原则与中国打交道。② 美国霸权的衰落意味着对现有多边制度的重新界定、对区域性多边主义等新的多边主义的推进，以及跨国行为体和当地行为体的新联盟。这会加剧霸权的多边主义所面临的三个挑战（新多边主义概念、新兴国家、区域主义）。虽然这些挑战各自不足以撼动霸权的多边主义，但是它们会一起推动向后霸权的多边主义的转变。③ 在全球治理领域，G20 是新兴国家向世人证明自身影响力的重要机制，也是 2008 年世界金融危机横扫下，新兴国家通过合作向既有治理机制发起强有力冲击的体现。然而，即便 G20 成为全球经济治理最重要的大国合作机制，但新兴国家并没有在真正意义上填补由欧美国家相对衰落带来的权力空缺。④

　　全球治理体系困境的出现一方面是全球化深入发展，人类社会活动不断增多、范围不断扩大带来的必然后果；另一方面也是美国主导的国际公共产品供应机制固有弊端逐渐暴露、无法跟随全球态势进行更新的结果。现阶段，国际公共产品供需错配、无法高效稳定供应等现象持续恶化，全球治理困境愈发加剧。国际公共产品供应机制本身就建立在供求双方的交换关系之上，美国从"领导"向"支配"的转变以及随之而来的合法性问题和供应排他性的提升都将持续冲击公共产品的高质量供应。因此，对国际公共产品供应机制的改革迫在眉睫，首先就是要对供求关系进行调整，避免恶性竞争。国际公共产品在一定程度和范围上的私有化和权责匹配将

---

① 王雪松、刘金源：《全球公共产品视角下新冠肺炎疫苗供给困境、中国路径与挑战对策》，《当代世界与社会主义》2021 年第 1 期，第 135 页。

② 庞中英：《全球治理碎片化严重，"中国方案"应更多 get 到国际公共产品》，《华夏时报》2017 年 12 月 25 日，第 32 版。

③ 〔加〕阿米塔·阿查亚：《重新思考世界政治中的权力、制度与观念》，白云真、宋亦明译，上海人民出版社，2019，第 165 页。

④ 张云：《新冠疫情下全球治理的区域转向与中国的战略选项》，《当代亚太》2020 年第 3 期，第 142 页。

有利于解决需求方诉求难以满足、供应方供应意愿下降的问题，尤其是在针对非传统安全领域的诸多议题上；以中国为代表的新兴国家在适当的领域承担与本国实力相吻合的供应责任将极大地缓解地区层面的供应问题；中美两个大国挖掘更多合作潜力，为两国关系增添更多积极因素将会为国际公共产品供应机制间的良性竞争增添助力。在未来很长一段时期内，国际公共产品供应机制的变革将会持续下去，各国将公共产品作为博弈手段的场景将会屡见不鲜，而问题的关键从不在于"竞争"，而在于"排他"和"对抗"。全球治理困境的缓解将有赖于国际公共产品供应机制的持续调整和不同机制之间的磨合与优胜劣汰。

参考文献

一　中文参考文献

（一）经典文献

习近平：《习近平谈治国理政》（第二卷），外文出版社，2017。

习近平：《习近平谈治国理政》，人民日报出版社，2014。

习近平：《习近平主席在出席世界经济论坛 2017 年年会和访问联合国日内瓦总部时的演讲》，人民出版社，2017。

习近平：《携手推进"一带一路"建设——在"一带一路"国际合作高峰论坛开幕式上的演讲》，人民出版社，2017。

中共中央宣传部编《习近平新时代中国特色社会主义思想三十讲》，学习出版社，2018。

中共中央文献研究室编《习近平关于全面深化改革论述摘编》，中央文献出版社，2014。

中共中央党史研究室：《中国共产党的九十年（改革开放和社会主义现代化建设新时期）》，中共党史出版社，党建读物出版社，2016。

（二）中文专著

〔加〕阿米塔·阿查亚：《美国世界秩序的终结》，袁正清、肖莹莹译，上海人民出版社，2017。

〔美〕埃莉诺·奥斯特罗姆、〔美〕拉里·施罗德、〔美〕苏珊·温:《制度激励与可持续发展——基础设施政策透视》,毛寿龙译,上海三联书店,2000。

〔美〕保罗·维奥蒂:《美元与国家安全:硬权力的货币纬度》,白云真、宋亦明译,上海人民出版社,2018。

〔埃〕布特罗斯·布特罗斯-加利:《永不言败——加利回忆录》,张敏谦等译,世界知识出版社,2001。

〔美〕格雷厄姆·艾利森:《注定一战:中美能避免修昔底德陷阱吗?》,陈定定、傅强译,上海人民出版社,2019。

〔美〕韩德:《美利坚独步天下——美国是如何获得和动用它的世界优势的》,马荣久等译,上海人民出版社,2011。

〔英〕赫德利·布尔:《无政府社会:世界政治秩序研究》(第四版),张小明译,上海人民出版社,2015。

〔美〕亨利·基辛格:《世界秩序》,胡利平等译,中信出版集团,2015。

〔美〕兰德尔·施韦勒:《没有应答的威胁:均势的政治制约》,刘丰、陈永译,北京大学出版社,2015。

〔美〕理查德·内德·勒博:《国家为何而战?——过去与未来的战争动机》,陈定定、段啸林、赵洋译,上海人民出版社,2014。

〔美〕莉萨·马丁、〔美〕贝思·西蒙斯编《国际制度》,黄仁伟、蔡鹏鸿等译,上海人民出版社,2006。

吕普生:《纯公共物品供给模式研究:以中国义务教育为例》,北京大学出版社,2013。

〔美〕玛莎·芬尼莫尔:《国际社会中的国家利益》,袁正清译,上海人民出版社,2012。

〔美〕斯蒂芬·G. 布鲁克斯、〔美〕威廉 C. 沃尔福思:《失衡的世界:国际关系和美国首要地位的挑战》,潘妮妮译,上海人民出版社,2019。

〔美〕斯科特·巴雷特:《合作的动力——为何提供全球公共产品》,黄智虎译,上海人民出版社,2012。

王帆、凌胜利:《人类命运共同体——全球治理的中国方案》,湖南人民出版社，2017。

王逸舟主编《国际公共产品：变革中的中国与世界》，北京大学出版社，2015。

〔美〕西蒙·赖克、〔美〕理查德·内德·勒博：《告别霸权！——全球体系中的权力与影响力》，陈锴译，上海人民出版社，2017。

薛晓芃：《国际公害物品的管理——以 SARS 和印度洋海啸为例的分析》，世界知识出版社，2009。

杨昊：《国家提供跨国公共物品的动力分析》，时事出版社，2018。

〔美〕英吉·考尔等编《全球化之道——全球公共产品的提供与管理》，张春波、高静译，人民出版社，2006。

〔美〕约翰·鲁杰主编《多边主义》，苏长和等译，浙江人民出版社，2003。

〔美〕约翰·伊肯伯里：《自由主义利维坦——美利坚世界秩序的起源、危机和转型》，赵明昊译，上海人民出版社，2013。

〔美〕约瑟夫·E. 斯蒂格利茨：《全球化逆潮》，李杨、唐克、章添香等译，机械工业出版社，2019。

〔美〕詹姆斯·M. 布坎南：《公共物品的需求与供给》，马珺译，上海人民出版社，2009。

张建新主编《国际公共产品与地区合作》，上海人民出版社，2009。

（三）中文期刊论文及报纸文章

蔡拓：《中国提供国际公共物品的理论思考》，《国际政治研究》2012年第4期。

曹德军：《论全球公共产品的中国供给模式》，《战略决策研究》2019年第3期。

曹德军：《嵌入式治理：欧盟气候公共产品供给的跨层次分析》，《国际政治研究》2015年第3期。

查晓刚、周铮：《多层公共产品有效供给的方式和原则》，《国际展望》2014年第5期。

陈明宝、陈平：《国际公共产品供给视角下"一带一路"的合作机制构建》,《广东社会科学》2015 年第 5 期。

陈涛:《国际税收竞争与公共产品提供》,《税务与经济》2003 年第 1 期。

陈伟光:《论 21 世纪海上丝绸之路合作机制的联动》,《国际经贸探索》2015 年第 3 期。

陈文玲:《以长效机制推进"一带一路"建设》,《光明日报》2015 年 4 月 15 日,第 16 版。

陈小鼎、王翠梅:《扩员后上合组织深化安全合作的路径选择》,《世界经济与政治》2019 年第 3 期。

程铭、刘雪莲:《共生安全:国际安全公共产品供给的新理念》,《东北亚论坛》2020 年第 2 期。

冯传禄:《"海上丝路"视野下的印度洋地区地缘环境与地缘风险》,《印度洋经济体研究》2019 年第 2 期。

冯巍、程国强:《国际社会对"一带一路"倡议的评价》,《中国经济时报》2014 年 7 月 14 日,第 A5 版。

冯维江:《中美权力博弈与新型大国关系的演进——基于公共产品与关系专用性投资的视角》,《世界经济与政治》2016 年第 11 期。

傅志华、许航敏:《全球公共产品与国际财经合作》,《经济研究参考》2005 年第 36 期。

高程:《中美地区公共产品供给影响东亚秩序走向》,《中国社会科学报》2014 年 6 月 27 日,第 A6 版。

高飞:《中国不断发挥负责任大国作用》,《人民日报》2018 年 1 月 7 日,第 5 版。

韩笑:《全球发展治理视域下的"一带一路"建设》,《国际观察》2018 年第 3 期。

郝薇薇:《书写共建人类命运共同体的战"疫"篇章——记习近平主席推动新冠肺炎疫情防控国际合作》,《人民日报》(海外版) 2020 年 4 月 6 日,第 1 版。

贺方彬:《海外视域下的"一带一路"倡议研究》,《当代世界与社会主义》2017 年第 3 期。

胡键：《中国参与全球治理的制约性因素分析》，《学术月刊》2015 年第 11 期。

黄昌朝、胡令远：《东盟区域安全公共产品研究》，《求索》2013 年第 7 期。

黄河、戴丽婷：《"一带一路"公共产品与中国特色大国外交》，《太平洋学报》2018 年第 8 期。

蒋姮：《"一带一路"地缘政治风险的评估与管理》，《国际贸易》2015 年第 8 期。

金玲：《跨大西洋关系：走向松散联盟?》，《国际问题研究》2018 年第 4 期。

寇铁军、胡望舒：《国际公共产品供给：基于财政学视角》，《东北财经大学学报》2015 年第 3 期。

李成威：《公共产品提供和生产的理论分析及其启示》，《财政研究》2003 年第 3 期。

李慧明：《特朗普政府"去气候化"行动背景下欧盟的气候政策分析》，《欧洲研究》2018 年第 5 期。

李莉莎：《美国的制度霸权与国际经济机制——以国际货币基金组织为例》，《国际经贸探索》2008 年第 1 期。

李廷康：《美国通过联合国安理会授权使用武力问题研究———基于委托—代理理论》，《国际关系研究》2018 年第 1 期。

李向阳：《特朗普时期的亚洲经济：挑战与变数》，《人民论坛·学术前沿》2017 年第 4 期上。

李向阳：《特朗普政府需要什么样的全球化》，《世界经济与政治》2019 年第 3 期。

李扬帆：《"中华帝国"的概念及其世界秩序：被误读的天下秩序》，《国际政治研究》2015 年第 5 期。

李杨、黄艳希：《中美国际贸易制度之争——基于国际公共产品提供的视角》，《世界经济与政治》2016 年第 10 期。

林利民、袁考：《当前国际安全乱象与国际安全治理的困境与出路》，《现代国际关系》2017 年第 4 期。

凌胜利：《主场外交、战略能力与全球治理》，《外交评论》2019 年第 4 期。

刘昌明、孙云飞：《安全公共产品供求矛盾与东亚安全困境》，《当代世界社会主义问题》2014 年第 1 期。

卢静：《当前全球治理的制度困境及其改革》，《外交评论》2014 年第 1 期。

卢凌宇、鲍家政：《从制造者到索取者：霸权衰落的逻辑》，《世界经济与政治》2019 年第 9 期。

〔英〕马丁·阿尔布劳：《论"人类命运共同体"》，金伟、元美艳译，《国外理论动态》2019 年第 9 期。

马愿：《〈2018 年全球恐怖主义指数报告〉解读》，《国际研究参考》2019 年第 2 期。

门洪华：《大国崛起与国际秩序》，《国际政治研究》2004 年第 2 期。

孟祥青、韩延哲：《2019 年国际安全形势：和平局面保持、乱象危机频发》，《当代世界》2020 年第 1 期。

母耕源：《法国对伊朗的政策演变及其对伊核问题的影响》，《区域与全球发展》2018 年第 6 期。

潘亚玲：《应对霸权衰落：美国中长期战略前瞻》，《美国研究》2013 年第 2 期。

庞中英、刘敬文：《G20 与全球经济治理转型》，《当代世界》2016 年第 8 期。

逄爱成、黄凤志：《金融危机与美国霸权战略的调整》，《东北亚论坛》2012 年第 1 期。

裴长洪：《全球经济治理、公共品与中国扩大开放》，《经济研究》2014 年第 3 期。

彭代琪格：《试析中国在基础设施投资领域提供公共物品的角色——以亚投行（AIIB）为例》，《区域与全球发展》2019 年第 4 期。

彭刚、胡晓涛：《欧美逆全球化背景下国际经济格局调整》，《政治经济学评论》2019 年第 1 期。

祁昊天：《威胁迷思、美国角色与能力矛盾——欧洲防务行动层面的供给与需求》，《欧洲研究》2018 年第 6 期。

沈本秋：《美国霸权式微：国际贸易公共产品供给的视角》，《国际论坛》2011 年第 3 期。

沈本秋：《全球公共产品筹资方式研究》，《太平洋学报》2006 年第 4 期。

沈铭辉、张中元：《"一带一路"机制化建设与包容性国际经济治理体系的构建——基于国际公共产品供给的视角》，《新视野》2019 年第 3 期。

沈雅梅：《特朗普"美国优先"的诉求与制约》，《国际问题研究》2018 年第 2 期。

舒洪水、李燕飙：《基于大数据视角的恐怖袭击特点与趋势分析——以 GTD 中的 7133 次恐怖袭击为样本》，《情报杂志》2019 年第 11 期。

宋全成：《难民危机助推欧洲恐怖主义——欧洲恐怖主义的新进展、特征及其与难民危机的内在关联》，《当代世界社会主义问题》2018 年第 4 期。

孙云飞、刘昌明：《不完全生产者：美国在东亚安全公共产品供应中的角色》，《教学与研究》2014 年第 11 期。

田萃、韩传峰、杨竹山、孟令鹏：《国际经济治理机制对中国贸易水平影响：国际公共产品视角》，《中国软科学》2018 年第 10 期。

田惠敏、曹红辉：《"一带一路"的动因与挑战》，《全球化》2015 年第 6 期。

田立加、高英彤：《"一带一路"背景下阿富汗安全风险研究》，《新疆大学学报》（哲学·人文社会科学版）2019 年第 6 期。

汪海宝、贺凯：《国际秩序转型期的中美制度竞争——基于制度制衡理论的分析》，《外交评论》2019 第 3 期。

王双：《国际公共产品与中国软实力》，《世界经济与政治论坛》2011 年第 4 期。

王亚军：《"一带一路"国际公共产品的潜在风险及其韧性治理策略》，《管理世界》2018 年第 9 期。

王燕：《全球贸易治理的困境与改革：基于 WTO 的考察》，《国际经贸探索》2019 年第 4 期。

王逸舟、张硕：《中国民间社会组织参与国际公共产品供给：一种调研基础上的透视》，《当代世界》2017年第7期。

韦红、尹楠楠：《东南亚安全合作机制碎片化问题研究》，《太平洋学报》2018年第8期。

吴志成、李金潼：《国际公共产品供给的中国视角与实践》，《政治学研究》2014年第5期。

吴志成、王慧婷：《全球治理能力建设的中国实践》，《世界经济与政治》2019年第7期。

邢悦：《崛起国如何获得国际支持——以美国对华门户开放政策为案例的研究》，《国际政治科学》2016年第3期。

徐坚：《美国对华政策调整与中美关系的三大风险》，《国际问题研究》2018年第4期。

杨剑、郑英琴：《产权明晰与"一带一路"公共产品提供——关于纯公共品和分享品组合模式的探讨》，《太平洋学报》2019年第8期。

杨鲁慧：《东亚命运共同体是合作共赢发展之盟》，《社会主义研究》2017年第4期。

杨卫东：《国际秩序与美国的全球领导力——评2015年美国〈国家安全战略报告〉》，《国际论坛》2015年第4期。

杨增岽、杜成敏：《"金德尔伯格陷阱"的实质评析》，《思想教育研究》2018年第7期。

姚璐：《多边主义困境下全球治理体系的转型》，《红旗文稿》2019年第6期。

于宏源：《全球气候治理伙伴关系网络与非政府组织的作用》，《太平洋学报》2019年第11期。

〔美〕约瑟夫·奈：《警惕中美关系中的两大陷阱》，《中国经济报告》2017年第3期。

张春：《中非合作论坛与中国特色国际公共产品供应探索》，《外交评论》2019年第3期。

张吉军：《"后伊斯兰国"时代的国际恐怖主义及其治理分析》，《南亚东南亚研究》2019年第6期。

张建新：《国际公共产品理论：地区一体化的新视角》，《复旦国际关系评论》2009 年第 1 期。

张利华、胡芳欣：《日本对"一带一路"倡议态度转变及其机遇》，《人民论坛·学术前沿》2019 年第 3 期。

张茉楠：《中国参与全球公共产品供给的机制及路径》，《发展研究》2017 年第 11 期。

赵怀普：《特朗普执政后美欧同盟关系的新变化及其影响》，《当代世界》2019 年第 3 期。

赵明昊：《"美国优先"与特朗普政府的亚太政策取向》，《外交评论》2017 年第 4 期。

赵思洋：《区域公共产品与明代东亚国际体系的变迁》，《国际政治研究》2015 年第 3 期。

赵思洋：《周边需求的视角：古代东亚体系中的区域公共产品》，《当代亚太》2019 年第 2 期。

郑东超、张权：《"一带一路"为世界提供四大公共产品》，《当代世界》2017 年第 5 期。

郑先武：《中国—东盟安全合作的综合化》，《现代国际关系》2012 年第 3 期。

郑先武：《区域间主义与国际公共产品供给》，《复旦国际关系评论》2009 年第 1 期。

周秋君：《恐怖主义在欧洲发展的新态势及其原因分析》，《社会科学》2019 年第 2 期。

朱松丽：《从巴黎到卡托维兹：全球气候治理中的统一和分裂》，《气候变化研究进展》2019 年第 2 期。

竺彩华：《市场、国家与国际经贸规则体系重构》，《外交评论》2019 年第 5 期。

（四）网络资料

《"谢绝"美国总统重金买断 德国疫苗企业葫芦里卖的什么药？》，新浪网，2019 年 3 月 20 日，http：//news.sina.com.cn/w/2020-03-20/doc-iimxxsth0425956.shtml。

《21 国在京签约决定成立亚洲基础设施投资银行》，2014 年 10 月 24 日，http：//www. gov. cn/xinwen/2014-10/24/content_2770071. htm。

《从新中国成立 70 周年大型成就展看中国军队"走出去"》，新华网，2019 年 11 月 6 日，http：//www. xinhuanet. com/mil/2019 - 11/06/c _ 1210342667. htm。

《（受权发布）共建"一带一路"：理念、实践与中国的贡献》，新华网，2017 年 5 月 10 日，http：//www. xinhuanet. com/politics/2017-05/10/c_ 1120951928. htm。

《共建"一带一路"倡议：进展、贡献与展望》，人民网，2019 年 4 月 23 日，http：//cpc. people. com. cn/n1/2019/0423/c419242-31043846. html。

《鸠山由纪夫："一带一路"倡议不是追求霸权》，新浪网，2012 年 12 月 1 日，http：//news. sina. com. cn/o/2019 - 12 - 01/doc-iihnzahi4613043. shtml。

《努力推动构建网络空间命运共同体——习近平主席致第六届世界互联网大会贺信引起热烈反响》，新华网，2019 年 10 月 20 日，http：//www. xinhuanet. com/2019-10/20/c_1125128992. htm。

《授权发布：推动共建丝绸之路经济带和 21 世纪海上丝绸之路的愿景与行动》，新华网，2015 年 3 月 28 日，http：//www. xinhuanet. com//world/2015-03/28/c_1114793986. htm。

《专家：丝路基金不会"打水漂"而是大有可为》，中国经济网，2017 年 5 月 19 日，http：//www. ce. cn/xwzx/gnsz/gdxw/201705/19/t20170519_ 23003647. shtml。

《丝路基金董事长：已签约 34 个项目承诺投资金额约 123 亿美元》，中金在线网，2019 年 11 月 6 日，http：//silu. cnfol. com/siludongtai/20191106/27768248. shtml。

《团结合作！习近平为全球抗疫提出中国倡议》，新华网，2020 年 3 月 27 日，http：//www. xinhuanet. com/politics/xxjxs/2020 - 03/27/c _ 1125778312. htm。

《〈推动共建丝绸之路经济带和 21 世纪海上丝绸之路的愿景与行动〉（全文）》，人民网，2017 年 4 月 25 日，http：//ydyl. people. com. cn/n1/

2017/0425/c411837-29235511. html。

《外交部就中国在联合国维和行动中发挥着独特和关键作用等答问》，中国政府网，2019 年 2 月 13 日，http：//www. gov. cn/xinwen/2019-02/13/content_5365445. htm。

《王毅谈"一带一路"建设：已有 123 个国家和 29 个国际组织投出支持票》，人民网，2019 年 3 月 8 日，http：//world. people. com. cn/n1/2019/0308/c1002-30965120. html。

《为全球基础设施建设贡献中国力量 亚投行"成绩单"有目共睹》，央视网，2019 年 7 月 12 日，http：//news. cctv. com/2019/07/12/ARTI9jRANmK2Vsquo8lQBMrc190712. shtml。

《文化部关于印发〈文化部'一带一路'文化发展行动计划（2016-2020 年）〉的通知》，中国政府网，http：//www. gov. cn/gongbao/content/2017/content_5216447. htm。

《习近平：在庆祝改革开放 40 周年大会上的讲话》，新华网，2018 年12 月 18 日，http：//www. xinhuanet. com//2018-12/18/c_1123872025. htm。

《习近平就一带一路提建议 出资 400 亿美元成立丝路基金》，中国新闻网，2014 年 11 月 8 日，http：//www. chinanews. com/gn/2014/11-08/6763049. shtml。

《习近平落笔"一带一路"工笔画》，中国新闻网，2019 年 4 月 25 日，http：//www. chinanews. com/gn/2019/04-25/8819746. shtml。

《习近平同意大利总理孔特举行会谈》，新华网，2019 年 3 月 23 日，http：//www. xinhuanet. com/politics/2019-03/23/c_1124274012. htm。

《亚投行行长在年会上宣布要扩大对非洲、欧洲投资》，环球网，2018年 6 月 27 日，https：//finance. huanqiu. com/article/9CaKrnK9RB9。

《中老缅泰关于湄公河流域执法安全合作的联合声明》，人民网，2011年 10 月 31 日，http：//politics. people. com. cn/GB/16085207. html。

韩立群：《"一带一路"开创国际公共产品供给新模式》，2017 年 4 月11 日，http：//opinion. china. com. cn/opinion_68_162468. html。

景乃权：《"一带一路"对外投资过程中的政治风险与应对》，新浪网，2018 年 2 月 11 日，http：//finance. sina. com. cn/zl/china/2018-02-11/zlifyrmfmc1385549. shtml。

刘毅：《大国担当！中国引领全球气候治理》，人民网，2018 年 6 月 13 日，http：//env. people. com. cn/n1/2018/0613/c1010-30054141. html。

鲁传颖：《互联网发展的四个阶段与美国的战略》，上海国际问题研究院，2016 年 11 月 30 日，http：//www. siis. org. cn/Research/Info/3869。

王进：《共建"一带一路"，选择的是希望与合作》，中国社会科学网，2019 年 9 月 10 日，http：//www. cssn. cn/zk/zk _ zz/201909/t20190910 _ 4970224. shtml。

《王毅："一带一路"是中国向世界提供的公共产品》，人民网，2015 年 3 月 23 日，http：//world. people. com/n/2015/0323/c15728 - 26737546. html。

二 英文参考文献

（一） 英文专著

Adam Smith, *An Inquiry into the Nature and Causes of the Wealth of Nations*, Chicago: University of Chicago Press, 1977.

Carla Norrlof, *America's Global Advantage: US Hegemony and International Cooperation*, New York: Cambridge University Press, 2010.

Charles Kindleberger, *The World in Depression 1929-1939*, London: Allen Lane, 1973.

Christopher Chase-Dunn and E. N. Anderson, *The Historical Evolution of World-Systems*, New York: Palgrave Macmillan, 2005.

Daniel G. Arce M., Todd Sandler, *Regional Public Goods: Typologies, Provision, Financing, and Development Assistance*, Stockholm: Almqvist & Wiksell International, 2002.

Ernesto Zedillo et al., *Meeting Global Challenges: International Cooperation in the National Interest*, Stockholm: International Task Force on Global Public Goods, 2006.

Ferroni Marco and Mody Ashoka, eds., *International Public Goods:*

Incentives, *Measurement and Financing*, Norwell: Kluwer Academic Publishers, 2002.

Ho-fung Hung, *The China Boom: Why China Will Not Rule the World*, New York: Columbia University Press, 2015.

Inge Kaul and Pedro Conceição, *The New Public Finance: Responding to Global Challenges*, New York: Oxford University Press, 2006.

Inge Kaul et al., eds., *Providing Global Public Goods: Managing Globalization*, Oxford: Oxford University Press, 2003.

Inge Kaul, Isabelle Grunberg and Marc Stern, eds., *Global Public Goods: International Cooperation in the 21st Century*, New York: Oxford University Press, 1999.

Kai He, *Institutional Balancing in the Asia Pacific: Economic Interdependence and China's Rise*, London: Routledge, 2009.

Mancur Olson, *The Logic of Collective Action: Public Goods and the Theory of Groups*, Cambridge: Harvard University Press, 1965.

Michael W. Doyle, *Empires*, Ithaca: Cornell University Press, 1986.

Oran R. Young, *International Cooperation: Building Regimes for Natural Resources and the Environment*, Ithaca: Cornell University Press, 1989.

Todd Sandler, *The Theory and Structures of International Political Economy*, Colorado: Westview Press, 1980.

（二）英文期刊论文

Andrew F. Cooper, "Squeezed or Revitalised? Middle Powers, the G20 and the Evolution of Global Governance," *Third World Quarterly*, Vol. 34, 2013.

Avinash Dixit and Mancur Olson, "Does Voluntary Participation Undermine the Coase Theorem?" *Journal of Public Economics*, Vol. 76, No. 3, 2000.

Bates Gill and Benjamin Schreer, "Countering China's 'United Front'," *The Washington Quarterly*, Vol. 41, No. 2, 2018.

Bentley B. Allan, Srdjan Vucetic and Ted Hopf, "The Distribution of Identity and the Future of International Order: China's Hegemonic Prospects,"

International Organization, Vol. 72, No. 4, 2018.

Carla Norrlof, "Hegemony and Inequality: Trump and the Liberal Playbook," *International Affairs*, Vol. 94, No. 1, 2018.

Charles Boustany and Richard J. Ellings, "China and the Strategic Imperative for the United States," *Asia Policy*, Vol. 13, No. 1, 2018.

Charles L. Glaser, "Why Unipolarity doesn't Matter (much)," *Cambridge Review of International Affairs*, Vol. 24, No. 2, 2011.

Christopher Layne, "The US-Chinese Power Shift and the End of the Pax Americana," *International Affairs*, Vol. 94, No. 1, 2018.

Constance Duncombe and Tim Dune, "After Liberal World Order," *International Affairs*, Vol. 94, No. 1, 2018.

C. Fred Bergsten, "China and the United States: The Contest for Global Economic Leadership," *China & World Economy*, Vol. 26, No. 5, 2018.

Daniel Bodansky, "What's in a Concept? Global Public Goods, International Law, and Legitimacy," *The European Journal of International Law*, Vol. 23, No. 3, 2012.

David A. Lake, "American Hegemony and the Future of East-West Relations," *International Studies Perspectives*, Vol. 7, No. 1, 2006.

David Frum, "Trump's Trip Was a Catastrophe for U. S. -Europe Relations," *The Atlantic*, May 28, 2017, https://www.theatlantic.com/international/archive/2017/05/trump-nato-germany/528429/.

David Pak Yue Leon, "Economic Interdependence and International Conflict: Situating China's Economic and Military Rise," *Asian Politics & Policy*, Vol. 9, No. 1, 2017.

Deborah Welch Larson, "New Perspectives on Rising Powers and Global Governance: Status and Clubs," *International Studies Review*, Vol. 20, No. 2, 2018.

Denny Roy, "Assertive China: Irredentism or Expansionism?" *Survival*, Vol. 61, No. 1, 2019.

Denny Roy, "China's Military Rise Erodes American leadership in Asia,"

The Hill, November 29, 2017, http: //thehill. com/opinion/international/ 362382-chinas-military-rise-erodes-americas-power-in-asia.

Editorial Board, "Xi's New Power and China's Economic and Social Goals," *East Asia Forum*, March 19, 2018, https: //www. eastasiaforum. org/2018/03/ 19/xis-new-power-and-chinas-economic-and-social-goals/.

Elisa Lopez-Lucia, "Regional Powers and Regional Security Governance: An Interpretive Perspective on the Policies of Nigeria and Brazil," *International Relations*, Vol. 29, No. 3, 2015.

Ely Ratner and Samir Kumar, "The United States Is Losing Asia to China," *Foreign Policy*, May 12, 2017, https: //foreignpolicy. com/2017/05/12/the - united-states-is-losing-asia-to-china/.

Gideon Rose, "The Fourth Founding: The United States and the Liberal Order," *Foreign Affairs*, Vol. 98, No. 1, 2019.

G. John Ikenberry and Darren Lim, " China's Emerging Institutional Statecraft: The Asian Infrastructure Investment Bank and the Prospects for Counter-Hegemony," 2017, https: //theasiadialogue. com/wp - content/uploads/2018/02/ chinas-emerging-institutional-statecraft. pdf.

G. John Ikenberry, "The Future of Liberal World Order," *Japanese Journal of Political Science*, Vol. 16, No. 3, 2015.

G. John Ikenberry, "The Future of the Liberal World Order: Internationalism After America," *Foreign Affairs*, Vol. 90, No. 3, 2011.

Hal Brands, "The Unexceptional Superpower: American Grand Strategy in the Age of Trump," *Survival*, Vol. 59, No. 6, 2017.

Hal Brands, " U. S. Grand Strategy in an Age of Nationalism: Fortress America and its Alternatives," *The Washington Quarterly*, Vol. 40, No. 1, 2017.

Hongying Wang and Erik French, " China's Participation in Global Governance from a Comparative Perspective," *Asia Policy*, No. 15, 2013.

Huiyun Feng and Kai He, " China's Institutional Challenges to the International Order," *Strategic Studies Quarterly*, Vol. 11, No. 4, 2017.

Ian Clark, " Bringing Hegemony Back in: The United States and

International order," *International Affairs*, Vol. 85, No. 1, 2009.

Inge Kaul, "Global Public Goods: Explaining Their Underprovision," *Journal of International Economic Law*, Vol. 15, No. 3, 2012.

Jan Selby, "The Trump Presidency, Climate Change, and the Prospect of a Disorderly Energy Transition," *Review of International Studies*, Vol. 45, No. 3, 2019.

Jingdong Yuan, "Beijing's Institutional-balancing Strategies: Rationales, Implementation and Efficacy," *Australian Journal of International Affairs*, Vol. 72, No. 2, 2018.

Joanne Gowa, "Rational Hegemons, Excludable Goods, and Small Groups: An Epitaph for Hegemonic Stability Theory?" *World Politics*, Vol. 41, No. 3, 1989.

Johan Rockström et al., "Planetary boundaries: exploring the safe operating space for humanity," *Ecology and society*, Vol. 14, No. 2, 2009.

John J. Mearsheimer and Stephen M. Walt, "The Case for Offshore Balancing: A Superior U. S. Grand Strategy," *Foreign Affairs*, Vol. 95, No. 4, 2016.

John J. Mearsheimer, "Back to the Future: Instability in Europe after the Cold War," *International Security*, Vol. 15, No. 1, 1990.

Joseph S. Nye and Robert O. Keohane, "Transnational Relations and World Politics: An Introduction," *International Organization*, Vol. 25, No. 3, 1971.

Joshua Rovner and Caitlin Talmadge, "Hegemony, Force Posture, and the Provision of Public Goods: The Once and Future Role of Outside Powers in Securing Persian Gulf Oil," *Security Studies*, Vol. 23, No. 3, 2014.

Joyce P. Kaufman, "The US Perspective on NATO under Trump: Lessons of the Past and Prospects for the Future," *International Affairs*, Vol. 93, No. 2, 2017.

Julian Culp, "How Irresponsible are Rising Powers?" *Third World Quarterly*, Vol. 37, No. 9, 2016.

J. Samuel Barkin, "Time Horizons and Multilateral Enforcement in

International Cooperation," *International Studies Quarterly*, Vol. 48, No. 2, 2004.

Kai He, "Institutional Balancing and International Relations Theory: Economic Interdependence and Balance of Power Strategies in Southeast Asia," *European Journal of International Relations*, Vol. 14, No. 3, 2008.

Kai He, Huiyun Feng, "Leadership Transition and Global Governance: Role Conception, Institutional Balancing, and the AIIB," *The Chinese Journal of International Politics*, Vol. 12, No. 2, 2019.

Lye Liang Fook, "China and Global Governance: A More Active Role on a Selective Basis," *China: An International Journal*, Vol. 15, No. 1, 2017.

Mancur Olson, "Increasing the Incentives for International Cooperation," *International Organization*, Vol. 25, No. 4, 1971.

Marcus Noland, "US Trade Policy in the Trump Administration," *Asian Economic Policy Review*, Vol. 13, No. 2, 2018.

Margit Bussmann and John R. Oneal, "Do Hegemons Distribute Private Goods? A Test of Power – Transition Theory," *Journal of Conflict Resolution*, Vol. 51, No. 1, 2007.

Mark Beeson and Ander Broome, "Hegemonic Instability and East Asia: Contradictions, Crises and US Power," *Globalizations*, Vol. 7, No. 4, 2010.

Martin Wolf, "The Long and Painful Journey to World Disorder," *Financial Times*, January 5, 2017.

Michael Clarke and Anthony Ricketts, "Donald Trump and American Foreign Policy: The Return of the Jacksonian Tradition," *Comparative Strategy*, Vol. 36, No. 4, 2017.

Michael Cox, "Is the United States in Decline—Again? An Essay," *International Affairs*, Vol. 83, No. 4, 2007.

Michael Smith, "The League of Nations and International Politics," *British Journal of International Studies*, Vol. 2, No. 3, 1976.

Michael Zürn, "Contested Global Governance," *Global Policy*, Vol. 9, No. 1, 2018.

Miles Kahler, "Rising Powers and Global Governance: Negotiating Change in a Resilient Status Quo," *International Affairs*, Vol. 89, No. 3, 2013.

Nadège Rolland, "China's 'Belt and Road Initiative': Underwhelming or Game-Changer?," *The Washington Quarterly*, Vol. 40, No. 1, 2017.

Nicholas Borroz and Hunter Marston, "How Trump can Avoid War with China," *Asia & The Pacific Policy Studies*, Vol. 4, No. 3, 2017.

Noor Mat Yazid, "The Theory of Hegemonic Stability, Hegemonic Power and International Political Economic Stability," *Global Journal of Political Science and Administration*, Vol. 3, No. 6, 2015.

Obert Hodzi and Chen Yu-Wen, "Following the Flow: China's Approach to Global Leadership," *China Quarterly of International Strategic Studies*, Vol. 4, No. 1, 2018.

Patrick Bayer and Johannes Urpelainen, "Funding Global Public Goods: The Dark Side of Multilateralism," *Review of Policy Research*, Vol. 30, No. 2, 2013.

Paul K. Macdonald, "America First? Explaining Continuity and Change in Trump's Foreign Policy," *Political Science Quarterly*, Vol. 133, No. 3, 2018.

Paul Samuelson, "The Pure Theory of Public Expenditure," *The Review of Economics and Statistics*, Vol. 36, No. 4, 1954.

Raj M. Desai and James R. Vreeland, "Global Governance in a Multipolar World: The Case for Regional Monetary Funds," *International Studies Review*, Vol. 13, No. 1, 2011.

Ramesh Thakur and Ashok Sharma, "India in Australia's Strategic Framing in the Indo-Pacific," *Strategic Analysis*, Vol. 42, No. 2, 2018.

Rebecca Friedman Lissner & Mira Rapp-Hooper, "The Day after Trump: American Strategy for a New International Order," *The Washington Quarterly*, Vol. 41, No. 1, 2018.

Rebecca M. Bratspies, "Global Public Goods: An Introduction," *Proceedings of the Annual Meeting (American Society of International Law)*, Vol. 104, 2010.

Richard Haass, "America and the Great Abdication," *The Atlantic*, December 28, 2017, https://www.theatlantic.com/international/archive/2017/12/america-abidcation-trump-foreign-policy/549296/.

Riyad A. Shahjahan, "The Roles of International Organizations (IOs) in Globalizing Higher Education Policy," in John C. Smart, Michael B. Paulsen, eds., *Higher Education: Handbook of Theory &Research*, Vol. 27, Dordrecht, 2012.

Rosemary Foot, "Remembering the Past to Secure the Present: Versailles Legacies in a Resurgent China," *International Affairs*, Vol. 95, No. 1, 2019.

Samuel P. Huntington, "The Clash of Civilizations?" *Foreign Affairs*, Vol. 72, No. 3, 1993.

Samuel P. Huntington, "The Lonely Superpower," *Foreign Affairs*, Vol. 78, No. 2, 1999.

Stephan Klingebiel, "Global Problem-Solving Approaches: The Crucial Role of China and the Group of Rising Powers," *Rising Powers Quarterly*, Vol. 1, No. 1, 2016.

Stephan Klingebiel, "Transnational Public Goods Provision: The Increasing Role of Rising Powers and the Case of South Africa," *Third World Quarterly*, Vol. 39, No. 1, 2018.

Steven Metz, "How to Know When China Is Pulling Even with the United States," *World Politics*, March 2, 2018, https://www.worldpoliticsreview.com/articles/24282/how-to-know-when-china-is-pulling-even-with-the-united-states.

Susan Lund and Laura Tyson, "Globalization Is Not in Retreat: Digital Technology and the Future of Trade," *Foreign Affairs*, Vol. 97, No. 3, 2018.

Takashi Terada, "The Competing U. S. and Chinese Models for an East Asian Economic Order," *Asia Policy*, Vol. 13, No. 2, 2018.

Takuya Matsuda, "Making Sense of the Indo-Pacific Strategy: An Inheritance from the Past," *Asia Pacific Bulletin*, No. 423, 2018.

Thomas Hale, David Held and Kevin Young, "Gridlock: From Self-reinforcing Interdependence to Second-order Cooperation Problems," *Global Policy*, Vol. 4, No. 3, 2013.

Tim Summers, "China's New Leadership: Approaches to International Affairs," *Chatham House Briefing Paper*, 2013, http://dragon-report.com/Dragon_Report/home/home_files/0413bp_chinanewleaders.pdf.

Todd Sandler and Keith Hartley, "Economics of Alliances: The Lessons for Collective Action," *Journal of Economic Literature*, Vol. 39, No. 3, 2001.

Toshihiro Ihori, "Protection Against National Emergency: International Public Goods and Insurance," *Defence and Peace Economics*, Vol. 10, No. 2, 1999.

Vincent Pouliot and Jean-Philippe Thérien, "Global Governance: A Struggle over Universal Values," *International Studies Review*, Vol. 20, No. 1, 2018.

Walter Russell Mead, "The Jacksonian Revolt: American Populism and the Liberal Order," *Foreign Affairs*, Vol. 96, No. 2, 2017.

Weidong Liu, Michael Dunford, "Inclusive Globalization: Unpacking China's Belt and Road Initiative," *Area Development and Policy*, Vol. 1, No. 3, 2016.

Weifeng Zhou and Mario Esteban, "Beyond Balancing: China's Approach towards the Belt and Road Initiative," *Journal of Contemporary China*, Vol. 27, No. 112, 2018.

William C. Wohlforth, "The Stability of a Unipolar World," *International Security*, Vol. 24, 1999.

William C. Wohlforth, "Unipolarity, Status Competition, and Great Power War," *World Politics*, Vol. 61, No. 1, 2009.

William J. Lahnema, "Changing Power Cycles and Foreign Policy Role-Power Realignments: Asia, Europe, and North America," *International Political Science Review*, Vol 24, No. 1, 2003.

W. Reisman, "The United States and International Institutions," *Survival*, Vol. 41, No. 4, 1999.

Xiaoyu Pu, "One Belt, One Road: Visions and Challenges of China's

Geoeconomic Strategy," *Mainland China Studies*, Vol. 59, No. 3, 2016.

Yanling Xu, "A Multidimensional Perspective of the Antiglobalization and Alterglobalization Trend of Thought," *Journal of Globalization Studies*, Vol. 1, No. 1, 2010.

Yuen Foong Khong, "A Regional Perspective on the U. S. and Chinese Visions for East Asia," *Asia Policy*, Vol. 13, No. 2, 2018.

后　记

　　自"公共产品"被金德尔伯格引入国际政治学科领域以来，对其供应问题的研究便始终与大国关系纠葛在一起，呈现出强烈的权力政治特征，甚至国际公共产品一度被视作大国战略的附属品。冷战结束后，在和平稳定的国际环境中，在科技迅猛发展的催动下，世界各国被全球化浪潮裹挟成彼此相互依赖、命运相连的地球村"村民"，对国际公共产品的探讨也逐渐由"国际"转向"全球"，并带有了人文主义和世界主义色彩。然而，在进入 21 世纪后，特别是近十年间，国际权力结构发生巨大变动，东西方权力转移趋势愈加明显；在人类社会迅猛发展与全球化持续深化的同时，也衍生出了难以避免的全球性问题。国际公共产品供应过程中的权力政治因素与世界主义取向相互激荡，既有的供应体系愈发难以解决供求失衡的问题。

　　本书的写作过程，跨越了美国特朗普政府的四年任期，经历了 21 世纪以来对整个人类社会生存和发展影响范围最广、破坏程度最大的全球性大流行的新冠肺炎疫情。世界正面临百年未有之大变局，作为国际公共产品最重要供应方的美国却秉持"美国优先"理念，对供应策略进行了大幅度调整。与此同时，国际社会对国际公共产品的需求呈现上升和多样化趋势，更期盼平等地享受持续稳定供应的高质量的公共产品。正是基于国际环境发生的重大变化，本书分析国际公共产品供求体系现状，挖掘供求失衡的深层原因，并在此基础上尝试探讨中国在国际公共产品供应体系中应当扮演何种角色、发挥何种作用。中国迎来了从站起来、富起来到强起来的伟

232

大飞跃，正无比靠近世界舞台的中心。作为一个负责任大国、最大的发展中国家，如何通过对国际公共产品的供应推动人类命运共同体的构建，是中国当前迫切需要解决的现实课题。

"国际公共产品"短短六个汉字，却能激发起作者对相应问题的不懈追求和激昂的研究兴趣。对学术问题的热忱、对专业研究的热爱，是本书作者在学术荆棘道路上前行的不竭动力。作者在写作过程中，对书中章节内容多次修订、反复推敲，感谢在本书成型过程中提出宝贵意见的诸友与师长，是你们的指导激发了作者的思维火花。

本书由刘昌明承担整体框架设计、各章的写作纲要与通稿定稿工作。全书共分为八个部分，刘昌明撰写绪论；孙云飞撰写第一章、第二章、第三章、第七章；孙通撰写第四章、第五章、第六章。本书由最初的构思到成文再到最后的成稿、出版，离不开作者的通力合作与辛勤付出，在此也向孙云飞与孙通的努力付出表达谢意。

对"国际公共产品"相关问题的研究，本书仅仅是做了浅显的尝试，未来的探索道路依旧艰巨且漫长。受限于作者的水平和能力及选题时效和文献浩繁，虽竭尽全力，但书中内容难免存在疏漏或思考不周之处，恳请读者批评指正，不吝赐教。

刘昌明

2022.5.12

图书在版编目（CIP）数据

国际公共产品供求体系新变化与中国的选择／刘昌明，孙云飞，孙通著. -- 北京：社会科学文献出版社，2022.5

ISBN 978-7-5228-0128-5

Ⅰ.①国… Ⅱ.①刘… ②孙… ③孙… Ⅲ.①公共物品-供求关系-国际合作-研究-世界 Ⅳ.①F20

中国版本图书馆 CIP 数据核字（2022）第 088006 号

国际公共产品供求体系新变化与中国的选择

著　　者／刘昌明　孙云飞　孙　通

出 版 人／王利民
责任编辑／罗卫平
文稿编辑／邹丹妮
责任印制／王京美

出　　版／社会科学文献出版社（010）59367215
　　　　　　地址：北京市北三环中路甲 29 号院华龙大厦　邮编：100029
　　　　　　网址：www.ssap.com.cn
发　　行／社会科学文献出版社（010）59367028
印　　装／三河市尚艺印装有限公司

规　　格／开 本：787mm×1092mm　1/16
　　　　　　印 张：14.75　字 数：236 千字
版　　次／2022 年 5 月第 1 版　2022 年 5 月第 1 次印刷
书　　号／ISBN 978-7-5228-0128-5
定　　价／138.00 元

读者服务电话：4008918866